Georg Hamann | Großer Herren Häuser

Georg Hamann

Großer Herren Häuser

Hinter den Fassaden prunkvoller Palais

Vorwort von **Karl Hohenlohe**

Mit 73 Abbildungen

Besuchen Sie uns im Internet unter: amalthea.at

© 2017 by Amalthea Signum Verlag, Wien
Alle Rechte vorbehalten
Umschlaggestaltung: Elisabeth Pirker/OFFBEAT
Umschlagfotos: Cover: Sala Terrena im Schloss Belvedere, Wien © IMAGNO/
Gerhard Trumler; Rückseite: Belvedere, Stadtpalais Prinz Eugens, Kursalon/
Archiv des Autors
Herstellung und Satz: VerlagsService Dietmar Schmitz GmbH, Heimstetten
Gesetzt aus der 13/17 Punkt Garamond Premier Pro und der Sanchez Regular
Designed in Austria, printed in the EU
ISBN 978-3-99050-097-2

Inhalt

Vorwort 9

Einleitung 11

»Ein Tor aus Brettern wie zu einer Scheune ...«
Hofburg 15

    Von der Ritterburg zum Barockpalast – ein Überblick 15

    Josef I., August »der Starke« und ein falsches Gespenst 23

    Die Hofburg im 18. Jahrhundert 27

    Das 19. Jahrhundert 33

Woher der Ballhausplatz seinen Namen hat
Bundeskanzleramt, Ballhausplatz 2 40

    Die Hof- und Staatskanzlei –
    Regierungsgebäude und Wohnpalais 42

    Wenzel Anton Graf Kaunitz –
    die graue Eminenz unter Maria Theresia 46

    Die Ära Metternich – der »Kutscher Europas« 53

    Metternichs Sturz und das weitere Schicksal
    der Staatskanzlei 60

Die Katterburg am »schönen Brunnen«
Schloss Schönbrunn 64

  Kaiser Franz I. Stephan und die Geschichte des Tiergartens 69

  Der Schlosspark unter Maria Theresia 75

  Der Opernwettstreit in der Orangerie 79

  Das Ende des Herzogs von Reichstadt – Napoleons Sohn in Schönbrunn 83

  Kaiser Franz Joseph und Erzherzog Ferdinand Max – Schönbrunn bis 1918 87

Prinz Eugens Stadtpalais
Himmelpfortgasse 8 93

  Eugens Aufstieg und der Bau seines Stadtpalais 95

  Johann Bernhard Fischer von Erlach und Johann Lucas von Hildebrandt – zwei Konkurrenten auf hart umkämpftem Terrain 104

  Das Stadtpalais nach Eugens Tod 111

Der schönste Blick über Wien
Schloss Belvedere 113

  Die beiden Belvedereschlösser als Zeichen des Sieges 115

  Eugens Park, Gärten und Menagerie 120

  Das weitere Schicksal des Belvedere 126

  Vom Museum zur Militärkanzlei 127

  Der Tod Anton Bruckners 132

»Des Glanzes der Familie würdig«
Palais Daun-Kinsky, Freyung 4   135

    Johann Lucas von Hildebrandt – »wahrhafftih ein wunderliher Man, mit welhen nit all zu leiht auszukommen«   137

    Leopold Graf Daun –
Maria Theresias Feldherr und Freund   140

    Vom Palais Daun zum Palais Kinsky   146

    Das Palais Kinsky im 20. Jahrhundert   150

Wo Prinz Eugen Piquet spielte
Palais Batthyány-Strattmann, Herrengasse 19/ Bankgasse 2   155

    Eleonore Gräfin Batthyány und die Intrigen gegen Prinz Eugen   158

    Franziska Gräfin Batthyány und der Romantikerkreis um Klemens Maria Hofbauer   166

Eine Familie von Weltrang
Palais Coburg, Seilerstätte 1–3   172

    Vom Palais Koháry zum Palais Coburg   173

    Der Skandal um Prinzessin Louise von Belgien   181

    Das Haus Coburg und der Walzerkönig Johann Strauß   186

Heinrich von Ferstel – der Ringstraßenarchitekt und »sein« Palais
Palais Ferstel, Freyung 2   192

    Die Entstehung des Bank- und Börsengebäudes   195

    Das Café Central und andere Literatencafés   201

Der jüdische Großbürger Epstein
und die englische Gasgesellschaft
Palais Epstein, Dr.-Karl-Renner-Ring 3 212

    Gustav Ritter von Epstein –
    Kunstmäzen und Philanthrop 215

    Der Börsenkrach von 1873 –
    der Fall des Bankhauses Epstein 220

    Die »Imperial Continental Gas Association« –
    die Familie Drory im Palais Epstein 224

Die Kuranstalt am Wasserglacis
Kursalon, Johannesgasse 33 230

    Die Gründung des Stadtparks
    und der neue Kursalon 233

Auf den Spuren Kaiserin Elisabeths
*Hermesvilla, Lainzer Tiergarten
und das Achilleion auf Korfu* 238

    Das Achilleion auf Korfu 246

    Elisabeths Tod – das weitere Schicksal
    von Hermesvilla und Achilleion 252

Quellen- und Literaturverzeichnis (Auswahl) 256

Bildnachweis 262

Personenregister 263

Vorwort

Ich darf mich als großer Freund von jeglichen alten Gebäuden zu erkennen geben. Sie üben einen eigenen Zauber auf mich aus.

Wie schön, wenn sich ein Autor nun auf die Spuren dieser altehrwürdigen Bauten begibt und ihre Erbauer und verschiedenen Besitzer quer durch die Jahrhunderte lebendig macht. Was Georg Hamann und mich verbindet, ist der Umstand, dass wir – ob wir es wollten oder nicht – in geschichtsaffine Haushalte hineingeboren wurden und solchermaßen das Interesse an der Historie gar nicht erst geweckt werden musste. Was gibt es also Näherliegendes, als sich mit den steinernen Zeugen der Geschichte Wiens eingehend auseinanderzusetzen und der Magie dieser Bauten auf den Grund zu gehen.

Schlösser, Palais und Herrenhäuser haben ja immer etwas eigentümlich Beruhigendes. Wahrscheinlich, weil sie den Zeiten getrotzt haben, jedes einzelne Gebäude auf seine eigene Art. Manche schlummern von Efeu und Moos bewacht in aller Ruhe vor sich hin, andere sind über die Jahrhunderte unausgesetzt gepflegt worden und manche, die schon vom Tod gezeichnet waren, sind ganz plötzlich in neuem Glanz erwacht.

Was fasziniert die Menschen so an diesen prachtvollen Häusern? In Wahrheit sind es erst in zweiter Linie die altehrwürdige Architektur oder die blühenden Parklandschaften und Gärten, die sie umgeben, in erster Linie drängen dem Betrachter die ehemaligen Bewohner ins Gedächtnis.

In Wien sind es oft Aristokraten und Industrielle, die einen früher, die anderen später, die sich mit dem Palais ein eigenes Denkmal setzten. Natürlich diente das Haus auch der standesgemäßen Unterbringung der Herrschaft und jener, die der Herrschaft ein ebensolches Dasein ermöglichten, aber das Herrenhaus, Palais oder Schloss sollte vor allem auch nach außen wirken.

Die Gefahr beim Repräsentieren liegt immer in der Übertreibung. In Wien üben sich die meisten dieser Repräsentationsbauten in Zurückhaltung, viele entfalten ihre wahre Pracht nach innen. Da locken überdimensionale Stiegenaufgänge in die Beletage, Heerscharen von Stuckateuren, Kunsttischlern und Steinmetzen waren mit der Herstellung von Leinwänden beschäftigt, die nach Fertigstellung von den großen Malern ihrer Zeit mit symbolschweren Dekors verziert wurden.

Viele Palais der Gründerzeit verschwanden genauso schnell, wie sie erbaut wurden, vereinzelt siechten sie noch dahin, Kriegszeiten und finanzielle Engpässe ihrer Besitzer erledigten den Rest. Noch in den 70er-Jahren des vorigen Jahrhunderts wurden zahlreiche Juwelen der Baukunst, die leicht gerettet hätten werden können, geschleift und durch erstaunlich hässliche Nachfolger der Erinnerung beraubt.

Zum Glück hat sich aber eine stattliche Zahl von Palais, Herrenhäusern und Schlössern erhalten, die von Georg Hamann in behutsamer Weise durchleuchtet werden. Nichts würde sich besser für reißerische Schlagzeilen eignen als die Eskapaden der Erbauer, als die Komödien und Tragödien, die sich da zwischen den Salons, Boudoirs, Schlafzimmern und Gesindetrakten abgespielt haben.

Dankenswerterweise hat Georg Hamann die teils turbulenten Eskapaden der Eigner nicht größer gemacht als die Häuser selbst. Es bleiben die Gebäude präsent, die ja viel mehr sind als prachtvolle Bühnen für diverse Schicksalsschläge und dank der einfühlsamen Auseinandersetzung Georg Hamanns selbst die Hauptrolle spielen.

Karl Hohenlohe

Einleitung

Dieses Buch handelt von zwölf ausgewählten Gebäuden Wiens, die auch Thema der beliebten ORF-III-Serie *Vieler Herren Häuser* sind. Es versteht sich als Begleitliteratur, die vertiefende Informationen gibt, kann aber ebenso als eigenständiges Werk gelesen werden, ohne dass man die Fernsehserie kennt.

Im Vordergrund stehen nicht architektur- oder kunsthistorische Details (obwohl selbstverständlich die wichtigsten Informationen zur Baugeschichte nicht fehlen dürfen), sondern die Geschichte jener Menschen, die all die Schlösser und Palais entwarfen, die sie in Auftrag gaben und die sie bewohnten.

Der zeitliche Rahmen der Schilderungen erstreckt sich vom ausgehenden 17. Jahrhundert bis zum Ende der österreichischen Monarchie (nur bei der Hofburg beginnt die Darstellung früher, immerhin war sie bereits seit dem Hochmittelalter Residenz der österreichischen Landesherren). Die Ereignisse des 20. Jahrhunderts werden demnach nur in aller Kürze behandelt, denn die Zeit der »großen Herren« war 1918 vorbei. Kaum eines der Gebäude diente noch als Familiensitz, die meisten wurden verkauft, vermietet oder in staatliche Verwaltung übernommen.

Den größten Teil des Buches nehmen Palais ein, die zur Barockzeit entstanden. Als nach der Zweiten Türkenbelagerung die unmittelbare Gefahr durch die osmanischen Truppen gebannt war, kam es in Wien zu einem beispiellosen »Bauboom«. Der Wiener Lokalhistoriker Wilhelm Kisch schrieb in den 1880er-Jahren, dass »auf den Trümmerstätten und Schutthaufen, welche die Türkenbrände 1683 zurückliessen

(…) alle die vielen stolzen Monumental- und Prachtbauten Wiens … jetzt wie Pilze aus der Erde schossen. Dort«, so Kisch weiter, »wo man noch jüngst in den niedergebrannten Vorstädten … halb verbrannte Kameele, geschmorte Maulthiere und verweste Christenleichen eine ungeheure Pestilenz unter schwarzen Rauchwolken verbreiten sah, stiegen die stolzen Paläste empor, die mit wahrer französischer Prachtliebe ihrer ärmlichen Umgebung zu spotten schienen.«

Tatsächlich war Wien nicht mehr nur Grenzfestung gegen Ungarn, sondern entwickelte sich zur barocken Metropole einer europäischen Großmacht. Im Jahr 1698 wurde der »Burgfrieden« auch auf die Vorstädte ausgedehnt, die nun – zwar durch die Stadtmauern immer noch von Wien getrennt, aber bald durch den zweiten Befestigungsring des Linienwalls geschützt – zu einem attraktiven Siedlungsgebiet wurden. Der Kaiserhof und viele Adelsfamilien ließen sich dort ihre Sommerschlösser mit ausgedehnten Gartenanlagen errichten (das Belvedere und Schönbrunn bieten hervorragende Beispiele). Auch Bürgerliche zogen aus der engen Stadt, wodurch dort Platz frei wurde für die hochherrschaftlichen Palais, die bis heute das Aussehen des 1. Bezirks prägen.

Immense Summen flossen damals in die Bauwirtschaft. Die adeligen Familien wetteiferten um die berühmten Architekten, Stuckateure, Maler und Freskanten, die sich in Wien tummelten. Neben dem Palais Batthyány-Strattmann und dem Daun-Kinsky wird über Prinz Eugens »Winterpalais« in der Himmelpfortgasse erzählt sowie das Amtspalais des heutigen Bundeskanzleramts, das einst den Staatskanzlern und ihren Familien als Residenz zustand.

In der ersten Hälfte des 19. Jahrhunderts wurde viel schlichter und nüchterner gebaut, selbst die wenigen entstehenden Neubauten aristokratischer Bauherren waren durch vergleichsweise schmucklose Fassaden geprägt und glichen sich der bürgerlichen Zweckarchitektur an. Im Wien-Band des *Kronprinzenwerks* (1886) hieß es: »Es ist für uns, die wir die künstlerische Verjüngung der Metropole des Reiches erlebt haben, kaum faßbar, mit welch schmaler Hausmannskost die Stadt Beethovens und Schuberts, Raimunds und Grillparzers in allem, was die bauliche Gestaltung und den Schmuck des Lebens betraf, sich begnügen mußte.« Doch es gab Ausnahmen, wie das prächtige Palais Coburg, von dessen Baugeschichte und Bewohnern dieses Buch auch erzählt.

Die zweite Hälfte des 19. Jahrhunderts wurde von der Architektur des Historismus dominiert: Die Ringstraße entstand und mit ihr all ihre Palais und noblen Miethäuser. Als Beispiel hierfür dient das von Theophil Hansen entworfene Palais Epstein. In dieselbe Zeit fiel auch der Bau der Hermesvilla im Lainzer Tiergarten und des Achilleions auf Korfu (das als einziges nicht in Wien liegende Gebäude in der Serie »Vieler Herren Häuser« vorgestellt wird). Zwei weitere Gebäude jener Jahre fallen ein wenig aus dem Rahmen, waren sie doch nie als Wohnhäuser gedacht: das »Palais« Ferstel und der Kursalon im Stadtpark.

All diese Gebäude erzählen spannende, mitunter tragische Geschichten: von berühmten Feldherren und Ringstraßenbaronen, von konkurrierenden Barockbaumeistern, politischen Intrigen, gesellschaftlichen Skandalen, aristokratischen Salons und vielem mehr – ein Blick hinter die Fassaden großer Herren Häuser.

Georg Hamann
September 2017

»Ein Tor aus Brettern wie zu einer Scheune ...«
Hofburg

Als Residenz der österreichischen Landesherren war die Hofburg seit jeher das wichtigste profane Gebäude Wiens, als einen »Palast« konnte man sie jedoch lange Zeit wahrlich nicht bezeichnen. Es sollten Jahrhunderte vergehen, bis aus einem verwinkelten und verschachtelten Komplex aus Höfen, Stiegen, Türmen und Trakten ein einigermaßen repräsentatives Ganzes wurde.

Doch gerade diese Existenz als Stückwerk verleiht der Hofburg einen unverwechselbaren Charakter und macht sie so besonders, viel interessanter als jedes noch so prachtvolle, in einem Guss entstandene Renaissance- oder Barockschloss. Durch die häufigen Um- und Anbauten wurde aus ihr ein architektonisches »Geschichtsbuch«, anhand dessen sich hervorragend die zunehmende Bedeutung des Hauses Habsburg ablesen lässt. Je wichtiger dieses wurde, desto größer und prächtiger wurde auch seine Wiener Residenz.

Von der Ritterburg zum Barockpalast – ein Überblick

Ihr ältester Teil stammt aus dem Hochmittelalter: Ottokar II. Přemysl – König von Böhmen und Herzog von Österreich – ließ in der zweiten Hälfte des 13. Jahrhunderts anstelle eines babenbergischen Vorgängerbaus eine Burg errichten (den späteren »Schweizertrakt«). Sie lag direkt an der alten Stadtmauer, diente also in erster Linie als militärischer Zweckbau: Türme sicherten ihre Ecken, ein Wassergraben mit Zugbrücke verwehrte feindlichen Zugriff.

Sehr behaglich dürfte es in ihren Räumen nicht gewesen sein und besonders imposant sah sie auch nicht aus. Im beginnenden 16. Jahrhundert schrieb ein französischer Wien-Besucher: »Dieser Palast ist so hässlich wie nur irgendeines der Häuser in der Rue de Lombards zu Paris. Ein Tor, aus Brettern wie zu einer Scheune; an demselben nur auf einer Seite ein kleines Pförtchen; ein Hofraum so enge, dass sich in ihm mit einer Kutsche ohne Schwanenhals gar nicht umkehren lässt.«

Erst Jahrzehnte später, als die Kunst der Renaissance endlich auch in Österreich Fuß fasste, wurde die Hofburg deutlich vergrößert und erhielt ein Aussehen, das um einiges repräsentativer war als bislang. Ab den 1550er-Jahren wurde anstelle eines alten Getreidespeichers zunächst die sogenannte »Stallburg« errichtet. Sie war ursprünglich für Erzherzog Maximilian (den späteren Kaiser Maximilian II.) als Residenz gedacht, doch noch ehe sie fertig war, starb dessen Vater Ferdinand I., womit Maximilian gleich dessen Räume in der *alten* Burg beziehen konnte. Der neu erbaute Trakt wurde nun als »Hofstallgebäude« und Wagenremise genutzt.

Ungefähr zur gleichen Zeit wurde auch das Eingangstor in die alte Burg (das heutige »Schweizertor«) von Pietro Ferrabosco in markanten Renaissanceformen neu gestaltet, und nach seinen Entwürfen errichtete man – direkt gegenüber, auf der anderen Seite des damaligen Turnierplatzes (des heutigen »Inneren Burghofs«) – einen weiteren neuen Trakt der Burg.

Bislang hatten dort mehrere Häuser gestanden, das größte war nach seinen einstigen Besitzern, den Grafen Cilli, benannt (der »Cillierhof«). Nachdem diese mächtige Familie im Mannesstamm ausgestorben war, fiel deren Besitz Mitte des 15. Jahrhunderts an Kaiser Friedrich III. Der Cillierhof wurde lange Zeit als Küche und Rüstkammer genutzt, jetzt, gut hundert Jahre später, riss man ihn ab.

An seiner Stelle entstand die (später sogenannte) »Amalienburg«, ein stattliches, vornehmes Renaissanceschloss, das ursprünglich für Kaiser Maximilians Sohn Rudolf als Residenz gedacht war. Als dieser jedoch 1576 zum neuen Kaiser aufrückte, hatten die Bauarbeiten gerade erst begonnen und Rudolf hielt sich ohnehin meist in Prag und nicht in Wien auf. Bald blieb er für immer am Hradschin, im neuen Gebäude der Hofburg wohnte er nie.

Die Bauarbeiten zogen sich lange hin, so wie auch jene an der Stallburg mehr Zeit als vorgesehen in Anspruch genommen hatten. Die Erklärung liegt nahe: Es fehlte an Geld. Das ausgehende 16. und beginnende 17. Jahrhundert war eine Phase erneuten Krieges, wieder einmal ging es gegen die Türken. Der Ausbau der Grenzfestungen in Ungarn hatte allerhöchste Priorität. Für die Hofburg blieb kaum noch Geld übrig, ja selbst für die dringend nötige Instandsetzung der Wiener Stadtmauern mangelte es am Nötigsten: Die requirierten Arbeitskräfte erschienen zwar zur Arbeit, da für sie aber weder Baumaterial noch Werkzeug zur Verfügung standen, mussten sie unverrichteter Dinge wieder abziehen.

Als die finanziellen Mittel endlich wieder gesichert waren, versickerten prompt große Summen durch Korruption und Unterschlagung. Betrügerische Handwerker zweigten so viel ab, dass sich der leitende Baumeister der Amalienburg, Hans Schneider, 1607 mit einer Beschwerde an den Hof Kaiser Rudolfs in Prag wandte – er hatte bloß das Pech, dass dessen Kammerdiener, selbst ein skrupelloser Betrüger, ihn nicht zum Kaiser vorließ. Erst um 1610 konnte das neue Gebäude fertiggestellt werden.

Abgesehen vom spärlich fließenden Geld wurde man bei der Hofburg in jenen Jahren auch sonst des Öfteren an den tobenden Krieg gegen das Osmanische Reich erinnert: Dutzende türkische Gefangene waren in den kalten, unterirdischen Gewölben untergebracht, manche sogar im Stadtgraben vor der Hofburg angekettet.

Auch wurde im Oktober 1601 auf dem alten Turnierplatz ein grausiges Spektakel inszeniert: Der kaiserliche Hauptmann Georg Paradeyser, ehemaliger Kommandant (des heute slowakischen) Kaschaus, war gemeinsam mit mehreren Kameraden zum Tode verurteilt worden, weil er die ihm anvertraute Festung »ohne Noth« an die Türken übergeben haben soll. Er wurde, so wie zwei andere Offiziere, enthauptet, ein Feldwebel gehängt, ebenso ein Oberwachtmeister, dem man wegen falscher Zeugenaussage zuvor auch noch die Zunge aus dem Mund geschnitten hatte.

Kaum waren die Kämpfe gegen die Türken vorüber, dämmerte auch schon der nächste Krieg herauf – der Dreißigjährige. Die Auseinandersetzungen zwischen Katholiken und Evangelischen fanden damals selbst direkt in der Hofburg statt. Im Juni 1619 drangen protestantische Adelige aus Niederösterreich in die Gemächer Kaiser Ferdinands II. vor, um ihre »Sturmpetition« zu stellen. Zu allem entschlossen wollten sie die schriftliche Bestätigung der einst gemachten Zusagen zur Religionsfreiheit erlangen. Es kam zu Handgreiflichkeiten, Kaiser Ferdinand soll – unter »Ferdl, unterschreib!«-Rufen – am Kragen gepackt worden sein. Erst die Ankunft kaisertreuer Kavallerie konnte die sich immer dramatischer aufschaukelnde Situation entschärfen. Das Kruzifix, das Ferdinand damals Trost gespendet, ja sogar zu ihm gesprochen haben soll, ist heute am Hochaltar der Burgkapelle zu sehen.

In Zusammenhang mit dem Dreißigjährigen Krieg steht höchstwahrscheinlich auch jene unscheinbare lateinische Inschrift, die im Durchgang des Schweizertors zu finden ist.* Die ins Mauerwerk eingeritzten Buchstaben sind zwar nur wenige Zentimeter groß, aber dennoch gut zu entziffern: »Si deus pro nobis quis contra nos«, also:

---

* Kurz bevor man durch den Torbogen in den Schweizerhof tritt, ist die Inschrift etwa in Hüfthöhe auf der rechten Seite zu finden. Man muss allerdings genau schauen, denn sie fällt auf dem grauen Untergrund kaum auf.

Das Schweizertor bildete seit der Renaissancezeit den Eingang in die alte Burg. Hier eine Ansicht aus dem Jahr 1826 – die Schweizer Garde verrichtete damals schon längst nicht mehr ihren Dienst.

»Wenn Gott für uns ist, wer kann dann gegen uns sein (bestehen)?« Diese Worte stammen aus den Römerbriefen des Neuen Testaments und sind auf den ersten Blick nichts weiter als ein frommer Bibelspruch. Sie gewinnen allerdings an Brisanz, da sie ausgerechnet einen der Wahlsprüche des Schwedenkönigs Gustav II. Adolfs darstellten, der bekanntlich ab 1630 der Hauptgegner der katholischen Liga war! Auf den Standarten seiner gefürchteten Reiterei etwa waren diese Worte zu lesen.

Bis heute lässt sich nicht mit Gewissheit sagen, wer diesen Spruch des evangelischen Heerführers ausgerechnet an der Hofburg, im Herzen der katholischen Habsburgermacht, anbrachte. War es gar ein kaiserlicher Wachsoldat, der insgeheim mit dem Feind sympathisierte?

Die daneben eingravierte Jahreszahl 1660 dürfte jedenfalls erst später hinzugefügt worden sein (ihre Ziffern sind etwas größer als die Buchstaben).

Bedingt durch die neuerlichen Kriegswirren wurde kaum an der weiteren Verschönerung und Erweiterung der Hofburg gearbeitet. Trotz der geschilderten Zubauten war sie weiterhin in erster Linie ein militärischer Zweckbau, eingegliedert in die Wiener Befestigungsanlagen. Im Jahr 1637 hieß es immer noch, sie sei »durchaus nicht glänzend oder von besonderem Ansehen, im Gegenteile, enge genug für einen solchen Fürsten und einen so erhabenen Hof«. Und kurz nach Ende des Dreißigjährigen Krieges las man in der Topografie Merians, sie sei »nicht besonders prächtig erbaut und für einen solchen mächtigen und höchsten Potentaten ziemlich eng«.

Die Zeit des frühen Barock sorgte ab der zweiten Hälfte des 17. Jahrhunderts dann doch für einigen Glanz. Da war zunächst Erzherzog Leopold Wilhelm (jüngster Sohn Kaiser Ferdinands II.), der nach vielen Jahren als Statthalter der Spanischen Niederlande nach Wien zurückkehrte und eine schier märchenhafte Kunstsammlung mit sich brachte. In der Stallburg wurden die rund 1400 kostbaren Gemälde gemeinsam mit Hunderten Zeichnungen, Statuen und Büsten, wertvollen Möbeln und Tapisserien untergebracht – sie sollten später zum Grundstock der Bestände des Kunsthistorischen Museums werden.

Dem barocken Repräsentationsbedürfnis der Zeit entsprechend ging damals auch Leopold Wilhelms Neffe, der neue Kaiser Leopold I., daran, ein neues Wohngebäude errichten zu lassen. Anstelle der bislang bestehenden Stadtmauer wurde die alte Burg mit der gegenüberliegenden Amalienburg verbunden – der »Leopoldinische Trakt« schließt seither den Inneren Burghof an seiner westlichen Seite ab.

Präzise formuliert muss es allerdings heißen: der *neue* Leopoldinische Trakt, denn der ursprüngliche, 1667 fertiggestellte, brannte bereits wenige Monate später vollkommen ab. Ein betrunkener Tischler, der spätnachts noch in einer der im Erdgeschoß untergebrachten Werkstätten Leim sieden wollte, dürfte das Inferno ausgelöst haben.

Die Wachmannschaften wurden zwar rasch auf das Feuer aufmerksam, doch da man die hohen Herrschaften nicht in ihrem Schlaf stören wollte, verzichtete man darauf, die Signalglocken zu läuten und die Trompeten blasen zu lassen. Die Löscharbeiten wurden zunächst so leise und behutsam wie möglich durchgeführt, was letztlich zum verheerenden Großbrand führte. Die Stiefmutter Kaiser Leopolds, Eleonore von Mantua, konnte erst in letzter Minute aus den verqualmten, brennenden Gemächern in Sicherheit gebracht werden. Nachdem die Brandruine abgetragen war, baute man den Leopoldinischen Trakt ein zweites Mal auf, 1681 waren die Arbeiten abgeschlossen.

Bereits im Dezember 1666 hatte der Kaiser seine 15-jährige Nichte (aufgrund der engen Inzestverbindungen war sie gleichzeitig seine Cousine), die spanische Habsburgerin Margarita Teresa, geheiratet und das Fest zum Anlass genommen, ein barockes Spektakel zu veranstalten, wie es Wien bislang noch nicht gesehen hatte. Über anderthalb Jahre erstreckten sich die Festlichkeiten!

Der Innere Burghof im späten 17. Jahrhundert. Links, hinter der Mauer, das alte Paradeisgartl (heute Winterreitschule), dann die alte Burg mit den noch bestehenden Türmen, der Leopoldinische Trakt und rechts die Amalienburg

Im Inneren Burghof wurden Tribünen für über 1000 Personen errichtet, von denen aus man ein prächtiges »Rossballett« verfolgen konnte, dazu spielte Orchestermusik, Hunderte reich kostümierte Mitwirkende führten ein aufwendiges Theaterstück auf, in dem sogar große Prunkschiffe von Schimmeln über den Platz gezogen wurden. Kanonendonner und Feuerwerke durften natürlich nicht fehlen.

Auch hatte Kaiser Leopold, der bekanntlich nicht nur ein großer Musikfreund war, sondern auch selbst komponierte, einen großen Tanz- und Theatersaal am heutigen Josefsplatz errichten lassen (wo Maria Theresia später den Redoutentrakt bauen ließ) sowie ein dreistöckiges, hölzernes Opernhaus für nicht weniger als 5000 Zuschauer. Es stand auf der Kurtine der Stadtmauer (also auf der Verbindung zwischen Burgbastei und Augustinerbastei, heute im Bereich des Burggartens). Als glanzvoller Höhepunkt der Hochzeitsfeierlichkeiten – und zum Geburtstag der neuen Kaiserin – wurde dort am 12. Juli 1668 Antonio Cestis berühmte Festoper *Il pomo d'oro* mit sagenhaftem Aufwand uraufgeführt. Kaiser Leopold nahm jede Gelegenheit wahr, um seiner Opernleidenschaft fröhnen zu können, ob zu Geburtstagsfeiern, Hochzeiten oder Taufen: Unter seiner Herrschaft zählte man über 4000 Aufführungen.

Doch wurde die Zeit der glanzvollen Operninszenierungen schon bald unterbrochen. Im Frühjahr 1683 setzte sich ein gewaltiges osmanisches Heer in Bewegung, sein Ziel war die Eroberung Wiens. In aller Eile begann man, die Vorstädte zu schleifen, um dem Feind die Möglichkeit zu nehmen, sich dort zu verschanzen. Auch zahlreiche Gebäude an der Stadtmauer wurden abgetragen oder zumindest abgedeckt, befürchtete man doch, dass diese in Brand geschossen werden könnten. Auch das große hölzerne Opernhaus wurde abgerissen.

Tatsächlich wurde die Hofburg während der Türkenbelagerung arg in Mitleidenschaft gezogen, immerhin stellte sie das Herzstück der Befestigungsanlagen Wiens dar. Als nach der entscheidenden, siegreichen Entsatzschlacht am 12. September 1683 die Türken die Flucht antreten mussten, kehrte auch Kaiser Leopold in seine Hauptstadt zurück. Es hieß: »Ihre Kais. Maj. sahen nach ihrer Rückkehr ihre aigene herrliche Palatia sambt denen negst gelegenen Kirchen und Clöstern durch feindliches Canoniren dergestalt durchlöchert und durchbohrt, daß sie einem Gebau fast nicht mehr gleich waren.« Die Schäden wurden jedoch rasch behoben, und der Kaiser bezog mit seiner Familie wieder die Räumlichkeiten im Leopoldinischen Trakt.

Josef I., August »der Starke« und ein falsches Gespenst

Mit Leopolds ältestem Sohn und kaiserlichem Nachfolger Josef I. ist eine interessante Geschichte verbunden, die sich in der Hofburg zugetragen haben soll und heute nur noch wenig bekannt sein dürfte. Erstmals tauchte sie im Jahr 1734 in einem Buch des preußischen Schriftstellers Karl Ludwig von Pöllnitz auf (*La Saxe galante*), das sich mit den – meist amourösen – Abenteuern des sächsischen Kurfürsten Friedrich August I. (also des späteren, legendären polnischen Königs August II., des sogenannten »Starken«) beschäftigte.

Diese Anekdote fand bis weit ins 19. Jahrhundert auch Eingang in durchaus seriöse Darstellungen der Wiener Geschichte sowie in Biografien Friedrich Augusts. Freilich darf man sie nicht für bare Münze nehmen, doch sie vermag, so wie jede gute Anekdote, gewisse historische Begebenheiten zu illustrieren – in diesem Fall die konfliktreiche Beziehung Josefs I. zur katholischen Kirche.

Der geschichtliche Hintergrund ist schnell skizziert: In den beginnenden 1690er-Jahren verbrachte der junge Kurfürst von Sachsen, Friedrich August I., einige Zeit in Wien, wo er als Gast der kaiserlichen Familie in der Hofburg wohnte. Eine besondere Freundschaft verband ihn bald mit Josef, der damals ein 13-, 14-jähriger Knabe war, aber als gewählter römischer König bereits die Anwartschaft auf die Kaiserwürde innehatte.

Eines Nachts – so lautet nun die von Pöllnitz erzählte Geschichte – erschien eine unheimliche, in weiße Gewänder gehüllte und mit Ketten rasselnde Gestalt in König Josefs Schlafzimmer, die den jungen Habsburger mit hoher Stimme vor weiterem Umgang mit dem Sachsen warnte: »Entsage seiner Freundschaft oder erwarte die ewige Verdammniß!« Falls er sich weigere, so das »Gespenst« weiter: »So ist dein und sein Verderben unvermeidlich.« Josef bekam drei Tage Bedenkzeit zugestanden, dann wollte der unheimliche Gast wieder erscheinen.

Josef berichtete am folgenden Morgen seinem Freund Friedrich August über die schaurige Szene, worauf dieser sich in der angekündigten Nacht auf die Lauer legte. Tatsächlich erschien der Geist abermals, um seine Drohungen zu wiederholen, da stürzte sich der starke Friedrich August auf die geheimnisvolle Gestalt und schleuderte sie kurzerhand aus dem Fenster. Mit einem gebrochenen Bein blieb sie liegen und es stellte sich heraus, so Pöllnitz weiter, dass es ein katholischer Priester war, ein Jesuit, »der allezeit mit dem Beichtvater des Römischen Königes gieng«. Josef war daraufhin dermaßen wütend, dass er »schwur, er wolle dereinst alle Jesuiten aus seinen Ländern jagen«.

Die Anekdote ist damit zu Ende. Gerade der letzte hier zitierte Satz aus Pöllnitz' Darstellung lässt allerdings aufhorchen, da er auf *tatsächliche*, historisch verbürgte Spannungen zwischen dem damals mächtigen Jesuitenorden und dem jungen Josef verweist. Dieser war, verglichen mit seinen Vorgängern, als nicht besonders fromm bekannt, hatte aber in seinem Religionslehrer, dem Priester Franz von Rummel, einen vertrauten und sehr geschätzten Erzieher. Rummel jedoch wurde von den Jesuiten abgelehnt, immer wieder forderten sie dessen Absetzung. Selbst der Papst verlangte auf deren Drängen Rummels Entlassung, worauf Josef selbstbewusst ausrichten ließ: »Wenn dies geschähe, müß-

Thronfolger Josef, sein Freund August »der Starke« und das falsche Gespenst der Hofburg

ten ihm alle Jesuiten das Geleite geben.« Er konnte sich tatsächlich durchsetzen und behielt Rummel als Lehrer. Später, kaum war er der neue Kaiser, ließ er ihn sogar gegen massiven Widerstand der Jesuiten zum Fürstbischof von Wien ernennen.

Zweites »Leitmotiv« der geschilderten Anekdote ist das Verhältnis Josefs zum sächsischen Kurfürsten. Friedrich August stand zwar aufseiten der Habsburger gegen die Franzosen (weshalb er in Wien so freundschaftlich aufgenommen wurde), führte 1695 sogar den Oberbefehl über das kaiserliche Heer gegen die Türken in Ungarn – aber er war damals noch evangelisch! Das erklärt die großen Ressentiments, mit denen ihm von katholischer Seite begegnet wurde. Erst 1697 konvertierte er in der Frauenkirche in Baden bei Wien, um bald darauf König des streng katholischen Polens werden zu können (was ihm wiederum die Protestanten sehr übelnahmen).

Als Letztes sei noch erwähnt, dass sich Kaiser Josef auch nicht davor scheute, in direkte, bewaffnete Opposition zum Papst zu gehen, was angesichts der langen, romtreuen Politik seiner Vorgänger überrascht. Als Josef nämlich zu Beginn des Spanischen Erbfolgekrieges versuchte, seinen jüngeren Bruder Karl (den späteren Karl VI.) als König von Spanien zu etablieren, verweigerte Papst Clemens XI. dessen Anerkennung.

Clemens stand unter dem Druck der Franzosen, die ihn dazu gebracht hatten, ihren eigenen Thronkandidaten Philipp von Anjou zu unterstützen. Außerdem fürchtete der Papst eine Ausdehnung der Habsburgermacht in Italien, immerhin hatte der österreichische Feldmarschall Wirich Graf Daun (siehe Seite 135f.) bereits das zu Spanien gehörende Königreich Neapel besetzt, das direkt an den – damals noch großen – Kirchenstaat grenzte. Auch im Norden marschierten kaiserliche Truppen unter Prinz Eugen ins Herzogtum Parma ein (das der Heilige Stuhl als päpstliches Lehen betrachtete).

In sehr scharfem Ton wandte sich Papst Clemens nun an Kaiser Josef: »Höre auf, Sohn! und wende Dein gläubiges Gemüth wieder zur Ehrfurcht gegen die Kirche! Alsdann wollen auch Wir das erlittene Unrecht vergessen und Dich als unseren erstgebornen Sohn lieben. Solltest Du aber in so unbescheidenen Gesinnungen beharren, so wollen auch Wir die Gnade eines Vaters ablegen und Dich als einen aufrührerischen Sohn mit dem Kirchenbanne, ja selbst mit den Waffen, wenn es nöthig sein sollte, bestrafen.« Und weiter schrieb er: »Wir vertheidigen die Sache Christi und die Kirche. Christus selbst wird Kraft verleihen, damit Wir siegen, – und wenn Du Dich nicht schämst, die Kirche und Gott selbst zu befehden und von der alten österreichischen Frömmigkeit abzuweichen, – so wird eben dieser Gott, der Reiche ertheilt, auch Reiche zu Grunde richten.«

Doch Josef ließ sich keineswegs einschüchtern. Er wusste, dass die Zeiten, da sich ein Kaiser nach den Interessen des Papstes zu richten hatte, längst vorüber waren. Er gab seinem Feldmarschall Daun im Herbst 1708 den Befehl, mit seiner Armee in den Kirchenstaat einzumarschieren. Die päpstlichen Truppen mussten sich schnell zurückziehen und Papst Clemens, der eine Besatzung Roms durch die Österreicher befürchtete, lenkte ein und erkannte Josefs Bruder Karl als spanischen König an. Der letzte Krieg, den ein Kaiser des Heiligen Römischen Reiches gegen den Papst geführt hatte, war vorbei.

Kaiser Josef zeigte in dieser – glimpflich verlaufenen – als »Comacchiokrieg« bezeichneten Auseinandersetzung großes Selbstbewusstsein, überhaupt war er von der dynastischen Sendung seiner Familie überzeugt. Die Jahre seiner Regentschaft stellten einen Höhepunkt österreichischer Großmachtpolitik dar – und habsburgischer Reichspolitik.

Dazu passend wollte er natürlich auch seine Wiener Residenz prachtvoll ausbauen lassen, denn »da er Kayser war, wollte er, daß Alles Kayserlich seyn sollte; hieher gehöret das große vorhaben, so er im bauen vorhatte«. Sein einstiger Architekturlehrer Johann Bernhard Fischer von Erlach wurde mit Entwürfen zu einer völligen Neugestaltung der Hofburg beauftragt, doch konnten diese nie verwirklicht werden, denn der Spanische Erbfolgekrieg verschlang so gut wie alle finanziellen Ressourcen (siehe Seite 106f.). Fischer von Erlach erhielt keinen einzigen Bauauftrag von Kaiser Josef.

Die Hofburg im 18. Jahrhundert

Josef I. erkrankte 1711 an den Pocken, er war gerade einmal 32 Jahre alt. Noch auf dem Totenbett soll er seiner Ehefrau Amalie Wilhelmine versprochen haben, all seine Geliebten vom Hof zu verbannen, falls er überleben würde. Es war freilich zu spät. Josef starb im April und hinterließ seine Familie in großer Bedrängnis.

Bei seinen zahlreichen außerehelichen Affären hatte er sich gefährliche Geschlechtskrankheiten zugezogen, mit denen er schließlich auch seine Ehefrau angesteckt hatte. Nach der Geburt zweier Töchter und eines früh verstorbenen Sohnes war sie unfruchtbar geworden. Auf Josefs jüngerem Bruder Karl ruhten nun sämtliche Hoffnungen, die Dynastie weiterzuführen.

Wobei: Von einer »Dynastie« war damals kaum noch zu sprechen. Zwar war Karl VI. der Nachfolger seines Bruders als Kaiser des Heiligen Römischen Reiches und somit der ranghöchste Monarch Europas, aber Spanien ging – nach dem Aussterben des dortigen Familienzweiges und dem langen Erbfolgekrieg – verloren. Auch wenn er durch Neapel-Sizilien und die Spanischen (ab nun: Österreichischen) Niederlande entschädigt wurde und sein Reich dadurch eine noch nie zuvor dagewesene Ausdehnung erreichte – wer sollte all diese Länder dereinst regieren? Karl, der letzte männliche Habsburger, musste einsehen, dass seine Nachfolge auf höchst unsicherem Grund stand, zeugte er doch selbst ebenfalls »nur« Töchter (sein einziger Sohn starb bereits im Babyalter).

Mit all den prunkvollen Bauten, die er in Auftrag gab, schien er eine Bedeutung hervorstreichen zu wollen, die seine Familie gerade zu jener Zeit zu verlieren drohte. Neben dem Bau der monumentalen Karlskirche und dem – geradezu bombastischen – Projekt des »österreichischen Escorials«, der Stiftsresidenz Klosterneuburg, wurde auch die Hofburg großzügig erweitert.

Endlich kam Johann Bernhard Fischer von Erlach zum Einsatz. Er erhielt den Auftrag, das Gebäude einer neuen Hofbibliothek (am heutigen Josefsplatz) zu planen, auch neue Hofstallungen (das heutige Museumsquartier) entstanden nach seinen Entwürfen – ein wahrer Palast für die kaiserlichen Pferde.

Nach Fischers Tod im Jahr 1723 führte dessen Sohn Joseph Emanuel die Bauprojekte fort, ja es gelang ihm sogar, den ständigen Konkurrenten seines Vaters, Johann Lucas von Hildebrandt, schrittweise zu verdrängen (siehe Seite 109f.). Der Kunsthistoriker Hans Sedlmayr schrieb in diesem Zusammenhang vom »Ringkampf zwischen den beiden Hofarchitekten und ihren Protektoren«. Hildebrandt hatte zwar einen Entwurf für einen großzügigen Komplettumbau der Hofburg geschaffen, doch bis auf einen kleinen Teil des Reichskanzleitrakts (in Richtung Schauflergasse) wurde nichts davon verwirklicht. Er erhielt bald keinen einzigen kaiserlichen Bauauftrag mehr.

Der junge Fischer hingegen ging siegreich aus diesem »Ringkampf« hervor und avancierte bald zum Stararchitekten: Neben der Fertigstellung der väterlichen Bauprojekte gestaltete er den Hauptteil des Reichskanzleitrakts (gegen den Inneren Burghof) sowie die Winterreitschule anstelle des alten »Paradeisgartls«. Sein Entwurf für eine repräsentative Front zum Michaelerplatz hin wurde allerdings nur teilweise verwirklicht. Erst im späten 19. Jahrhundert stellte man diesen Teil der Hofburg – angelehnt an Fischers ursprüngliche Pläne – fertig.

All diese Prachtentfaltung kostete ein immenses Vermögen, wobei die finanzielle Lage Österreichs nicht besonders rosig aussah. Kaiser Karl VI. schien dermaßen beseelt vom Wunsch, sich und seiner Familie Baudenkmäler für die Ewigkeit schaffen zu lassen, dass er offenbar die Übersicht über seine Geldmittel verlor. Jenes Problem, das bereits im 16. und 17. Jahrhundert aufgetaucht war, wurde auch unter Kaiser Karl virulent: Korruption und Unterschlagung in großem Stil.

Geschätzt die *Hälfte* der jährlichen Steuereinnahmen von rund 120 Millionen Gulden verschwand in den Taschen habgieriger Beamter und betrügerischer Höflinge. Auch die Bediensteten in der Hofburg überboten einander geradezu in der »Kunst« des schamlosen Stehlens.

Ein gutes Beispiel hierfür ist das Personal Amalie Wilhelmines, Karls verwitweter Schwägerin (sie lebte in jenem Trakt, der heute nach ihr Amalienburg genannt wird). Auch wenn damals zu jeder Mahlzeit Wein getrunken wurde und der Bedarf dementsprechend hoch war, scheint der Verbrauch der frommen Kaiserinwitwe doch besonders auffallend: Als »Schlummertrunk« habe sie *täglich* nicht weniger als zwölf Kannen ungarischen Weins, also gut zwölf Liter, benötigt und jede ihrer Hofdamen immerhin sechs Kannen! Die Vermutung liegt nahe, dass der zuständige Kellermeister mehr Wein verrechnete, als er tatsächlich lieferte, um die übrige Menge privat verkaufen zu können. Ähnliches dürfte auch Kaiserin Elisabeth Christine geschehen sein, der Ehefrau Kaiser Karls. Das Brot für deren Papagei wurde in edelstem Tokajer eingeweicht, wobei sich der Vogel als äußerst trinkfest erwiesen haben müsste: Über 900 Liter jährlich soll er auf diese Weise vertilgt haben. Dass die kaiserliche Küche pro Jahr allein 4000 Gulden für Petersilie in Rechnung stellte, sei auch noch angemerkt (zum Vergleich: »Hof-Ingenieur« Hildebrandt erhielt ein Jahresgehalt von 600 Gulden).

Unter Karls Tochter Maria Theresia änderte sich manches. Insbesondere ihrem Mann Franz Stephan von Lothringen ist es zu verdanken, dass der persönlichen Bereicherung der Hofangestellten ein Riegel vorgeschoben wurde. Franz, der zwar aus vornehmer, aber nicht übermäßig reicher Familie stammte, hatte schon in frühen Jahren gelernt, hervorragend mit Geld umzugehen. Er ordnete die desolaten Staatsfinanzen Österreichs, was seinen Nachkommen bald zugute kommen sollte.

Die Zeit der verschwenderischen Bauprojekte war vorerst vorbei (wenn man von Maria Theresias Lieblingsschloss Schönbrunn absieht, siehe Seite 68f.). Man arrangierte sich vielmehr mit der vorhandenen Bausubstanz der Hofburg und adaptierte sie entsprechend den Bedürfnissen der Zeit. Die oberen Teile zweier noch bestehender mittelalterlicher Türme wurden abgetragen, die beiden Redoutensäle entstanden anstelle des barocken Lustspielhauses am Josefsplatz und am Michae-

Das »Damen-Carroussel« in der Winterreitschule, eines der aufwendigen Feste zur Zeit Maria Theresias

lerplatz, dort, wo im »Ballhaus« bislang das *gioco di palla* (siehe Seite 41f.) gespielt worden war, zog das neu gegründete Burgtheater ein.

Die bereits erwähnte Kunstsammlung Erzherzog Leopold Wilhelms wurde aus der Stallburg ins Schloss Belvedere überführt, das nach dem Tod Prinz Eugens in kaiserlichen Besitz überging (siehe Seite 127f.). Im Gegenzug brachte man die berühmten Lipizzaner unter, deren Stallungen sich bis heute hier, direkt gegenüber der Winterreitschule, befinden.

Dass es unter dem neuen Kaiserpaar nicht gänzlich vorbei war mit den Festlichkeiten, mit den prachtvollen Bällen und Theateraufführungen, bewies das »Damen-Carroussel«, das am 2. Jänner 1743 veranstaltet wurde. Damals – es war die Zeit des Österreichischen Erbfolgekrieges – feierte man den erzwungenen Rückzug der Franzosen und Bayern aus Böhmen. Tausende noble Gäste sahen Maria Theresia an der Spitze Dutzender hochadeliger Damen, dem kriegerischen Anlass entsprechend als Amazonen verkleidet, hoch zu Ross in die festlich geschmückte Winterreitschule einziehen. Es gab allerlei Wettbewerbe mit Lanzen, Pistolen und Degen, als Zielscheiben verwendete man hölzerne Türkenköpfe. Nach einem öffentlichen Zug der Gesellschaft durch die Straßen Wiens folgte in der Hofburg ein rauschender Ball.

Unter Maria Theresia erhielt auch das berühmte Renaissancetor Pietro Ferraboscos seinen gegenwärtigen Namen: Während wir heute die »Schweizer Garde« nämlich ausschließlich mit dem Vatikan in Verbindung bringen, so war es in früheren Zeiten durchaus üblich, dass sich auch weltliche Fürsten und Könige mit einer Leibwache aus Schweizer Söldnern umgaben. Ausgerechnet die österreichischen Landesherren verfügten über keine, denn die Erinnerung an die schmachvollen Niederlagen Habsburgs gegen die Schweizer Eidgenossenschaft im frühen 14. Jahrhundert wirkte noch lange nach.

Die Herzöge von Lothringen beschäftigten aber seit dem ausgehenden 16. Jahrhundert sehr wohl eine solche Garde. Nachdem Franz Stephan von Lothringen 1745 zum neuen Kaiser des Heiligen Römischen Reiches gekrönt worden war, versah sie ihren Wachdienst in der Hofburg. Gut 20 Jahre später löste sein Sohn Josef II. sie auf, sie bestand damals aus 173 Mann. Die Gardisten wurden finanziell großzügig entschädigt, manche zogen zurück in die Schweiz, viele hingegen blieben in den österreichischen Erblanden und fanden Aufnahme in anderen Regimentern.

Der sparsame Kaiser Josef II. tat übrigens nicht viel, mit dem er dem Aussehen der Hofburg seinen persönlichen Stempel hätte aufdrücken können, es sind gerade einmal 250 Gulden belegt, mit denen er eine »Aufzugsmaschine« finanzierte.

Das 19. Jahrhundert

Auch unter Kaiser Franz (II.) I. erfuhr die Hofburg keine wesentlichen Veränderungen. Zwar wurde Österreich 1804 ein eigenes Kaiserreich, was einen Ausbau oder zumindest eine architektonische Vereinheitlichung der bestehenden Anlage gerechtfertigt hätte, doch wieder einmal herrschte fast ununterbrochen Krieg, diesmal gegen das revolutionäre Frankreich. Die finanzielle Situation war dementsprechend angespannt.

Mit dem äußeren Feind hatte übrigens auch die Aufstellung jenes Denkmals vor der Hofbibliothek zu tun, das Kaiser Franz seinem Onkel und Vorgänger Josef II. errichten ließ. 1795 erhielt der Bildhauer Franz Anton Zauner den Auftrag, Entwürfe dafür zu machen.

Der junge Kaiser Franz stand damals ganz im Bann der Ereignisse in Frankreich, wo wenige Jahre zuvor bewaffnete Volksmassen das alte monarchische System gestürzt hatten. Die Angst war groß, dass die revolutionären Ideen auch in seine eigenen Länder überschwappen könnten. Die Entscheidung, in dieser Situation Josef II. durch ein großes Denkmal zu würdigen, war nun weniger Ausdruck einer innigen Verbindung zum Onkel (die beiden hatten sich nie besonders gut verstanden) als vielmehr Franz' Versuch, Werbung für das Haus Habsburg zu machen. Der verstorbene Josef bot sich an, allen nationalen und konfessionellen Gruppen und gesellschaftlichen Schichten Österreichs als »einigendes Symbol« zu dienen, wie der Kunsthistoriker Mazakarini schrieb: Ein Monument, das Josef ehrte, war für Franz ein erhofftes »Mittel, die divergierenden Völkerschaften ... zusammenzuhalten« und gegen das revolutionäre Frankreich einzuschwören.

Auf dem Sockel des Denkmals und auf den Medaillons der umstehenden Säulchen wurde alles angeführt, was Josef II. einst für seine Untertanen geleistet hatte: Förderung von Handel, Landwirtschaft und der schönen Künste, Gründung der Lemberger Universität, des

Taubstummeninstituts, des Josephinums und des Allgemeinen Krankenhauses und natürlich die »concordia religionum« (»Eintracht der Religionen«), das Toleranzpatent. Die dadurch vermittelte Botschaft war klar: Ohne Kaiser Josef hätte es all das nicht gegeben, weshalb auch in Zukunft alle Völker der Monarchie auf die weise Regentschaft der Habsburger vertrauen sollten.

Es ist eine Ironie der Geschichte, dass im März 1848 die aufständischen Bürger und Studenten hierher auf den Josefsplatz zogen, das Denkmal mit Blumengirlanden schmückten und der bronzenen Reiterfigur die schwarz-rot-goldene Fahne der Revolution in die Hand drückten. Zum »einigenden Symbol« wurde Josef so tatsächlich, wenn auch nicht in dem Sinne, wie Kaiser Franz es gewünscht hätte: Als jenen Monarchen ließ man Josef hochleben, dem einst die – unter Franz wieder aufgehobene und jetzt lautstark eingeforderte – Lockerung der Pressezensur zu verdanken gewesen war.

In die Regierungszeit Kaiser Franz' fielen die beiden französischen Besatzungen Wiens. 1809 verfügte Napoleon, die Burgbastei zu schleifen – das sollte den Wienern als Denkzettel dienen, sich nie wieder dem Franzosenkaiser entgegenzustellen. Auf dem nun offenen Areal entstanden in den folgenden Jahren ein Paradeplatz (der heutige Heldenplatz), der Volks- und der Burggarten.

Nach Napoleons Niederlage bei Leipzig und der Einnahme von Paris durch die alliierten Truppen verständigten sich die Sieger rasch auf das Abhalten eines großen Kongresses, auf dem die Neuordnung Europas geregelt werden sollte. Dieser hatte zwischen Herbst 1814 und Frühsommer 1815 ein gesellschaftliches Rahmenprogramm, das prächtiger und aufwendiger kaum hätte ausfallen können. Für all die Bälle, Ritterspiele, Hoftafeln und Konzerte, die rund um den Wiener Kongress gegeben wurden, gab man Unsummen aus – und das zu einer Zeit, da das Gastgeberland Österreich soeben einen Staatsbankrott überwunden hatte. Die ausländischen Monarchen (Zar Alexander I., König

Der Michaelerplatz um 1900. Links im Hintergrund die Stallburg, daneben die Winterreitschule Fischer von Erlachs (Sohn) und rechts die repräsentative Fassade des Michaelertrakts aus dem ausgehenden 19. Jahrhundert

Friedrich Wilhelm von Preußen, König Friedrich VI. von Dänemark und König Friedrich von Württemberg) wurden mitsamt ihrer Entourage in der Hofburg untergebracht, allein die Verpflegung der vielen Gäste kostete rund 750 000 Gulden im Monat! Dass bei einem der Bälle in den Redoutensälen von 10 000 silbernen Teelöffeln ein Viertel verloren ging (oder als Souvenir eingesteckt wurde), fiel angesichts solcher Summen kaum noch ins Gewicht.

Während die Hofburg in der Biedermeierzeit kaum Veränderungen erfuhr, begann ab der Mitte des 19. Jahrhunderts die letzte große Ausbauphase. Zeitgleich mit der Ringstraße und all ihren prächtigen Palais und öffentlichen Gebäuden sollte auch die kaiserliche Residenz durch großzügige Zubauten aufgewertet werden, ja sie sollte zum glanzvollen Herzstück des entstehenden Boulevards werden.

Kurz bevor die Stadtmauern Wiens abgerissen wurden, erhielt der Bildhauer Anton Dominik Fernkorn den Auftrag, ein Reiterdenkmal Erzherzog Carls, des Siegers über Napoleon bei Aspern, zu schaffen. Im Mai 1859, pünktlich zum 50. Jahrestag der Schlacht, war es fertig – und wurde nicht enthüllt! So schwelgerisch man damals auf militärische Erfolge der Vergangenheit zurückblicken konnte, so wenig Optimismus war für die Gegenwart angebracht. Österreich befand sich im Krieg, diesmal gegen das Königreich Sardinien und das mit ihm verbündete Frankreich. Im Juni mussten sich die kaiserlichen Truppen bei Magenta und Solferino den Feinden geschlagen geben, die Lombardei ging verloren. Die Stimmung in Wien war dermaßen schlecht, dass es unpassend gewesen wäre, das Carl-Denkmal zu enthüllen. Erst ein Jahr später präsentierte man es mit viel Prunk (und in Gegenwart von über 100 Veteranen von Aspern) der Öffentlichkeit. Als 1865 Fernkorns zweites Reiterdenkmal, jenes von Prinz Eugen, fertig wurde, war die Stimmung ebenso wenig euphorisch. Der Führungsanspruch Österreichs im Deutschen Bund war durch Preußen längst unterhöhlt, eine direkte militärische Konfrontation nur noch eine Frage der Zeit. Auch im Inneren brodelte es, verlangten die Ungarn doch vehement einen Sonderstatus unter den habsburgischen Kronländern.

Angesichts dieser Probleme klangen die Worte, die anlässlich der Denkmal-Enthüllung im *Oesterreichischen Soldatenfreund* zu lesen waren, eher zweckoptimistisch als ehrlich zuversichtlich: »Sind wir wieder zu festem Einklange in unserem eigenen Hause gelangt, dann können wir getrost jedes Feindes warten, der an unsere Thore pocht. Dann wird auch das alte Oesterreich mit der unverwüstlichen Kraft seiner sehnigen Völker ... wie unter Prinz Eugen, dem edlen Ritter, der ganzen Welt zu trotzen vermögen.« Doch diese Kraft erwies sich als keineswegs »unverwüstlich«: Nach der Lombardei ging auch die Toskana für Habsburg verloren, Österreich wurde nach der vernichtenden

»Ein Tor aus Brettern wie zu einer Scheune ...«

Der Innere Burghof um 1900. Im Hintergrund die Amalienburg, rechts der barocke Reichskanzleitrakt. Das Denkmal für Kaiser Franz wurde 1846 enthüllt.

Das Schweizertor im frühen 20. Jahrhundert

Niederlage von Königgrätz aus dem Deutschen Bund ausgeschlossen, zur gleichen Zeit verlor man Venetien.

In der Haupt- und Residenzstadt Wien baute man indes unverdrossen weiter. Zwischen Hofburg und Hofstallungen sollten zunächst die Hofmuseen entstehen, also das Kunsthistorische und das Naturhistorische Museum. Namhafte Architekten wie Theophil Hansen, Heinrich Ferstel, Carl Hasenauer und Moritz Löhr beteiligten sich an der Konkurrenz, doch die Fachjury war uneins, die Debatten arteten in Streit aus. Der berühmte Hamburger Architekt Gottfried Semper wurde 1869 als unabhängiger Gutachter in das Projekt eingebunden. Er sprach sich aber nicht klar für einen der eingereichten Entwürfe aus, sondern forderte, dass in weit größeren Dimensionen gedacht werden sollte: Ein imposantes »Kaiserforum« sollte beiderseits der Ringstraße entstehen, ein kolossales, historistisches Ensemble mit zwei neuen Anbauten der Hofburg, um den Heldenplatz im Süden und Norden einzufassen. Mit mächtigen Triumphbögen quer über die Ringstraße sollten diese neuen Trakte mit den geplanten Hofmuseen verbunden werden.

Kaiser Franz Joseph gefiel dieser Entwurf, und er beauftragte Semper mit der Verwirklichung; die Pläne der zwei Museen sollte hingegen Hasenauer ausführen. Die beiden Architekten harmonierten jedoch nicht miteinander, es kam zu Streitigkeiten und Kompetenzgerangel. 1876 zog sich der gesundheitlich bereits schwer angeschlagene Semper vollends vom Projekt zurück (er starb drei Jahre später).

Wie so vieles in Wien wurde auch das Kaiserforum nur teilweise verwirklicht. 1881 begann man, die Fundamente der »Neuen Burg« auszuheben, bis zu deren Fertigstellung dauerte es Jahrzehnte, zahlreiche Architekten waren daran beteiligt. Noch bis weit in den Ersten Weltkrieg hinein baute man an diesem sündteuren Palast, von dem niemand so recht wusste, wie er dereinst genutzt werden sollte. Franz Joseph musste selbst einsehen, dass aus diesem gigantischen Prestigeprojekt nichts Rechtes mehr werden konnte. Er zog sich davon zurück

Der Maria-Theresien-Platz mit den beiden Hofmuseen, Teil des nur teilweise verwirklichten Kaiserforums von Gottfried Semper an der Ringstraße

und übergab die weitere Verantwortung seinem Thronfolger Franz Ferdinand. Es war deutlich zu sehen: Das Kaiserforum wurde, wie Otto Schwarz schreibt, »gleichsam zur Bleikugel am Fuß der Stadtplaner«. Das ursprünglich vorgesehene Pendant der Neuen Burg auf der Seite des Volksgartens wurde nie realisiert, ebensowenig die Triumphbögen über die Ringstraße.

Die beiden Museen wurden hingegen 1891 feierlich eröffnet und bilden seither wichtige Sehenswürdigkeiten Wiens, so wie der gesamte Hofburgkomplex mit seinen vielen bedeutenden Schausammlungen. In der Neuen Burg sind heute – neben der Nationalbibliothek – gleich vier Museen untergebracht (Ephesos-Museum, Hofjagd- und Rüstkammer, Weltmuseum, Sammlung alter Musikinstrumente). Nach jahrelanger Diskussion soll in naher Zukunft ein weiteres hinzukommen, das »Haus der Geschichte«.

Woher der Ballhausplatz seinen Namen hat
Bundeskanzleramt, Ballhausplatz 2

Ein mittelalterliches Kloster musste nicht ausschließlich ein Ort frommer Kontemplation sein, sondern konnte zuweilen zum Schauplatz recht irdischer Vergnügungen werden. Ab dem 12. Jahrhundert ist dokumentiert, dass sich französische Mönche in den Kreuzgängen ihrer Abteien damit zerstreuten, einen kleinen Lederball mit den Innenseiten ihrer Hände hin und her zu schlagen. Dieses Spiel – französisch *jeu de paume* (*paume*, frz. Handfläche) – wurde bald auch außerhalb von Klostermauern populär, ob in Italien, Spanien, auf den britischen Inseln oder in den deutschen Ländern. Statt mit den allenfalls durch einen Handschuh geschützten Handflächen spielte man es schließlich mit netzbespannten, hölzernen Schlägern: Tennis war, zumindest in seiner Urform, erfunden.

Spätestens um 1500 entstanden in ganz Europa »Ballhäuser« in der Nähe der Adelsresidenzen, denn kaum ein Fürst wollte auf diese beliebte Körperertüchtigung mehr verzichten. Neben der Jagd, dem Reiten, dem Schießen und dem Fechten wurde es als galanter, der Aristokratie zustehender Sport geschätzt. Selbst namhafte Ärzte empfahlen ihn: Das Ballspiel trainiere die Aufmerksamkeit, sorge für einen wachen Geist und sei der Gesundheit förderlich. Darüber hinaus betonte man auch seine pädagogische Funktion. Es sei geeignet, junge Männer »von allerhand müssiggang, spilen umb geldt, sauffen und anderen nichtswirdigen unordnungen« abzuhalten, wie Landgraf Moritz von Hessen-Kassel 1605 vermerkte. Selbst hohe kirchliche Würdenträger waren sich nicht zu vornehm, das *jeu de paume* (oder *gioco di palla*, wie es auf Italienisch hieß) mit großem Vergnügen zu spielen, und bei Staatsbesuchen lieferten sich selbst Könige hitzige Turniere gegeneinander.

Um das Jahr 1520 ließ auch der junge Erzherzog Ferdinand (der spätere Kaiser Ferdinand I.) neben der Hofburg ein erstes Ballhaus errichten, direkt hinter dem alten »Cillierhof«, der heutigen Amalienburg. Nachdem es 1525 einem verheerenden Stadtbrand zum Opfer gefallen war, wurde es auf der anderen Seite der Hofburg, am Michaelerplatz, neu errichtet. Unter Maria Theresia gestaltete man es Anfang der 1740er-Jahre zum (alten) Burgtheater um, so wie damals fast alle Ballhäuser Europas entweder abgerissen oder in Theatersäle umfunktioniert wurden.

War das *gioco di palla* also längst nicht mehr so populär wie einst, wollte man dennoch nicht gänzlich darauf verzichten. An seinem

Das 1888 demolierte Burgtheater am Michaelerplatz stand bis zur Zeit Maria Theresias als Ballhaus in Verwendung.

ursprünglichen Platz wurde deshalb ein neues Ballhaus errichtet. Mittlerweile stand zwischen Amalienburg und Minoritenkloster das Kaiserspital, in dessen offenen Hof man es einfügte. Als dieses Gebäude wenige Jahre später teilweise abgerissen wurde, blieb das Ballhaus bestehen, erst 1903 wurde es (gemeinsam mit den Resten des Kaiserspitals) demoliert.

Längst hatte man dort nicht mehr das *gioco di palla* gespielt, es wurde im 19. Jahrhundert unter anderem als Depot des Kunstgewerbemuseums genutzt und diente schließlich den berühmten Architekten Semper und Hasenauer als Büro während des Baus der Hofmuseen.

Der Name Ballhausplatz erinnert aber noch heute an die sportliche Unterhaltung von einst, wenngleich er seit dem 18. Jahrhundert in erster Linie mit der hohen Politik assoziiert wird.

Die Hof- und Staatskanzlei – Regierungsgebäude und Wohnpalais

Während der ersten Hälfte des 18. Jahrhunderts begannen die europäischen Monarchen, ihre außenpolitischen Agenden in eigenen Behörden zusammenzufassen. Im Habsburgerreich war es Kaiser Josef I., der eine erste separate außenpolitische Abteilung innerhalb der Österreichischen Hofkanzlei (also der obersten Justiz- und Verwaltungsbehörde) schuf. Diese Abteilung erhielt unter seinem Bruder und Nachfolger Karl VI. den Namen »Staatskanzlei«.

Der jeweilige Hof- und Staatskanzler war somit ein enorm mächtiger Mann, war er doch sowohl für die Justiz, die Innen- und die Außenpolitik zuständig (wohlgemerkt mit Ausnahme jener Angelegenheiten, die mit Russland beziehungsweise dem Osmanischen Reich zu tun hatten, diese fielen weiterhin in den Aufgabenbereich des Hofkriegsrates). In der Hofburg wurde der Platz knapp für diese »Superbehörde«, weshalb man sich 1717 entschloss, in unmittelbarer Nähe einen repräsentativen Neubau errichten zu lassen. Er sollte nicht nur die Hofkanzlei (inklusive außenpolitischer Staatskanzlei) beherbergen, sondern auch den jeweiligen Kanzlern als privates Wohnpalais dienen.

Der Baugrund war eng, lag er doch unmittelbar an der Stadtmauer und eingezwängt zwischen Minoritenkloster, dem bereits erwähnten Kaiserspital und dem Haus des Freiherrn Scalvinioni, das direkt an die Amalienburg angebaut war und einen Großteil des heutigen Ballhausplatzes einnahm.

Die Pläne zum neuen Gebäude schuf der damals viel beschäftigte Stararchitekt Johann Lucas von Hildebrandt: Im Erdgeschoß lagen die Stallungen und Wagenremisen, die Dienstbotenwohnungen und die Küche, im Hochparterre die Büros der Beamten. Besonders großen Wert legte Hildebrandt auf die Gestaltung des Stiegenhauses und der Säle und Salons in der Beletage, immerhin sollten hier auch hochrangige diplomatische Delegationen aus dem Ausland empfangen werden, die man als Gastgeber durch verschwenderische Pracht beeindrucken wollte.

Doch so richtig behaglich dürfte das Gebäude abseits all des Prunks nicht gewesen sein, denn die Wohnräume der Kanzler lagen abgesondert im hintersten Trakt und waren nur durch lange, enge Gänge zu erreichen. Lothar Franz Graf Schönborn schrieb 1719, dass Hildebrandt, »dieser ... sonst sehr berühmbte architectus ... alle seine gang zu schmal machet« (ein Vorwurf, der übrigens auch in Zusammenhang mit dem von Hildebrandt entworfenen Palais Daun (siehe Seite 135–140) erhoben wurde).

Um solche Ärgernisse hatte sich ohnehin nicht mehr Hildebrandt selbst zu kümmern, sondern der ausführende Baumeister Christian Alexander Oedtl. Einer breiten Öffentlichkeit ist er heute nicht mehr bekannt, er steht im Schatten jener berühmten Architekten, mit denen er oft zusammenarbeitete: Neben Hildebrandt waren es Fischer von

Erlach (Vater und Sohn), Giovanni Tencala und Anton Johann Ospel. Genau genommen war Oedtl auch gar kein Baumeister, sondern lediglich kaiserlicher Hofmaurermeister, allerdings einer, dessen hervorragende Ausbildung ihn zum Zeichnen eigener Pläne, zum Entwerfen eigener Gebäude befähigte. Neben den vielen Bürgerhäusern, die er nach den Verwüstungen durch die Türkenbelagerung in der Vorstadt gebaut hatte, wurde er vom kaiserlichen Hof auch in Schönbrunn, Kaiserebersdorf und Laxenburg eingesetzt, und die Namen seiner übrigen Auftraggeber lesen sich wie ein »Who is Who« der österreichischen Hocharistokratie.

Oedtl sah sich bald nach der Grundsteinlegung für die Hof- und Staatskanzlei im September 1717 mit einem großen Problem konfrontiert: Es gab kein Geld. Zwar war geplant, den Bau durch eine eben erst eingeführte Rindfleischsteuer zu finanzieren (»auf jedes bey allhiesiger Stadt Wienn und in denen Vorstätten ... aushackenden Pfund Rindfleisch«), doch musste Kaiser Karl zur gleichen Zeit auch seinen Beamten eine Gehaltserhöhung zugestehen, weshalb die Mittel gefährlich knapp wurden. Die Handwerker und Maurer begannen bald schon zu murren, sie mussten »täglich um ihre Bezahlung laufen, bitten und schreien«. Erst nachdem man sich bei den niederösterreichischen Ständen neues Geld bewilligen ließ, konnte der Bau 1721 fertiggestellt werden.

Der erste Kanzler, der in das neue Gebäude einzog, war Philipp Ludwig Graf Sinzendorf, ein verdienstvoller Beamter und Diplomat, dem allerdings nachgesagt wurde, in erster Linie »stets seines Vortheils eingedenk« zu sein und es mit jenen zu halten, »von denen er irgend einen Gewinn sich versprechen konnte« (so heißt es jedenfalls in Wurzbachs *Biographischem Lexikon des Kaiserthums Oesterreich*).

Die außenpolitischen Belange führte unter ihm der ehrgeizige, fleißige und fähige Staatssekretär Johann Christoph Bartenstein, Sohn eines bürgerlichen und wohlgemerkt evangelischen Professors aus

Die unter Karl VI. errichtete Hof- und Staatskanzlei (heute Bundeskanzleramt). Rechts das nicht mehr existierende Haus des Freiherrn Scalvinioni, das einen großen Teil des Ballhausplatzes einnahm

Straßburg. Erst mit seinem Übertritt zur katholischen Konfession begann seine Karriere in Wien, die dann aber sehr erfolgreich verlief: 1719 wurde er in den Ritterstand erhoben, 1732 in den Freiherrenstand. Bartenstein war damals unbestritten der eigentlich verantwortliche Kopf der österreichischen Außenpolitik und wurde von Maria Theresia wegen seiner Verlässlichkeit und seines Arbeitseifers sehr geschätzt: »Ohne Seiner wäre alles zu Grund gegangen«, schrieb sie einmal.

Kurz nach ihrem Regierungsantritt verfügte sie 1742 die Trennung von Hof- und Staatskanzlei. Erstere übersiedelte in das Gebäude der *Böhmischen* Hofkanzlei in der Wipplingerstraße, Zweitere blieb am Ballhausplatz und wurde zur selbstständigen Behörde aufgewertet. Bis ins Jahr 2005 sollte hier der Sitz des österreichischen Außenamts bestehen bleiben.

Auch unter Sinzendorfs Nachfolger Anton Graf Ulfeld blieb Staatssekretär Bartenstein unverzichtbar, ja, er war nun sogar noch viel wichtiger als bislang, denn sein neuer Chef schien eine glatte Fehlbesetzung zu sein, man attestierte ihm bald schon »peinliche Unfähigkeit«, sein Amt zu versehen. Da er sich sonst aber nichts zuschulden kommen ließ, konnte man ihn nicht einfach entlassen, sondern musste auf einen geeigneten Moment warten, ihn »wegzuloben«. Als 1751 der ehrenvolle Posten des kaiserlichen Obersthofmeisters frei wurde, erhielt ihn Ulfeld sofort.

Sein Nachfolger als Staatskanzler wurde aber nicht etwa der mittlerweile 64-jährige Bartenstein, sondern ein Mann, von dem Maria Theresia eine noch höhere Meinung hatte: Wenzel Anton Graf Kaunitz-Rietberg. Ein knappes halbes Jahrhundert sollte er nicht bloß die österreichische Außenpolitik leiten, sondern auch maßgeblich die gesamteuropäische Diplomatie mitbestimmen.

Wenzel Anton Graf Kaunitz – die graue Eminenz unter Maria Theresia

Der bayrische Aufklärer Johann Pezzl, ein glühender Verehrer Kaiser Josefs II. und ebenso kluger wie scharfzüngiger Chronist der Zustände in Wien, scheute sich für gewöhnlich nicht, Autoritäten infrage zu stellen, was ihn so manches Mal in Schwierigkeiten (namentlich mit der katholischen Kirche) brachte. Wenn es aber um Staatskanzler Kaunitz ging, geriet er regelrecht ins Schwärmen: »Ich beneide denjenigen, welchem einst das Los wird, Kaunitz' Biograph zu sein. Es stärkt Geist und Herz und macht einen stolz auf seine Menschenwürde, wenn man, ohne den Verdacht von Schmeichelei zu erregen, einen Mann zu schildern bekommt, dessen ganzes Leben eine fortlaufende Kette von Zügen der Rechtschaffenheit, Großmut, Wohltätigkeit und erleuchteter Denkart ist.« Weiter schrieb er: »In der Tat ist Kaunitz einzig in seiner Art: eine solche Geradheit, so viel Uneigennützigkeit, jene edle und große Art, die aus allen seinen Handlungen hervorstrahlt, hat man noch bei wenigen Ministern gefunden.«

Pezzl, der seit 1785 als gut bezahlter Bibliothekar, Sekretär und Vorleser in Diensten des greisen Kaunitz stand, hatte dessen positive Charaktereigenschaften vielleicht bloß besser kennengelernt als andere, denkbar ist aber auch, dass er die Persönlichkeit seines Chefs möglichst wohlwollend beschreiben wollte. Gar so perfekt *kann* der legendäre Kaunitz jedenfalls nicht gewesen sein. Seine großartigen Leistungen als Diplomat und Politiker sollen durch den Hinweis auf seine komplizierte Natur jedoch nicht geschmälert werden: Er galt als Hypochonder, klagte ständig über echte oder eingebildete Krankheiten und litt unter der geradezu pathologischen Angst vor Ansteckung, Siechtum und Tod (strikt weigerte er sich etwa, den sterbenden Kaiser Josef ein letztes Mal zu besuchen). Auch dass Kaunitz gerne über sein angeblich schwaches Gedächtnis klagte, kann nicht mehr als Koketterie gewesen sein, denn einen brillanteren Kopf als den seinen kann man sich schwerlich vorstellen. Zudem dürfte er eitel und selbstverliebt gewesen sein, schrieb ein englischer Diplomat doch: »Er spricht gut und mit großer Ausdrucksgewalt, so gut, daß ich ihn in Verdacht habe, er liebe es, sich selbst sprechen zu hören.«

Als Minister in den Österreichischen Niederlanden und als Botschafter in Paris hatte der studierte Jurist Kaunitz seine Karriere begonnen. Gerade die Beziehung zu Frankreich war damals, gegen Mitte des 18. Jahrhunderts, von entscheidender Bedeutung für Österreichs Zukunft – und Kaunitz sollte bald dafür sorgen, dass es diesbezüglich zu einer regelrechten diplomatischen Revolution kam, zum sogenannten *renversement des alliances*, also zum radikalen Wechsel der bislang bestehenden militärischen Allianzen.

Wenn man damals nämlich von einer scheinbar schicksalsgegebenen Konstante innerhalb der europäischen Mächteverhältnisse sprechen konnte, so war es die bittere Feindschaft zwischen den Häusern

Habsburg und Bourbon. Ohne jegliche Bedenken hatten die Franzosen bislang noch jeden Gegner Österreichs militärisch und finanziell unterstützt, um eigene Interessen durchsetzen zu können: die Ungarn, die Schweden und die Türken. Auch an direkt ausgetragenen militärischen Konflikten mangelte es nicht, man denke nur an den Pfälzischen, den Spanischen, den Polnischen und den Österreichischen Erbfolgekrieg.

Die Österreicher waren traditionell mit den Engländern verbündet, die Franzosen hingegen mit Preußen, dem zweiten Feind Habsburgs, der immer selbstbewusster und aggressiver auftrat.

Nach dem Österreichischen Erbfolgekrieg (1740–48), in dem die junge Maria Theresia Schlesien an den preußischen König Friedrich II. verloren geben musste, stand die Wiedergewinnung dieser reichen Provinz im Mittelpunkt ihrer Überlegungen. Doch in London maß man dieser Frage keineswegs jene Bedeutung zu, die sie für Wien hatte, vielmehr war man dort am Ausbau der eigenen überseeischen Kolonien interessiert als am Streit zweier Rivalen innerhalb des Heiligen Römischen Reiches. Österreich fühlte sich nicht ausreichend vom englischen Partner unterstützt, man war von dessen mangelndem Engagement enttäuscht. Zwischen den Verbündeten kühlte die Freundschaft merklich ab.

Überhaupt hatte der 1748 geschlossene Frieden von Aachen viele Unzufriedene hinterlassen. Alle Beteiligten fühlten sich übervorteilt, selbst der Preußenkönig Friedrich war nervös, lag er doch mit seinen Nachbarn weiterhin im Streit und fürchtete um den Verlust des eben erst gewonnenen Schlesiens. Seinen französischen Verbündeten fiel er bald als argwöhnischer und reizbarer Partner lästig. Kurz: Jede der Parteien, so schreibt der französische Historiker Pierre Gaxotte, »fühlte dumpf, dass das altüberkommene Koalitionssystem des siebzehnten Jahrhunderts den tatsächlichen Bedingungen des europäischen Gleichgewichts nicht mehr entsprach«.

Wenzel Anton Fürst Kaunitz, der legendäre Staatskanzler unter Maria Theresia

Es war nun Graf Kaunitz, der eine auf den ersten Blick irritierende, neue Idee hatte: Warum sollte Habsburg nicht ein Bündnis mit den *Franzosen* eingehen? Könnte Frankreich – als kontinentale Macht und als direkter Nachbar des Heiligen Römischen Reiches – nicht viel eher geeignet sein, an Österreichs Seite den preußischen König in die Schranken zu weisen? War die gemeinsame katholische Konfession der Österreicher und der Franzosen nicht ohnehin ein kräftiges, verbindendes Element gegenüber protestantischen Engländern und Preußen, also »ungläubigen Emporkömmlingen« (wie Stefan Zweig in seiner Biografie Marie Antoinettes schrieb)?

Kaunitz propagierte seine Überlegungen sowohl bei Maria Theresia in Wien als auch als Botschafter in Versailles. Freilich dauerte es (immerhin nach Jahrhunderte währender Feindschaft und so kurz nach dem letzten Krieg) eine gewisse Zeit, bis sein Plan von beiden Seiten angenommen wurde, aber durch Madame de Pompadour, die einflussreiche Mätresse König Ludwigs XV., fand er am französischen Hof Gehör. Er muss dort mit großer Eloquenz beeindruckt haben, mit Charme, Witz und geschmeidigem Agieren. Die Pompadour setzte sich jedenfalls hingebungsvoll für ihn und seine neue Strategie ein.

Im Jahr 1752 bot Maria Theresia, die an Kaunitz' spektakulärem außenpolitischen Konzept ebenfalls Gefallen fand, ihm den Posten des Staatskanzlers an. Kaunitz sagte zu, wenngleich er auch – wegen seiner angeblich so schwachen Gesundheit – nur kurze Zeit in dieser Stellung zu bleiben gedachte. Sehr selbstbewusst stellte er darüber hinaus die Bedingung, diese nur dann zu übernehmen, wenn ihm freie Hand bei der sofortigen Neuorganisation der Staatskanzlei zugestanden würde.

An Maria Theresias 36. Geburtstag, dem 13. Mai 1753, wurde Graf Kaunitz offiziell zum österreichischen Staatskanzler ernannt. An seiner neuen Arbeitsstätte, dem Palais am Ballhausplatz, suchte er sich übrigens das finsterste Zimmer als Büro aus, denn grelles Sonnenlicht konnte er partout nicht vertragen.

Dass unter Kaunitz' Leitung ein frischer Wind wehte, fiel ausländischen Diplomaten sehr bald auf. Ihn umgab ein persönlich ausgewählter Stab an loyalen, gut geschulten Mitarbeitern, denen keine vertraulichen Informationen mehr zu entlocken waren. Der preußische Staatskanzler Kupferberg schrieb sichtlich enttäuscht: »Unter Uhlfeld und Bartenstein war es leichter, die Geheimnisse zu erfahren. Auch hatte man andere Wege, zum Ziele zu kommen«, Kaunitz sei »nicht allein unbestechlich und viel zu umsichtig, sich zu verraten; auch seine Subalternen sind beinahe unzugänglich«.

Die Staatskanzlei gewann unter Kaunitz' Leitung stetig an Bedeutung, denn immer mehr Agenden gliederte er seiner Behörde ein: Die Angelegenheiten der Österreichischen Niederlande und der Lombardei und auch die Beziehungen zum Osmanischen Reich fielen nun in seinen Aufgabenbereich (und nicht mehr in jenen des Hofkriegsrates). Sein Einfluss war unübersehbar. So berichtete ein britischer Diplomat: »Zweifellos ist Kaunitz jene Persönlichkeit in Wien, die das meiste Ansehen und Vertrauen genießt. In gleich hohem Maß erfreut er sich der Gnade und der Gunst des Kaisers und der Kaiserin.«

Am 1. Mai 1756 war es schließlich so weit. Nach jahrelangem Drängen, Schmeicheln und Drohen konnte der Bündnisvertrag von Versailles unterzeichnet werden, der die Freundschaft zwischen Frankreich und Österreich besiegelte (die Preußen hatten sich mittlerweile ihrerseits mit den Engländern verbündet). Der noch im selben Jahr ausbrechende Siebenjährige Krieg wurde zur Bewährungsprobe der neuen Allianz, und zu deren endgültiger Festigung wurden bald mehrere Heiraten zwischen den Häusern Habsburg und Bourbon organisiert, darunter die Erzherzog Josefs (des baldigen Kaisers Josef II.) mit der Enkelin des französischen Königs, Isabella von Bourbon-Parma, sowie jene Erzherzogin Maria Antonias (Marie Antoinettes) mit dem französischen Thronfolger (dem späteren König Ludwig XVI.).

Zwar konnte der grauenhafte, verlustreiche Siebenjährige Krieg nicht gewonnen werden, doch er wurde auch nicht verloren (siehe Seite 144f.); mit den Leistungen ihres Staatskanzlers war Maria Theresia jedenfalls höchst zufrieden. In einem persönlichen Brief schreib sie ihm: »Europa muß Ihnen die Gerechtigkeit erzeigen, daß ich den größten Staatsmann besitze.«

Kaunitz wurde 1764 in den Reichsfürstenstand erhoben und blieb auch unter Kaiser Josef II. ein unentbehrlicher Mitarbeiter. Der Monarch und sein Staatskanzler vertraten ähnliche Überzeugungen in wichtigen Fragen der Außenpolitik, der Kirchenpolitik und bei der Beschneidung bislang unhinterfragter adeliger Privilegien. Doch als Josef nach dem Tod seiner Mutter begann, hastig eine Reform nach der anderen voranzutreiben, schien der alternde Kaunitz zunehmend beunruhigt. Manches Mal sorgten die unterschiedlichen Temperamente der zwei Männer für Konflikte, und Josefs Tod stellte letztlich eine Erleichterung für Kaunitz dar.

Josefs Bruder Leopold hatte bereits 1778 in seiner Charakterisierung der hohen österreichischen Diplomaten, Beamten und Militärs geschrieben: »Kanzler ist der Fürst Kaunitz, ein Mann von großem Talent, Geist und Fähigkeit, Anhänglichkeit, und der die Dinge im Großen sieht, aber ein altgewordener Faulpelz, der seine Bequemlichkeit sehr liebt und fast nicht mehr arbeiten will ...« Weiter hieß es: »... vor allem der Kaiser macht sich öffentlich über ihn lustig. Er ist nicht mehr fähig, seinen Dienst zu verrichten.« Leopold wurde 1790 selbst Kaiser. Kaunitz' große Zeit war nun endgültig vorbei, denn das Verhältnis zwischen den beiden war spannungsreich.

Als Kaunitz im Alter von 81 Jahren seinen Abschied nahm, hatte sich die Welt um ihn grundlegend verändert: Die Bourbonen, mit denen er einst das spektakuläre Bündnis zustande gebracht hatte, waren von der Französischen Revolution hinweggefegt worden, die »Kabinettskriege« früherer Zeiten wurden abgelöst durch die Koalitionskriege. Eine komplette Neuordnung der europäischen Machtverhältnisse durch Napoleon Bonaparte sollte nicht mehr lange auf sich warten lassen.

Kaunitz zeigte zwar weiterhin am politischen Geschehen reges Interesse, beobachtete und kommentierte die Entwicklungen, doch wurde er längst als schrulliger alter Herr belächelt. 1794 starb er im Alter von 83 Jahren in seinem (nicht mehr bestehenden) Gartenpalais in der heutigen Amerlingstraße im 6. Bezirk. Sein offizielles Amts- und Wohnpalais, die Staatskanzlei, war mittlerweile durch Nikolaus Pacassi umgebaut und erweitert worden, auch stand das erwähnte Haus des Freiherrn Scalvinioni nicht mehr – der offene Ballhaus-»Platz« war somit entstanden.

Im mährischen Austerlitz (tschech. Slavkov) bei Brünn, neben dem prachtvollen Schloss, das Domenico Martinelli einst seinem Großvater errichtet hatte, wurde Fürst Kaunitz in der Familiengruft begraben. Doch es ist nicht der ehemalige Staatskanzler, an den man heute zuerst denkt, wenn man »Austerlitz« hört. Elf Jahre nach seinem Tod, im Dezember 1805, kam es nämlich nur wenige Kilometer vom Schloss entfernt zu jener weltberühmten »Drei-Kaiser-Schlacht«, in der Napoleons Armee über die miteinander verbündeten Österreicher und Russen triumphierte.

Die Ära Metternich – der »Kutscher Europas«

Hatte Kaunitz rund vier Jahrzehnte hindurch sein Amt ausgeübt, so wechselten seine Nachfolger einander in rascher Folge ab. An der Spitze der österreichischen Außenpolitik herrschten Unsicherheit und Überforderung, denn man fand in Wien einfach kein probates Mittel gegen Frankreich – nicht gegen die revolutionäre Republik und schon gar nicht gegen Napoleon.

Selbst das Jahr 1809, das mit dem Tiroler Volksaufstand und der siegreichen Schlacht bei Aspern vielversprechende Erfolge mit sich gebracht hatte, endete letztlich in einer Katastrophe: Wien wurde zum zweiten Mal durch die französischen Truppen besetzt und Napoleon diktierte den demütigenden Friedensvertrag von Schönbrunn. Österreich verlor mit einem Federstrich ein Siebentel seines Territoriums (rund 100 000 Quadratkilometer) und weit über drei Millionen Untertanen.

Der damalige Staatskanzler Johann Philipp Graf Stadion wurde von Kaiser Franz entlassen und ein 36-jähriger Diplomat erhielt die Leitung der Außenpolitik, ein Mann, der zuvor als Gesandter in Dresden und Berlin und zuletzt als Botschafter in Paris tätig gewesen war: Clemens Wenzel Graf (ab 1818 Fürst) Metternich-Winneburg.

Er stammte aus altem rheinländischen Adel, doch seine Familie hatte durch das Vordringen der französischen Armee den größten Teil

Das Arbeitszimmer Fürst Metternichs in der Staatskanzlei

ihrer dortigen Güter verloren. Metternich folgte seinem Vater, der als Diplomat bereits lange in Diensten der Habsburger gestanden war, nach Wien.

Im Jahr 1795 heiratete er in Austerlitz Marie Eleonore von Kaunitz-Rietberg, die Enkelin des mittlerweile verstorbenen legendären Staatskanzlers. Es war eine reine Vernunftehe. So äußerte sich Metternich einmal, er sei zwar »nicht gegen, aber ohne seinen Willen verheiratet worden«. Die Verbindung ermöglichte ihm allerdings den erhofften Aufstieg in der Wiener Gesellschaft und in Hofkreisen.

Metternich war klug, weltgewandt, charmant und selbstbeherrscht, ein geradezu idealer Diplomat. Der Schriftsteller Karl Postl (der unter dem Namen Charles Sealsfield bekannt wurde) beschrieb eine weitere Fähigkeit, die ihm in seiner Position von Vorteil war: »In der Kunst, die Schwächen Hochgestellter zu erkennen, und – was noch schwerer ist – sich ihren Schwächen unentbehrlich zu machen, ist er unbestrittener Meister.« Darüber hinaus vertrat Metternich einen klaren politischen Standpunkt: Die Revolution, deren Ausbruch er als junger Student in Straßburg miterlebt hatte, verabscheute er zutiefst. Wenn das Volk erst einmal nach der Macht strebte, käme – so sah er es – nichts als Chaos heraus.

Die alte monarchische Ordnung und das Gleichgewicht der europäischen Mächte sollten vielmehr wiederhergestellt werden, doch dafür musste zunächst einmal Napoleon überwunden werden. Dass dessen Herrschaft nicht von Dauer sein würde, stand für Metternich zwar außer Frage, doch noch schien es zu gefährlich, sich – nach der Niederlage von 1809 – erneut gegen ihn zu stellen.

Auch wenn seine nunmehrige Politik des Ausgleichs bei vielen auf völliges Unverständnis stieß, brachte er Kaiser Franz dazu, sich nicht der Koalition der Russen, Preußen, Engländer und Schweden gegen Napoleon anzuschließen. Er plädierte vielmehr für »Anschmiegung an das triumphierende französische System«, er wollte sich vorerst »auf ausschließliches Lavieren, auf Ausweichen, auf Schmeicheln beschränken«, wie er schrieb. Als Faustpfand dieser vorläufigen Aussöhnung wurde 1810 die 18-jährige Tochter Kaiser Franz', Erzherzogin Marie Louise, mit Napoleon verheiratet. Für diesen bedeutete die Ehe mit einem Spross der vornehmsten Dynastie Europas eine enorme Genugtuung, für Marie Louise war dieser politische Kuhhandel freilich eine Demütigung erster Güte. Mit dem bürgerlichen »Emporkömmling«, der sich nun Kaiser der Franzosen nannte, verheiratet worden zu sein, sollte sie dem Staatskanzler ihr Leben lang nicht verzeihen.

Tatsächlich trat aber ein, worauf Metternich spekuliert hatte: Die Macht des siegesgewohnten Napoleon geriet ins Wanken, sein Russlandfeldzug (1812/13) endete in einem totalen Fiasko. Jetzt erst, aus der Position der Stärke heraus, rückte Metternich vom angeschlagenen

Franzosenkaiser ab. In einer mehrstündigen Unterredung in Dresden (im Juni 1813) versuchte er, ihn zum Rückzug nach Frankreich und zum Verzicht auf seine bisherigen Eroberungen zu bewegen, andernfalls würde Österreich der Koalition gegen ihn beitreten. Metternich berichtete über dieses Vieraugengespräch: »›Nun gut, was will man denn von mir?‹ fuhr mich Napoleon an, ›dass ich mich entehre? Nimmermehr! Ich werde zu sterben wissen, aber ich trete keine Handbreit Bodens ab. Eure Herrscher, geboren auf dem Throne, können sich zwanzigmal schlagen lassen und doch immer wieder in ihre Residenzen zurückkehren; das kann ich nicht, ich, der Sohn des Glücks! Meine Herrschaft überdauert den Tag nicht, an dem ich aufgehört habe, stark und folglich gefürchtet zu sein.‹« Und weiter sagte Napoleon: »Wieviel seid ihr denn, ihr Alliierte? Euer vier, fünf, sechs, zwanzig? Je mehr ihr seid, desto besser für mich! Ich nehme die Herausforderung an. Aber ich kann Sie versichern, im nächsten Oktober sehen wir uns in Wien!«

Hier irrte der Franzosenkaiser. Den Oktober 1814 verbrachte er bereits in seinem erzwungenen Exil auf Elba, während in Wien der große Kongress begonnen hatte, auf dem die Neuordnung Europas erörtert wurde. Genau ein Jahr zuvor waren seine Truppen in der »Völkerschlacht« bei Leipzig von Österreichern, Preußen, Russen und Schweden geschlagen worden, im Frühjahr 1814 wurde Paris eingenommen und Napoleon musste abdanken.

Für Gastgeber Metternich war der Wiener Kongress zweifellos der glanzvolle Höhepunkt seiner Karriere. Seine Staatskanzlei am Ballhausplatz wurde zwischen Herbst 1814 und Sommer 1815 gewissermaßen zum Zentrum Europas, wo alle Fäden zusammenliefen. Nachdem ein Vierteljahrhundert lang fast ständig Krieg geherrscht hatte, sollte nun eine dauerhafte Friedensordnung entstehen, ein neues Gleichgewicht der europäischen Mächte.

Die berühmte Darstellung der wichtigsten europäischen Diplomaten und Minister am Wiener Kongress

Die Vertreter von knapp 200 Ländern reisten nach Wien, um die Interessen ihrer Regierungen durchzusetzen, die Interessen von Königen und Großherzögen ebenso wie jene von Fürstbistümern, Freien Städten und noch so winzigen Grafschaften. Es wurde verhandelt und intrigiert, unverschämte Forderungen wurden gestellt und geschmeidige Kompromisse geschlossen, man schacherte beinhart um Titel, Rechte und Landstriche. Zwischen den offiziellen Arbeitsgesprächen lagen die berühmten rauschenden Bälle, die Schlittenfahrten, Jagden, Galadiners, Militärparaden und Konzerte, bei denen ebenfalls – ganz informell – hohe Politik gemacht wurde. Erzherzog Johann schrieb damals bitter: »Es ist ein jämmerlicher Handel mit Ländern und Menschen! Napoleon haben wir und seinem System geflucht, und mit Recht; er hat die Menschheit herabgewürdigt, und eben jene Fürsten, die dagegen kämpften, treten in seine Fußstapfen.«

Metternichs Plan einer »Pentarchie«, einer Machtbalance zwischen den fünf großen Staaten Österreich, Russland, England, Preußen und Frankreich, wurde letztlich verwirklicht, das alte monarchische, absolutistische System gestärkt. Gegen jedwede nationale oder liberale Volksbewegungen wollte man ab nun hart durchgreifen. Im neu geschaffenen Deutschen Bund teilten sich Österreich und Preußen die Macht paritätisch.

Die Schlussakte wurde feierlich am 9. Juni 1815 im großen Empfangssaal der Staatskanzlei unterzeichnet (in jenem Raum, der direkt über dem Eingang ins heutige Bundeskanzleramt liegt und seither »Kongresssaal« heißt). Wenige Tage später schafften es die Engländer und Preußen, den aus dem Exil zurückgekehrten Napoleon bei Waterloo endgültig zu besiegen. Die neue, konservative Ordnung, die »Restauration«, an deren Entstehen Metternich so viel Anteil gehabt hatte, war für die nächsten Jahrzehnte gesichert.

Wenige Jahre nach dem Wiener Kongress zeigten sich an der Staatskanzlei ernste bauliche Mängel. Das Dach war undicht geworden und das Mauerwerk in so schlechtem Zustand, dass man befürchtete, Passanten könnten durch herabfallende Teile verletzt werden.

Aus der 1821 begonnenen Renovierung wurde letztlich ein Teilumbau des Gebäudes, der sich über Jahre hinzog. Fürst Metternich ergriff nämlich die Gelegenheit, endlich dessen Wohnqualität zu erhöhen, die, wie bereits erwähnt, zu wünschen übrig ließ. So wie die meisten seiner

Vorgänger verbrachte er ja mit seiner Familie zumindest die Zeit zwischen Herbst und Frühling hier. In der Beletage lagen die Schlafzimmer von ihm und seiner Ehefrau, die Kinderzimmer befanden sich im zweiten Stock. (Nach Marie Eleonores Tod heiratete er 1827 zum zweiten Mal und 1831 zum dritten Mal, diesmal Melanie Gräfin Zichy, mit der er fünf seiner insgesamt 14 Kinder hatte; die unehelichen Nachkommen, die seinen zahlreichen Affären entsprangen, nicht mitgerechnet.)

Auch sein Arbeitszimmer und der Speisesaal lagen im Hauptgeschoß, sie sahen in Richtung Löwelstraße, auf die damals noch bestehende Bastei, die sich anstelle des heutigen Volksgartens erstreckte. Metternich ließ sich von Hofarchitekt Johann Nepomuk Aman eine eiserne Brücke bauen, über die er direkt von seiner Wohnung in den hübschen Garten gelangte, der sich auf dem Plateau der Bastei befand.

Aman, ein Vertreter der frühklassizistischen, nüchternen »Beamtenarchitektur«, war es auch, der für Metternich mehrere Fenster vergrößerte, weiters wurde das Dach komplett ausgetauscht, die barocken Figuren auf der Attika entfernt, und in der alten Kapelle, deren Eingang sich im Halbstock befand und die sich über zwei Stockwerke erstreckte, wurde eine Zwischendecke eingezogen, um im oberen Teil eine weitere Bibliothek einrichten zu können. Amans Pläne, die gesamte Umgebung der Staatskanzlei neu zu gestalten, wurden jedoch nicht verwirklicht (unter anderem hatte er vorgehabt, auf dem Areal des Kaiserspitals ein neues Burgtheater zu errichten).

Wurde die Staatskanzlei nun immer bequemer, so widmete sich Metternich auch seinem Sommersitz am Rennweg. Seine erste Frau Marie Eleonore hatte dort eine prächtige Sommervilla geerbt, die er Mitte der 1830er-Jahre von Peter Nobile erweitern ließ. Doch damit nicht genug: Ab 1846 schufen Johann Romano und August Schwendenwein ihm in unmittelbarer Nachbarschaft ein großes Palais inmitten eines herrlichen Parks (die Villa wurde später abgerissen, im Palais befindet sich heute die italienische Botschaft).

Metternichs Sturz und das weitere Schicksal der Staatskanzlei

In seiner Furcht, dass Volkserhebungen die neu geschaffene Ordnung Europas gefährden könnten, legte Metternich eine beispiellose Härte gegen alles an den Tag, was nur im Entferntesten nach Revolution roch. Obwohl er in erster Linie Außenpolitiker war – für die Leitung der Innenpolitik zeigte sich sein Rivale, Staatsminister Franz Anton Graf Kolowrat-Liebsteinski, zuständig –, wurde sein Name bald zum Inbegriff des reaktionären Polizeistaates, zu dem sich Österreich unter ihm entwickelte. Metternich wurde für Millionen Menschen verhasste Symbolfigur von Unterdrückung und staatlicher Bevormundung.

Gemeinsam mit Preußen setzte er die Regierungen der übrigen deutschen Länder unter Druck, alle liberalen und nationalen Strömungen und Stimmungen im Keim zu ersticken. Gerade das multinationale Staatengebilde Österreich musste Angst vor einem deutschen »Nationalstaat« haben, ebenso wie vor dem Aufkeimen eines tschechischen oder italienischen Nationalismus. Es ging um nichts weniger als den Fortbestand der Habsburgermonarchie.

Nach den berühmten »Karlsbader Beschlüssen« von 1819 setzte man im Deutschen Bund auf Bespitzelung, auf strengste Zensur von Presse und Theater sowie auf die Überwachung der Universitäten. Schnell konnte etwa die unbedachte Äußerung eines Professors zu Entlassung und Berufsverbot führen. Johann Nestroy, selbst immer wieder im Fokus der argwöhnischen Behörden, schrieb: »Die Zensur is das lebendige Geständnis der Großen, daß sie nur verdummte Sklaven treten, aber keine freien Völker regieren können.«

Die ständige Bereitschaft, in allem und jedem eine potenzielle Gefahr zu erkennen, nahm mitunter groteske Ausmaße an. Der völlig unpolitische dänische Dichter Hans Christian Andersen machte 1834 bei seiner Einreise nach Österreich den Fehler, dem Zöllner von seinem »Gesellschaftshut« (seinem Zylinder) zu berichten, den er im Gepäck mitführte. Da der misstrauische Beamte bei der Erwähnung jeder »Gesellschaft« aber einen revolutionären Geheimbund witterte, wurde der verdutzte Andersen besonders penibel überprüft.

Doch auf Dauer ließ sich das System Metternichs nicht halten. Der Ruf nach Presse- und Meinungsfreiheit, nach Lehr- und Lernfreiheit an den Hochschulen und nach einer freiheitlichen Verfassung konnte im Frühjahr 1848 nicht mehr unterdrückt werden. So wie in weiten Teilen Europas strömten die Menschen auch in Wien auf die Straßen, um lautstark ihre Forderungen zu stellen.

Zu Mittag des 13. März zogen einige Hundert Demonstranten auf den Ballhausplatz, während dort das Militär Stellung bezog. Der 19-jährige Medizinstudent Josef Burian ließ sich von Freunden auf die Schultern heben und hielt spontan eine Rede. Darin waren wohlgemerkt keine Angriffe auf den »gütigen, gnädigen Herrn«, Kaiser Ferdinand, zu hören. Burian rief überhaupt mehrfach zur Mäßigung auf, beharrte aber auf den Forderungen der Revolution. Er rief: »Unser gütiger Monarch hätte uns auch schon Alles gewährt, aber«, und nun zeigte er auf die Staatskanzlei, »er ist von falschen Rathgebern umgeben!« Darauf folgte stürmisches Bravorufen.

Der Wiener Lokalhistoriker Wilhelm Kisch, damals ein 21-jähriger Student, wurde Zeuge der dramatischen Ereignisse: »Diese kühne Sprache eines kaum erwachsenen Burschen gegen den noch gestern allmächtigen Staatskanzler (und dies noch dazu ihm persönlich ins Gesicht geschleudert) bezeichnete jedenfalls die Situation des Augenblickes vollkommen. Ich bemerkte, wie der greise Fürst hinter den Sprossen seiner Jalousien mit einer Lorgnette auf Burian lächelnd herabsah. Er schien damals noch nicht den Ernst der Lage erkannt zu haben, denn er blieb ruhig beim Fenster, bis sich der Tumult wieder verlief.«

Auch Franz Grillparzer, Direktor des Hofkammerarchivs, das sich damals in einem noch bestehenden Trakt des ehemaligen Kaiserspitals befand, hatte von seinem Arbeitszimmer einen guten Blick auf den Ballhausplatz. Er »fürchtete ... jeden Augenblick, die Grenadiere würden mit dem Bajonett auf die jungen Leute losgehen« und schrieb weiter: »Die Unbekümmertheit, mit der die jungen Leute wie Opferlämmer sich hinstellten und von den aufgestellten Bewaffneten gar keine Notiz nahmen, hatte etwas Großartiges. Das sind heldenmütige Kinder, sagte ich zu mir selbst.« Die Menge zog schließlich weiter, *noch* war es zu keinen blutigen Zusammenstößen gekommen.

In der benachbarten Hofburg wurden inzwischen hektische Besprechungen zur Lage abgehalten, denn die Stimmung auf den Straßen wurde immer hitziger. In der Herrengasse gab das Militär die ersten Schüsse auf Demonstranten ab, fünf Menschen starben. Nun brach die Revolution wirklich aus. Die »Bürgergarde« forderte den Rückzug des Militärs und die Bewaffnung der Studenten – und immer wieder rief man nach der Entlassung des verhassten Metternich.

In den Abendstunden war es schließlich so weit, der Staatskanzler wurde in die Hofburg gerufen. Da man – wie es hieß – seine Sicherheit nicht mehr gewährleisten könne, bat Erzherzog Ludwig, der Vorsitzende der Staatskonferenz, Metternich um seinen Rücktritt. Dessen Frage, ob er nun Österreich verlassen solle, wurde bejaht. Während er mit seiner Familie die letzte Nacht in der Staatskanzlei verbrachte, wurde sein Palais am Rennweg von Aufständischen gestürmt und verwüstet. Am nächsten Tag reiste er ab. In England verbrachte er sein Exil und kehrte erst 1851 nach Österreich zurück. 1859 starb er und wurde im böhmischen Plasy, neben seinem dortigen Schloss, bestattet.

Nach der Schlacht um Wien im Herbst 1848 und der blutigen Niederschlagung der Revolution übernahm Felix Fürst Schwarzenberg als Ministerpräsident und Außenminister die Staatskanzlei.

Während der kommenden Jahre und Jahrzehnte wurde Österreich außenpolitisch zunehmend isoliert, die Zeiten, da es unter Kaunitz oder Metternich tonangebend im europäischen Konzert der Mächte gewesen war, gehörten der Vergangenheit an. Der bisherige Partner Preußen entwickelte sich im Deutschen Bund immer mehr zum Rivalen, der die Vorherrschaft in einem geeinten Deutschland übernehmen wollte, und auch in Italien entwickelten sich die Dinge dramatisch, ließen sich die dortigen nationalen Forderungen doch nicht mehr niederhalten – die italienische Einigung nahm ihren Lauf. Mit dem katastrophalen Ausgang der Schlacht bei Königgrätz gegen die Preußen (1866) und dem Ausschluss Österreichs aus dem – gleich darauf aufgelösten – Deutschen Bund ging die Ordnung des Wiener Kongresses endgültig zu Ende.

Das Gebäude am Ballhausplatz, von wo im Sommer 1914 Außenminister Graf Berchtold das verhängnisvolle Ultimatum an Serbien abgeschickt hatte, blieb auch nach dem Zusammenbruch der Monarchie eines der wichtigsten Zentren österreichischer Politik. Direkt nach dem Ersten Weltkrieg war hier nicht nur das Außenministerium der jungen Republik untergebracht, auch der erste Bundespräsident bezog hier seine Amtsräume. Im Jahr 1920 übersiedelte auch das Bundeskanzleramt von seinem bisherigen Sitz im Palais Modena in der Herrengasse hierher.

Während die Bundeskanzler bis heute hier ihre Büros haben, residieren die Bundespräsidenten seit 1946 im gegenüberliegenden Leopoldinischen Trakt der Hofburg. Das Außenministerium zog 2005 nach über 280 Jahren auf den benachbarten Minoritenplatz.

Die Katterburg am »schönen Brunnen«
Schloss Schönbrunn

Den alten *schönen Brunnen*, dem die berühmteste Schlossanlage Wiens ihren Namen verdankt, gibt es längst nicht mehr. Die Quelle, die ihn speiste, soll von Erzherzog Matthias (dem späteren Kaiser) im frühen 17. Jahrhundert entdeckt worden sein, als er hier auf der Jagd war. In den 1630er-Jahren wurde sie eingefasst und durch eine marmorne Frauenfigur geschmückt, aus deren Brüsten das Wasser sprudelte.

Bis zu jener Zeit hieß das kleine Jagdschlösschen vor den Toren Wiens schlicht »Katterburg«. Bereits im ausgehenden 15. Jahrhundert war es für einen reichen Wiener Ratsherrn errichtet worden und kam später in den Besitz der Habsburger. Mehrmals wurde es von heranziehenden Feinden (den Türken 1529 und den Ungarn 1604) zerstört, anschließend wieder aufgebaut und mit einem weitläufigen Tiergarten versehen. Mit dem späteren Zoo hatte dieser freilich noch nichts zu tun, diente er doch ausschließlich der Aufbewahrung von Jagdwild – hauptsächlich Damhirschen und Fasanen – für die Fleischversorgung des Hofes.

Besonders dramatisch waren die Verwüstungen, die die zweite Belagerung Wiens durch die osmanischen Truppen 1683 mit sich brachte: Das Schlösschen wurde ebenso zerstört wie der »schöne Brunnen«. Der reiche Tierbestand war vernichtet, ja selbst der dichte Wald, der damals das Gelände bedeckt hatte, war von den Türken abgeholzt worden, um Material für den Bau von Laufgängen und Schanzen zu gewinnen. Es wird berichtet, dass »das Holtz im Tiergarten Zu Schönbrun vom Erbfeindt ganz nidergehaut, und kaum etlich stamb aufrecht gelassen worden«.

Doch kurz nach dem Sieg über die türkischen Feinde wandte Kaiser Leopold I. sein Augenmerk wieder der zerstörten Anlage zu. Ein neues Schloss sollte nun hier entstehen, viel schöner noch als das alte. Mit der Planung beauftragte er einen jungen, aufstrebenden Baumeister: Johann Bernhard Fischer. Noch war er nicht in den Adelsstand erhoben, gerade erst hatte er in Wien Fuß gefasst und machte sich rasch durch seine Bauprojekte für zahlreiche Adelsfamilien einen Namen (siehe Seite 104 f.).

Wäre verwirklicht worden, was Fischer in seinem ersten Entwurf für Schönbrunn vorlegte, so hätte er damit glatt Versailles in den Schatten stellen können, die berühmteste Barockanlage Europas, an der sich damals alle anderen messen ließen. Das Hauptschloss wäre demnach oben, auf der Anhöhe gestanden (dort, wo sich heute die Gloriette befindet), der Hang bis hinunter zum Wienfluss wäre in vier, durch breite Rampen miteinander verbundene Terrassen unterteilt worden, auf denen sich weit ausgreifende Nebengebäude, Pavillons, Säulenreihen und Wasserbassins befunden hätten.

An die Verwirklichung eines solch gigantischen Projekts war freilich nicht zu denken, denn es hätte jeden finanziellen Rahmen gesprengt. Sicherlich rechnete noch nicht einmal Fischer selbst damit, dass es realisiert werden könnte, sein Entwurf war lediglich ein, wie der Kunsthistoriker Hellmut Lorenz schreibt, »ideal-utopisches Präsentationsstück«, das der Baumeister vorlegte. Er wollte damit Aufsehen erregen und zeigen, was er *theoretisch* vermochte. Immerhin waren Landschlösser Fischers Spezialität. Gerne plante er Gebäude in freier Natur, auf großen und offenen Grundstücken, viel lieber jedenfalls als Stadtpalais in engen, einzwängenden Gassen. Gerade in der Wiener Vorstadt entstanden während jener Jahre eine ganze Reihe von Sommerschlösschen nach Fischers Plänen (unglücklicherweise sind nicht alle davon erhalten geblieben).

Sein zweiter Entwurf für Schönbrunn wurde ab Mitte der 1690er-Jahre jedenfalls verwirklicht. Es war eigentlich ein recht bescheidener Bau, nicht mehr als ein besseres »Jagdhaus« für Thronfolger Josef (den späteren Kaiser Josef I.), wie es zunächst bezeichnet wurde. Erst während der Arbeiten entschloss sich Kaiser Leopold, es zu einem größeren Schloss erweitern zu lassen.

Doch richtig viel Energie schien er in das Projekt nicht zu stecken. Sein eigentliches Interesse galt der Oper, die er sich immense Summen kosten ließ, und nicht der Architektur. Zudem besaß er bereits eine Sommerresidenz, die neue Favorita (das heutige Theresianum), die erst wenige Jahre zuvor fertiggestellt worden war. Alles in allem war es ein »ein wenig lustlos betriebene(r) Ausbau« Schönbrunns, wie Hellmut Lorenz schreibt, und Fischer-Biograf Sedlmayr bemerkte, dass das Schloss ohnehin »nicht zu den Meisterwerken Fischers« zählt, denn »allzu deutlich merkt man, dass dabei viele dreingeredet haben«.

Um 1700 war der Mitteltrakt bereits bewohnbar, an den Seitenflügeln wurde noch gearbeitet. Doch plötzlich geriet der Bau ins Stocken, denn alles Geld wurde für den nun ausgebrochenen Spanischen Erbfolgekrieg benötigt.

Viele Jahre lang sollte Schönbrunn ein unvollendeter Torso bleiben, es fand sich niemand, der darin wohnen wollte. Kaiser Josef starb in jungen Jahren und seine fromme Witwe Amalie Wilhelmine, die hier zunächst ihre Sommer verbracht hatte, zog sich bald gänzlich in das von ihr gegründete Salesianerinnenkloster am Rennweg zurück. Der neue Kaiser, Karl VI., zeigte gar kein Interesse an Schönbrunn, er bevorzugte – so wie sein Vater Leopold – die Favorita oder Schloss Laxenburg. Höchstens zur Fasanenjagd kam er gelegentlich hierher.

Eines der wenigen Objekte, die heute in Schönbrunn an Kaiser Karl erinnern, ist dementsprechend eine Steinschlossbüchse (sie ist im allerletzten Raum der Besichtigungsroute in einer Vitrine ausgestellt). Dieses Gewehr ist mit einer Besonderheit versehen, nämlich mit einem

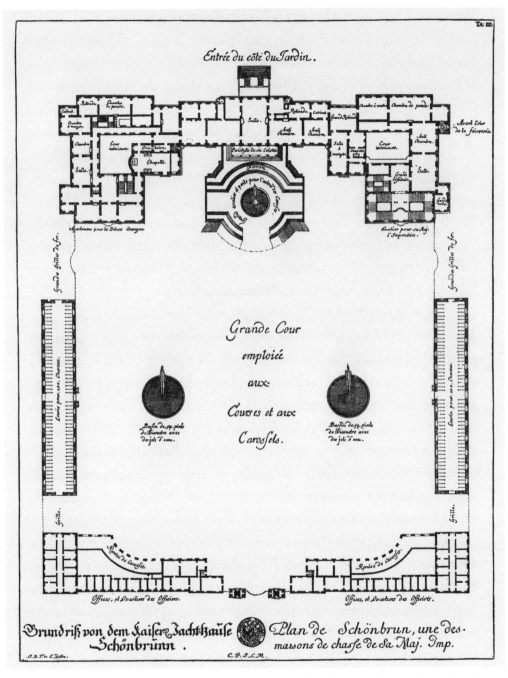

Der zweite, letztlich verwirklichte Entwurf Fischer von Erlachs zum »kaiserlichen Jagdhaus« Schönbrunn

Monokel. Die Geschichte erzählt von einem tragischen Unfall, hatte der kurzsichtige Kaiser doch im Juni 1732 auf der Jagd in Böhmen statt eines fliehenden Hirschen seinen Oberststallmeister, Adam Franz Fürst Schwarzenberg, erschossen. Die Kugel war durch dessen Hüfte in den Unterleib gedrungen, der Fürst starb nach langem, qualvollem Todeskampf. Kaiser Karl war selbstverständlich untröstlich und ließ seine Büchsen ab nun mit Sehhilfen ausstatten, um weitere Unglücksfälle zu vermeiden.

Unter Karls ältester Tochter Maria Theresia und deren Ehemann Franz Stephan setzte für Schönbrunn unbestreitbar die glanzvollste Zeit ein. Beide verwandelten die bislang vernachlässigte Anlage in »einen ihrer Würde und Macht angemessenen Aufenthaltsort«.

So wie Kaiser Karl die Favorita geschätzt hatte, so sehr liebte seine Tochter das Schloss in Hietzing, das sie ab den frühen 1740er-Jahren in großem Stil umbauen und erweitern ließ: Den bestehenden Mitteltrakt Fischer von Erlachs stockte man auf, die beiden äußersten Flügel wurden angebaut und Zwischengeschoße eingezogen, um Platz für die nun benötigten vielen Kinderzimmer zu schaffen sowie für die Unterbringung der Dienstboten (unter Maria Theresia lebten hier immerhin bis zu 1000 Menschen!). Auch die große, zentrale Freitreppe, die Fischer einst angelegt hatte, musste nun weichen, an ihrer Stelle entstand die breite Durchfahrt, die vom Ehrenhof direkt in den Garten führt.

Manche architektonische Unregelmäßigkeiten waren beim Umbau zwar nicht zu vermeiden, doch die große Könnerschaft Nikolaus Pacassis, Maria Theresias Lieblingsbaumeisters, sorgte dafür, dass sie dem Laien nicht weiter auffallen (die »Blaue Stiege«, über die man in die Schauräume im ersten Stock gelangt, befindet sich zum Beispiel dort, wo Fischer von Erlach einst den Speisesaal angelegt hatte).

Die Große und die Kleine Galerie, also die beiden Fest- und Ballsäle der Beletage, wurden mit großartigen Fresken Gregorio Guglielmis geschmückt, des damals in ganz Europa gefragten römischen Malers, weiters richtete man kostbare chinesische Kabinette ein, das »Millionen«- und das »Vieux laque«-Zimmer, man ließ Räume neu vertäfeln und beauftragte Johann Wenzel Bergl, die Wände mehrerer im Erdgeschoß liegenden Zimmer mit seinen charakteristischen, exotischen Landschaftsmalereien zu versehen. Sein Lehrer, der berühmte Südtiroler Paul Troger, schuf das Hochaltarbild für die Schlosskapelle.

Kaiser Franz I. Stephan und die Geschichte des Tiergartens

So prachtvoll man das Schloss Schönbrunn während jener Jahre gestaltete, so prachtvoll wurde auch der umliegende Park. Es war vor allem Maria Theresias Mann, der hier seine Handschrift erkennen ließ.

Bis weit ins 18. Jahrhundert hatte Schönbrunn ja hauptsächlich als *Jagdgebiet* der kaiserlichen Familie fungiert. Man hielt auf dem großen Areal Wild und Fasane und betrieb einen großen Hühnerhof. Daher beschäftigte der stete Kampf gegen tierische »Räuber« die kaiserlichen Förster besonders. Allein im Jahr 1720 schossen sie 18 Füchse ab sowie sieben Marder, 94 Iltisse, neun Dachse, 88 Katzen, acht Eulen, 33 Raben, acht Habichte und zwei wildernde Hunde.

Unter Franz Stephan wurde aus diesem Jagd- und Wildpark eine Menagerie, also ein Zoo, ganz den Vorstellungen der damaligen Zeit entsprechend. Möglichst exotisch sollten die Tiere sein, möglichst selten in Europa und damit möglichst wertvoll. Der verstorbene Prinz Eugen hatte mit seiner berühmten Menagerie bei Schloss Belvedere (siehe Seite 124f.) diesbezüglich neue Maßstäbe gesetzt.

Rund um den heute noch bestehenden zentralen Pavillon richtete man zwölf sternförmig ausgehende Tiergehege ein. Ein Einfluss der

Freimaurersymbolik wird gerne betont, wenn es um diese geometrische Anlage geht. Franz Stephan war tatsächlich während seiner Reise in die Österreichischen Niederlande in den Bund aufgenommen worden, davon, dass er nach seiner Rückkehr aber jemals ein Logentreffen besucht hätte, ist nichts bekannt. Inwieweit er sich also durch die freimaurerischen Ideale bei der Gestaltung Schönbrunns beeinflussen ließ, ist nicht zur Gänze geklärt (dass er sich etwa leidenschaftlich mit der Alchemie beschäftigte, passte übrigens so gar nicht zum aufklärerischen Geist der Freimaurer).

Die Beschäftigung mit seiner Menagerie erfreute Franz Stephan in höchstem Maße und er nahm sich viel Zeit für sie. Das *Wienerische Diarium* berichtete vom 29. Juli 1752: »Nachmittags haben Se. Majestät der Kaiser die über Holland neu angekommene seltsame Thiere in dem Schönbrunner Thier-garten beschauet.« Und der kaiserliche Obersthofmeister Johann Fürst Khevenhüller schrieb: Zwei Tage später »führte der Kaiser abermahlen einige Zuseher … in die auf seine eigenen Spesen in dem Schönbrunner Parc nächst Hietzing erbaute und nun meistens schon zu standen gebrachte Menagerie, allwo eben vorgestern verschiedene aus Holland anhero beschribene fremmde Thiere (welche aber dermahlen noch meistens in Geflügelwerk bestehen) in seiner Gegenwart placiret worden waren«. Kaiser Franz hatte »die Gedult, das mehrste selbsten anzuordnen und fünft ganzer Stund damit zuzubringen; geht wohl auch zweimahl des Tags dahin, weillen er ein ganz besonderes Amusement dabei findet«.

Eine stete Vermehrung seiner zoologischen Sammlung war Kaiser Franz ein großes Anliegen, weshalb er Mitte der 1750er-Jahre eine Expedition aussandte, die bislang unbekannte Tiere und Pflanzen nach Wien bringen sollte. Ihr Leiter war der junge Naturwissenschaftler Nikolaus Joseph Jacquin (ab 1774 »von« Jacquin). Sein Mentor, der berühmte Gerard van Swieten, hatte ihn für diese Unternehmung vor-

Maria Theresia, unter der Schönbrunn seine Glanzzeit erlebte, und ihr Ehemann Kaiser Franz I. Stephan, Gründer des berühmten Tiergartens

geschlagen, kannte er ihn und dessen Familie doch schon aus beider Heimatstadt Leiden. Jacquin war ein Schulfreund von van Swietens Sohn Gottfried am dortigen Jesuitengymnasium gewesen.

Die Fahrt führte zunächst in die Karibik, nach Jamaica, Martinique und auf viele andere Inseln, schließlich nach Venezuela. Es war eine abenteuerliche, gefahrvolle Reise, man hatte Stürme und Krankheiten zu überstehen und Jacquin wurde zwischenzeitlich sogar von Seeräubern verschleppt. Dennoch gelang es den Expeditionsteilnehmern, ihrem Kaiser eine große Zahl an lebenden Pflanzen, Pflanzensamen, Säugetieren und Vögeln nach Wien mitzubringen. Manche Arten waren der Wissenschaft noch völlig unbekannt (eine von ihm entdeckte Mahagoniart benannte Jacquin übrigens nach seinem Förderer *Swietenia*). Auch ethnographische Objekte und kostbare Bodenschätze wie Smaragde, Amethyste, Platin und Magneteisen bereicherten ab nun die kaiserlichen Sammlungen.

Im Schönbrunner Tiergarten kamen nun erstmals – neben all den exotischen Papageien, Sittichen, Tauben, Kasuaren und Kranichen – auch »fliegende Eichhörnchen« unter, vermutlich Flughunde. Eine zehnköpfige Familie »westindischer Beutelratzen« hatte sich hingegen während der langen Schifffahrt (trotz üppiger Verpflegung) gegenseitig aufgefressen. Den zahmen Puma, den Jacquin mitbrachte, bewahrte man – wie alle potenziell gefährlichen Raubtiere – in der alten Menagerie von Schloss Neugebäude auf.

Für Jacquin war dieses Abenteuer der Beginn einer höchst erfolgreichen Karriere: Auf van Swietens Fürsprache wurde er Professor für Botanik und Chemie an der Wiener Universität, später deren Rektor. Das Verzeichnis der botanischen Bestände Schönbrunns nach dem – damals in Österreich noch kaum bekannten – Linné'schen System geht ebenfalls auf ihn zurück. Vor allem der »Holländische Garten«, den sich Kaiser Franz Stephan dort einrichten ließ, konnte mit besonderen botanischen Seltenheiten aufwarten. (Er befand sich an jener Stelle, wo später das große Palmenhaus errichtet wurde.)

Im Großen Rosa-Zimmer des Schlosses hängt ein Porträt des Kaisers, auf dem er inmitten vieler naturkundlicher Objekte und wissenschaftlicher Instrumente zu sehen ist, und auch auf das große Gemälde im Stiegenhaus des Naturhistorischen Museums sei an dieser Stelle verwiesen, das ihn umgeben von den Direktoren seiner Sammlungen zeigt. Nach seinem Tod ließ Maria Theresia von Balthasar Moll eine Bronzebüste ihres Mannes anfertigen, die man im Pavillon seiner Menagerie aufstellte, seinem einstigen Lieblingsplatz in Schönbrunn. Heute ist sie rechts vom Eingang in den Zoo zu finden.

Kaiser Josef II. kümmerte sich ganz im Sinne seines Vaters um den Tiergarten, den er 1778 an Sonntagen für alle »anständig gekleideten Personen« zugänglich machte. Der Eintritt war gratis.

Er sandte sogar eigene Expeditionen nach Nord- und Südamerika sowie nach Südafrika aus, um die Bestände zu ergänzen und zu vermehren. Auch im nördlichen Afrika sollten Tiere für ihn gekauft werden, wobei gewisse Schwierigkeiten auftraten. Der österreichische Mittelsmann in Marokko zeigte sich 1786 skeptisch, was das Zustandekommen solcher Geschäfte anging. Ohne Erlaubnis des Sultans ließen sie sich nämlich nicht abschließen und eine *offizielle* Anfrage würde bloß den Kaufpreis in enorme Höhen treiben. Außerdem gab der Mittelsmann zu bedenken: »Was ich aber am beschwerlichsten, und fast für unmöglich halte, soll die Ausfuhr der Kamele seyn, weilen die Mauren hieran einen Religions-Zweifel haben werden, indem sie vorgeben, ihr Prophete solle sich in seiner Jugend mit dem Kameltreiben beschäftigt haben.«

Als es endlich zu einer Einigung über Tierlieferungen aus Marokko gekommen war, tauchte ein neues Problem auf, denn der Sultan wollte es sich nicht nehmen lassen, Kaiser Josef auch noch einen Löwen und einen Tiger dazuzuschenken – die man in Wien aber partout *nicht* haben wollte! Es gab nun niemanden, »der dem Sultan dieses vorzutragen sich getrauet, besonders weilen er vermeinen würde, man verachte seine Geschenke, die er mit so großer Bereitwilligkeit an Seine Majestät, meinen Allergnädigsten Monarchen zu senden willens war«. Um es kurz zu machen: Der Sultan konnte besänftigt werden und Löwe und Tiger blieben in Marokko.

Sowohl Menagerie als auch Botanischer Garten entwickelten sich im 19. Jahrhundert hervorragend. Letzterer wurde zu einem der bedeutendsten ganz Europas ausgebaut, war doch der neue Kaiser Franz II. (ab 1804 Franz I. von Österreich) gelernter Gärtner (der Familientradition entsprechend hatte auch er einen bürgerlichen Beruf erlernen müssen). Ab nun durfte sich jedermann unentgeltlich beim Schönbrunner Hofgärtner »Pfropfreiser« abholen, um die eigenen Obstbäume veredeln zu können.

Über 20 neue Gewächshäuser wurden errichtet, darunter auch beheizbare, in denen die sogenannten »kapischen« Pflanzen, also jene aus dem südafrikanischen Kapland, aufbewahrt wurden. Auch der »Tirolergarten« entstand damals, in dem Franz' jüngerer Bruder, Erzherzog Johann, einen Bauernhof errichten ließ, ganz der romantischen Begeisterung entsprechend, die man in jener Zeit allem »Alpinen« entgegenbrachte (1994 stellte man an dessen Stelle den aus dem frühen 18. Jahrhundert stammenden Haidachhof aus Tirol auf).

Der Bestand der Menagerie wurde weiter vermehrt. Für besonderes Aufsehen sorgte 1828 das Geschenk des ägyptischen Vizekönigs Mehmed Ali: die erste Giraffe Wiens. In Alexandria wurde sie nach Fiume verschifft und machte sich dann mit ihren menschlichen Begleitern und unter militärischer Bewachung auf den wochenlangen, beschwerlichen Landweg. Da sie unterwegs »aber sehr ermattet und zur weiteren Fußreise nicht geeignet war«, wie die *Wiener Zeitschrift* vermerkte, stellte man ihr einen eigens konstruierten Wagen zur Verfügung.

In Schönbrunn angekommen, wurde sie sofort eine Attraktion erster Güte: »Die Girafe!!! So tönt es fast aus jedem Munde, und diese Nachricht schnell seinen Bekannten und Freunden mitgetheilt, benützt jeder die erste Zeit der Muße, ... um endlich die so hoch gespannte Neugierde ... zu befriedigen«, berichtete der Landschaftsmaler Eduard Gurk, »Jung und Alt von beyden Geschlechtern, Individuen aus allen Ständen, aus allen Classen drängen sich mit größtem sichtbaren Eifer, um nur zu sehen, nur zu schauen.« Dem Tier zu Ehren fanden Bälle statt, auf denen man »á la Giraffe« tanzte und kleine Giraffenfiguren aus Zucker als Damenspenden verteilte, eine »Giraffentorte« wurde kreiert und für das Leopoldstädter Theater verfassten der berühmte Kapellmeister Joseph Drechsler und der ebenso berühmte Schriftsteller Adolf Bäuerle das Singspiel *Die Giraffe in Wien*.

So viel Wirbel und Aufmerksamkeit war ihrem arabischen Tierpfleger langsam nicht mehr geheuer. So berichtete die *Allgemeine*

Theaterzeitung, dass er seinem Schützling ein Säckchen mit Kräutern umband, »das sie vor Verzauberung und Krankheit schützen sollte. Einige Tage gelang es ihm auch, durchzusetzen, daß kein Mensch die Giraffe ansehen durfte, denn von den vielen auf sie gehefteten Blicken, so fürchtete er, würde sie zweifellos bezaubert.« Tatsächlich hatte das berühmteste Tier des alten Wien kein langes Leben, es wurde immer schwächer und verendete nach nur zehn Monaten im Juni 1829.

Der Tiergarten, der aufgrund des immer weiter ansteigenden Bestandes zur Mitte des 19. und zu Beginn des 20. Jahrhunderts maßgeblich erweitert wurde, ist bekanntlich der älteste der Welt. Er überstand unter großen Opfern die beiden Weltkriege, war aber bald dermaßen antiquiert, dass sogar seine Schließung angedacht wurde. Erst ab den 1990ern wurde er unter Direktor Helmut Pechlaner umfassend saniert und raffiniert ausgebaut, sodass er heute zu einem der modernsten und schönsten Zoos der Welt zählt.

Der Schlosspark unter Maria Theresia

Nachdem das große Gartenparterre bereits von Fischer von Erlach in strengem, französischem Stil entworfen worden war, ging man unter Maria Theresia daran, dieses und den umliegenden Park neu zu gestalten. Während der 1770er-Jahre entstanden all die Statuen, Brunnen und Denkmäler, die sein Aussehen bis heute prägen.

Johann Ferdinand Hetzendorf von Hohenberg, Pacassis Nachfolger als Hofarchitekt, schuf dazu die Pläne. Bereits bestehende Bauten, wie das Schlosstheater, wurden von ihm umgebaut und neue kamen hinzu, wobei an erster Stelle die Gloriette zu nennen ist, die als Blickfang auf der Höhe des kleinen Berges errichtet wurde.

Zwischen ihr und dem Schloss schuf Hetzendorf den Neptunbrunnen, wo der römische Meeresgott als Beherrscher der Elemente in Bezug zum gegenüber wohnenden Kaiser gesetzt wird, dem Herrscher über Länder und Menschen. Dieses Motiv sollte noch durch vier kleinere Brunnen mit allegorischen Darstellungen der einzelnen Kronländer betont werden, die für das Große Parterre bestimmt waren. Nur zwei wurden allerdings verwirklicht (sie wurden im Ehrenhof aufgestellt).

Bereits zuvor waren die beiden breiten Diagonalachsen geschaffen worden, die von der Mitte des Schlosses einen freien Blick quer durch den Park ermöglichten. Die eine lief im Westen exakt auf den bereits erwähnten Pavillon des Tiergartens zu, die andere, östliche, fand im Obeliskbrunnen ihren Endpunkt. Dieser wurde im 18. Jahrhundert noch »Sibyllengrotte« genannt und bezog sich somit auf die antike Seherin, die Aeneas einst die glorreiche Zukunft des Römischen Reiches prophezeit haben soll. Dass das Haus Habsburg und somit die

Blick vom Neptunbrunnen über das Große Parterre auf die Gartenseite des Schlosses

Der Obelisk (Sibyllinische Grotte) im Schlosspark ...

Kaiser des (Heiligen) Römischen Reiches durch Fantasie-Hieroglyphen auf dem darüber aufragenden Obelisken gepriesen werden, passt also hervorragend dazu.

Auch die sogenannte Römische Ruine (auf halbem Weg zwischen Obelisk- und Neptunbrunnen) greift ein ähnliches Motiv auf, denn ursprünglich wurde sie »Ruine von Karthago« genannt. Das ergibt wesentlich mehr Sinn, denn weshalb hätten sich die Habsburger an den schmachvollen Untergang Roms erinnern lassen sollen, in dessen Nachfolge sie sich selbst sahen? Ein Denkmal, das auf die Vernichtung des gefährlichsten *Feindes* des alten Rom, Karthagos, verweist, ist hingegen schlüssig.

... und der neue »schöne Brunnen« mit der Figur der Quellnymphe Egeria

Ein weiterer Schmuck des Parks sind bis heute die über 30 Marmorfiguren, die der sächsische Künstler Johann Wilhelm Beyer entwarf. Er hatte den Auftrag dazu hauptsächlich deshalb erhalten, weil er in der Nähe Sterzings in Südtirol einen Steinbruch entdeckt hatte, dessen Marmor »nicht schlechter als der von Carrara« sei, so schrieb er. Preiswerter war er allemal.

Die Skulpturen wurden nach seinen Angaben von mehreren Bildhauern geschaffen, unter ihnen so namhafte wie Franz Anton Zauner und Johann Martin Fischer. Maria Theresia und ihr Staatskanzler Kaunitz nahmen großen Anteil an diesem Projekt, immer wieder musste Beyer seine Vorschläge auf allerhöchsten Befehl nachbessern und verändern. Die Kaiserin wollte nämlich weniger allegorische Darstellungen sehen als historische Gestalten und solche aus der antiken Mythologie, die für die Tugenden eines idealen Herrschers standen. In einem Band des Buches *Die Burgvesten und Ritterschlösser der österreichischen Monarchie* aus dem Jahr 1839 heißt es, die Statuen sollten ursprünglich »die Anhöhe der Gloriette zieren, und wurden auch daselbst aufgestellt. Weil aber Kaiser Josef dies unpassend fand (und meinte, es sehe so einem Calvarienberge ähnlich), wurde ihnen ihr jetziger Stand angewiesen.« In neuerer Literatur ist davon allerdings nichts mehr zu lesen.

Ebenfalls unter Maria Theresia wurde ein neuer »schöner Brunnen« errichtet, ein knappes Jahrhundert, nachdem der alte von den Türken zerstört worden war. Ein wenig verborgen liegt er hinter dichten Hecken in der Nähe der Römischen Ruine. Das Brunnenhaus gestaltete Isidor Canevale als künstliche Grotte, verziert mit Tropfsteinen und Muscheln. Darin sitzt die Nymphe Egeria, die einen Krug in Händen hält, aus dem das Wasser fließt.

Dieses soll besonders bekömmlich gewesen sein. Bis weit ins 19. Jahrhundert ließ es sich die kaiserliche Familie auf Maultieren täglich in die Hofburg bringen, selbst auf Reisen wurde es in verlöteten Behältern mitgenommen. Es war der sicherste Weg, um gefürchteten Krankheiten wie Cholera oder Typhus zu entgehen. Noch in den 1970er-Jahren saß hier eine Brunnenfrau, die das Wasser becherweise an Spaziergänger ausschenkte.

Der Opernwettstreit in der Orangerie

Maria Theresias Sohn, Kaiser Josef II., konnte mit Schönbrunn nicht viel anfangen. Ganz seinem nüchternen und sparsamen Naturell entsprechend, zog er das für ihn gebaute »Stöckl« im Augarten als Sommersitz vor, es glich eher einer großbürgerlichen Villa als einem kaiserlichen Palast (heute ist es die private Volksschule der Sängerknaben).

Zu offiziellen Terminen nutzte er das Lieblingsschloss seiner Mutter aber durchaus. Die beheizte Orangerie ermöglichte es ihm, auch in den Wintermonaten Gäste zu empfangen, wie etwa 1785 den russischen Großfürsten Paul: »Auf der reichbesetzten Tafel dufteten die Blumen aller Himmelsstriche und aller Weltheile mitten im Winter; ringsherum standen Citronen- und Orangenbäume, in deren dunklen Blättern bunte Flämmchen funkelten«, hieß es in der Zeitung. Dann wurde ein Schauspiel gegeben mit anschließendem Ball »in diesem glänzenden wunderbaren Wintergarten, in dem man sich nach einem Feenlande versetzt glaubte«. Ein Jahr später, am 7. Februar 1786, kam es in der Orangerie zum sogenannten »Opernwettstreit« der beiden berühmten Rivalen Antonio Salieri und Wolfgang Amadeus Mozart.

Letzterer war damals 30 Jahre alt und als selbstständiger Musiker höchst erfolgreich, nachdem er endlich den Fesseln entflohen war, die die Anstellung am Hof des Salzburger Fürsterzbischofs Colloredo für ihn bedeutet hatte. Viele Jahre zuvor war Mozart schon einmal in Schönbrunn aufgetreten, als sechsjähriges musikalisches Wunderkind gemeinsam mit seinen Eltern und seiner ebenfalls hochbegabten Schwester Maria Anna. Durch sein natürliches, gewinnendes Auftreten entzückte er damals – so die bekannte und oft geschilderte Geschichte – Maria Theresia und ihre Familie. Doch die Zeiten hatten sich geändert. Aus dem süßen, kleinen Buben von einst, dem die Herzen nur so zuflogen, war ein Mann geworden, der sich durch harte Arbeit gegen die zahlreiche Konkurrenz durchsetzen musste, nicht zuletzt gegen jene des angesehenen Hofkapellmeisters Antonio Salieri.

Der Kaiser erhielt in jenem Winter 1786 Besuch von seiner Schwester Maria Christine und deren Ehemann Albert von Sachsen. Die beiden lebten damals als Statthalter der Österreichischen Niederlande in Brüssel, wohin sie Josef, der stets eifersüchtig auf seine Schwester, die

Lieblingstochter Maria Theresias, war, gewissermaßen abgeschoben hatte. Während ihres Aufenthalts sollte nun ein großes Fest in der Schönbrunner Orangerie gefeiert werden, immerhin befand sich zur gleichen Zeit auch der Neffe des polnischen Königs als hoher Gast in Wien.

Josef plante aber nicht nur ein üppiges Mahl, sondern wollte diesem Fest durch einen musikalischen Wettstreit auch eine besondere Spannung verleihen. Sowohl Salieri als auch Mozart sollten dafür je ein kurzes musiktheatralisches Stück komponieren. So wie das Organisieren von Konzerten und das Erteilen privater Musikstunden gehörte das Komponieren von Gelegenheitswerken für adelige Familien oder den Kaiserhof zum täglichen Geschäft. Mozart nahm Josefs Auftrag daher bereitwillig an, obwohl er bis zum Hals in Arbeit steckte.

Doch war es wirklich ein »Duell«, zu dem der Kaiser die beiden rivalisierenden Musiker aufstachelte (die er immerhin *beide* sehr schätzte)? Es scheint vielmehr, als habe Josef nicht so sehr die zwei Komponisten aufeinander losgelassen als die beiden fixen Ensembles seines kaiserlichen Hoftheaters, nämlich jenes des deutschen Schauspiels und jenes der italienischen Oper! Ersteres sollte das deutsche Singspiel *Der Schauspieldirektor* aufführen, zu dem Mozart die Musik schrieb, Letzteres Salieris Oper *Prima la musica e poi le parole*. Beide Stücke stellen quirlige Parodien des Theaterbetriebs dar: Es geht um konkurrierende Primadonnen, Eifersüchteleien und Intrigen, um die Einflussnahme adeliger Männer auf die Besetzungsliste (freilich aus amourösen Interessen), sie beinhalten spöttische Anspielungen auf damalige Bühnenstars und – zumindest bei Mozart – auch Kritik am oberflächlichen Publikum, das sich weniger von künstlerischer Qualität beeindrucken ließe als von reinen Schaueffekten und aufwendigen Bühnenspektakeln.

Es versprach, ein anregender Abend zu werden. Am späten Nachmittag erwartete der Kaiser in der Hofburg seine über 80 hochadeligen Gäste, gemeinsam machte man sich auf den Weg nach Schönbrunn.

Um niemanden zu brüskieren, wurde die Reihenfolge, in der die Kutschen losfuhren, zuvor per Los bestimmt.

Die Orangerie war bereits, so berichtete die *Wiener Zeitung*, »zum Empfang dieser Gäste auf das herrlichste und zierlichste ... eingerichtet. Die Tafel unter den Orangeriebäumen war mit einheimischen und fremden Blumen, Bläthern und Früchten auf die angenehmste Weise besetzt«. An den beiden Schmalseiten des Saals waren zwei Bühnen errichtet worden, auf denen die Aufführungen nacheinander stattfinden sollten.

Nach dem Essen trug man die Tafel ab und Mozarts *Schauspieldirektor* machte den Anfang. Der kurze, nur eine gute halbe Stunde dauernde Einakter gefiel zwar, doch den eigentlichen Höhepunkt stellte Salieris geistreiche, rund einstündige italienische Oper dar.

Es wäre falsch, zu behaupten, dass Mozart zurückgesetzt oder gar gedemütigt worden sei indem man ihm nur die Hälfte des Honorars zusprach, das Salieri bekam. Im Gegenteil: die 50 Dukaten (ein Dukat entsprach rund 90 Euro), die er erhielt, erschienen durchaus angemessen, immerhin war der *Schauspieldirektor* bloß ein »teutsches Schauspiel mit untermengten Arien«, bestand also hauptsächlich aus gesprochenem Text (der übrigens von Johann Gottlieb Stephanie stammte, der wenige Jahre zuvor auch das Libretto für Mozarts *Entführung aus dem Serail* geschrieben hatte). Salieri hingegen hatte mit seiner Oper die weitaus größere Arbeit gehabt.

Mozart hatte diesem Auftrag ohnehin keine allzu große Bedeutung zugemessen, sein »Herzblut« hatte er nicht in das Projekt gelegt. Mehr Zeit hätte er auch gar nicht erübrigen können, war er damals doch so produktiv wie nie zuvor und arbeitete ohne Unterlass an mehreren Werken gleichzeitig. In jenen Wochen stellte er eine Oper fertig, die für die Musikgeschichte wahrlich bedeutender werden sollte als der *Schauspieldirektor*: *Le nozze di Figaro*, die drei Monate später, am 1. Mai 1786, im Hofburgtheater uraufgeführt wurde.

Das Ende des Herzogs von Reichstadt – Napoleons Sohn in Schönbrunn

Im 19. Jahrhundert hatte Schönbrunn seine einstige Bedeutung als Residenz verloren. Zwar kümmerte sich Kaiser Franz II. (I.) um Menagerie und Botanischen Garten, die Sommerfrischen verbrachte er dennoch lieber in Laxenburg oder Persenbeug. Am Schloss wurde daher nicht viel verändert, man entfernte bloß den mittlerweile unmodischen Rokokoschmuck von der Fassade und ließ diese hellgrau anstreichen (das berühmte »Schönbrunnergelb« kam erst Mitte des Jahrhunderts).

Bis heute aber ist das Schloss auf das Engste mit Franz' Enkel verbunden, dem Herzog von Reichstadt. Napoleon Franz Bonaparte hatte nach seiner Geburt in Paris sowohl den Namen seines Vaters, des Kaisers der Franzosen, erhalten wie jenen seines Großvaters, des Kaisers von Österreich. Er war gerade einmal drei Jahre alt, als Napoleon abdanken musste, und er war vier, als dieser 1815 nach der Niederlage bei Waterloo endgültig ins Exil geschickt wurde. Marie Louise, die Tochter Kaiser Franz', verließ mit dem kleinen Kind Frankreich für immer. Nie hatte sie Napoleon heiraten wollen, nur aus Gehorsamkeit ihrem Vater gegenüber war sie diese politische Ehe eingegangen (siehe Seite 55). Nun war sie frei und führte mit ihrem Geliebten Adam Graf Neipperg ein neues Leben als Herzogin von Parma (erst nach Napoleons Tod 1821 konnte sie ihn heiraten). Ihren kleinen Sohn ließ sie in der Obhut des Großvaters in Wien.

Dieser liebte den Buben sehr, der zu einem gut aussehenden, intelligenten Jugendlichen heranwuchs. Eine politische Funktion blieb ihm freilich versagt, denn nach dem Sturz des Vaters waren die Bourbonen auf den französischen Thron zurückgekehrt. Eine Nachfolge seiner Mutter als Herzog von Parma war ebenfalls unmöglich, denn nie wieder wollte Europa einen Bonaparte als regierenden Fürsten akzeptieren. Kaiser Franz schenkte ihm daraufhin die Herrschaft Reichstadt (tschech. Zákupy) in Böhmen, die zum Herzogtum erhoben wurde. Dieses bestand zwar gerade einmal aus einem Städtchen, ein paar Dörfern und Schlössern, aber immerhin hatte sein Enkel einen wohlklingenden Titel.

Die schwärmerische Begeisterung, die der junge Herzog für den mittlerweile im Exil verstorbenen Vater hegte, war unübersehbar. In allem wollte er dem großen Napoleon nacheifern, obwohl seine österreichischen Lehrer angewiesen waren, dessen Namen tunlichst nicht zu erwähnen. Alles Militärische faszinierte ihn, er wurde ein leidenschaftlicher Reiter, strebte nach Unabhängigkeit und Selbstverwirklichung. Auch suchte er die Nähe zu Menschen, die mit dem Vater einst in Kontakt gestanden hatten, sei es auch – wie etwa Erzherzog Carl, der Sieger von Aspern – als Gegner im Krieg.

Überglücklich war der 17-Jährige, als er von Kaiser Franz endlich einen Offiziersposten in der österreichischen Armee erhielt. Er schrieb: »Ich finde keine Worte, die Freude und Rührung auszudrücken, welche diese neue Gnade, dieses neue Merkmal Ihrer väterlichen Liebe in mir erwecken. Zweifeln Sie nie, bester, hochverehrter Großvater, daß ich mich Ihrer Gnade stets würdiger machen und der Erwartung ganz entsprechen werde.«

Doch es gab auch Zweifler. Sein Erzieher Moritz Graf Dietrichstein wandte sich voller Bedenken an den Kaiser: »Sein einnehmendes Äußeres, seine überraschenden oft treffenden Bemerkungen haben mehrmals den Gedanken erregt, als ob es bald Zeit sei, ihn in die Welt treten zu machen. Diejenigen aber, welche den Prinzen durch und durch kennen, vermögen es nicht, dieser Idee beizustimmen.« Da sei, so Dietrichstein, dessen »unbändiges Streben nach Freiheit und Zügellosigkeit«, das sich zunächst beruhigen müsse, da dieses das »rasche, frühzeitige Verderben des Prinzen unausweichlich nach sich ziehen würde«. Viel mehr noch als das war es aber dessen schwache

Gesundheit, die zu Sorgen Anlass gab. Für den anstrengenden Dienst in der Armee erwies sich der junge Mann nämlich nicht geeignet, beim Erteilen von lauten Befehlen versagte ihm die Stimme.

Schließlich war klar: Napoleons Sohn litt an der gefürchteten Tuberkulose. Er zeigte sich jedoch uneinsichtig, leugnete zunächst seine Krankheit, weigerte sich, Medikamente zu nehmen, und redete sich schließlich ein, an Magenkrebs zu leiden – so wie einst sein geliebter Vater. Seiner Umgebung machte er es dadurch nicht leicht. Der berühmte Arzt Johann von Malfatti schrieb, der Herzog habe zwar eine »eiserne Seele in einem kristallenen Körper«, doch sei es, »als herrsche in diesem unglücklichen Jünglinge eine Kraft, welche ihn antreibt, sich selbst zu zerstören«.

Im Frühjahr 1832 schickte man den Kranken zur Erholung nach Schönbrunn, wo man ihm jene Räume zur Verfügung stellte, in denen sein Vater einst geschlafen hatte (als Wien von den französischen Truppen besetzt war). Er empfand den Aufenthalt als »Arrest« und bestand auf weitere Ausritte. Nachdem er dabei einmal in ein schweres Unwetter geraten und völlig durchnässt und verschwitzt heimgekommen war, traten sofort Fieber und starker Husten auf.

Zweimal täglich trug man ihn in den Schlosspark, wo er mit Windschirmen vor neugierigen Blicken geschützt wurde, immerhin war sein Gesundheitszustand Tagesgespräch der Bevölkerung, bei der übrigens das lange Fernbleiben seiner Mutter Marie Louise höchst missgünstig aufgenommen wurde.

Bald konnte er kaum noch Nahrung aufnehmen, Mund und Zunge waren von Eiter verklebt. Erzherzogin Sophie, die ihn aufopfernd pflegte, schrieb: »Wie traurig! Solch eine jähe Veränderung in den Zügen eines bildhübschen jungen Menschen! Er ist offenbar nicht mehr weit von seinem Grabe.« Staatskanzler Metternich vermerkte im Juni nüchtern: »Seine Schwäche nimmt im Verhältnisse des Vorschreitens der Krankheit stets zu und ich sehe keine mögliche Rettung vor.«

Als Marie Louise endlich in Wien eintraf, konnte sie ihrem Sohn nur noch beim Sterben zusehen. Am 27. Juli 1832 trat der Tod ein, der Herzog wurde gerade einmal 21 Jahre alt.

Vor allem in Frankreich war die Trauer groß, hatten doch viele Bonapartisten ihre Hoffnung in Napoleons Sohn gesetzt, den sie unbeirrbar »Napoleon II.« nannten. Auch in Österreich herrschte – nicht immer pietätvolle – Anteilnahme. Wer Zutritt zum Schloss hatte, versorgte sich schnell mit einer Locke des Toten, es hieß, dass »der arme Prinz in wenigen Augenblicken, ehe man sich's nur versehen konnte, beinahe aller seiner Haare beraubt worden ist. Es haben ihn nämlich in den ersten Stunden nach seinem Hinscheiden eine Menge Menschen besucht, die sich entweder gar nicht genierten, oder denen man nichts verwehren konnte.«

Der Dichter Moritz Saphir verfasste ein langes Gedicht auf den Toten, in dem es unter anderem hieß: »Da liegt der Sohn des Mannes,/ Genannt Napoleon,/Des besten Cäsars Enkel,/Des größten Cäsars Sohn.« Recht unheimlich klingt Saphirs Schilderung, wie sich Napoleons Gruft öffnet und der tote Vater mit Knochenhänden sein Kind zu sich zieht: »Und ziehet es hernieder:/›So seh' ich, theu'rer Sohn,/ Seh' ich Dich endlich wieder,/Mein Kind Napoleon/(...)‹/Und zu derselben Stunde/Schließt auch das Grab sich schon,/Das war die letzte Stunde/Vom Haus Napoleon!«

Dass der Herzog von Reichstadt heute tatsächlich neben seinem Vater begraben liegt, geht übrigens auf einen Befehl Adolf Hitlers zurück, denn ursprünglich war er in der Wiener Kapuzinergruft bestattet worden. Es war eine gönnerhafte Geste des deutschen Reichskanzlers, ein, wie Manfried Rauchensteiner schreibt, »Geschenk des Diktators an das besiegte Frankreich, ein Geschenk, von dem allerdings erwartet wird, dass man es würdigt«. Im Dezember 1940 ließ Hitler den Sarg in das von der deutschen Wehrmacht besetzte Paris überführen und im Invalidendom beisetzen.

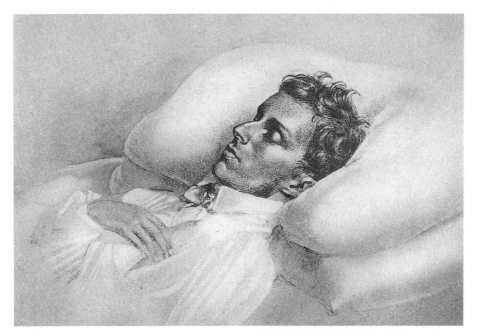

Der 21-jährige Herzog von Reichstadt auf dem Totenbett in Schönbrunn

Das Herz des Herzogs von Reichstadt befindet sich aber – den damaligen habsburgischen Bestattungsritualen gemäß – weiterhin in der Wiener Augustinerkirche, so, wie auch seine Eingeweide in der Gruft unter dem Stephansdom aufbewahrt werden. In seinem Sterberaum, dem Napoleonzimmer Schönbrunns, erinnern ein Kinderporträt und eine Büste an ihn sowie sein ausgestopftes Haustier, eine Haubenlerche.

Kaiser Franz Joseph und Erzherzog Ferdinand Max – Schönbrunn bis 1918

Über ein intimes Verhältnis zwischen dem Herzog von Reichstadt und Erzherzogin Sophie wurde und wird zwar gerne spekuliert, Belege gibt es dafür jedoch keine. Eine gewisse Verliebtheit Sophies in den um sechs Jahre jüngeren Mann, den sie so aufopfernd umsorgte, war aber offensichtlich.

Die bayrische Prinzessin war seit 1824 mit Franz Karl verheiratet, einem Sohn des Kaisers Franz. In Schönbrunn kamen ihre Kinder zur Welt, allen voran Franz Joseph und Ferdinand Max. Die beiden Buben verbrachten hier viel Zeit, so wie auch ihre nachfolgenden Brüder. Das Schloss entwickelte sich ab nun wieder zu einer der Hauptresidenzen des Hofes und erlebte eine neue Blütezeit. Insbesondere mit Franz Joseph ist es bis heute aufs Engste verbunden, doch auch Ferdinand Max hat hier seine Spuren hinterlassen.

Im Gegensatz zu seinem älteren Bruder, der ja schon früh auf die künftige Rolle als Kaiser eingeschworen wurde, hatte Letzterer von Anfang an viel größere Freiheiten genossen. Er war ein begeisterungs-

Erzherzogin Sophie mit ihren beiden ältesten Söhnen Franz Joseph und Ferdinand Max, die in Schönbrunn zur Welt kamen

Der östliche Najadenbrunnen mit Blick auf den Obelisken, Postkarte aus dem 19. Jahrhundert

fähiger Knabe, fantasievoll, intelligent und für seine Streiche bekannt. Mutter Sophie zeigte sich stets nachsichtig, denn Ferdinand Max war eindeutig ihr Lieblingssohn, ihr »geliebtes Enfant terrible«, wie seine Biografin Joan Haslip schrieb.

Schon in der Wahl der Geschenke, die den beiden gemacht wurden, zeigte sich der Unterschied in der Behandlung: Franz Joseph bekam Pappsoldaten, Gewehre und nüchterne Lehrbücher, auf Pflichterfüllung und Disziplin wurde bei ihm höchster Wert gelegt. Ferdinand Max hingegen erhielt ein Harlekinkostüm, einen sprechenden Papagei, ein Indianerzelt und durfte sein Taschengeld für abenteuerliche Reisebeschreibungen und schöne Bilder ausgeben. Im Schönbrunner Schlosspark errichtete man dem Achtjährigen eine strohgedeckte »Eingeborenenhütte« aus Bambusstangen, »geziert mit einem mächtigen Götzenbilde und mit der Haut einer Boa constrictor«, wie er sich noch Jahrzehnte später glücklich erinnerte. Die »Leidenschaft nach dem Entfernten, Außergewöhnlichen«, schrieb er weiter, sei schon früh in ihm geweckt worden. Das Verhältnis zu seinem älteren Bruder litt freilich unter der Ungleichbehandlung und unter der Tatsache, dass Ferdinand Max bei allen stets der Beliebtere war.

Am Rand der Schönbrunner Schlossanlage konnte er sich schließlich als 17-Jähriger einen großen Wunsch erfüllen, eine zweistöckige hölzerne Villa im »Tyroler« Stil, die er selbst entworfen hatte. Sie wurde nach ihm »Maxingvilla« genannt. Zur feierlichen Eröffnung lud er seine Familie ein, wobei er in orientalische Gewänder gehüllt war und die Gäste mit über der Brust gekreuzten Armen empfing. Er trug eine selbstverfasste Rede vor und ließ einen großen Pokal herumreichen, aus dem alle Anwesenden zu trinken hatten, von Kaiser Franz Joseph bis zum Koch. Erzherzogin Sophie schrieb wohlwollend: »Résumé fait ist das ganze Etablissement eine große Narrheit, aber mein guter Maxi kann nur durch Erfahrung klug werden, so laß ich ihn in aller Ruhe anrennen, denn dies allein kann ihm helfen …«

Seine Schwärmerei für die Ferne, für das Meer und die Marine ließ Ferdinand Max nicht los. Er unternahm weite Reisen (unter anderem nach Brasilien) und ließ sich bei Triest Schloss Miramar errichten. Entgegen aller Sorgen und Einwände seiner Mutter nahm er 1864 das verhängnisvolle Angebot an, Kaiser von Mexiko zu werden, wo er drei Jahre später durch die republikanischen Truppen hingerichtet wurde.

Seine rustikale Villa, die er längst an die Gemeinde Hietzing verkauft hatte, wurde nach dem Zweiten Weltkrieg abgerissen, nur noch einige Mauerreste erinnern im »Maxing«-Park daran. Am Hietzinger Platz, in unmittelbarer Nähe zum Eingang in den Schlosspark, wurde ihm ein Denkmal gesetzt.

Kaiser Franz Joseph verbrachte so viel Zeit wie möglich in Schönbrunn und setzte alles daran, auch für seine Ehefrau Elisabeth eine möglichst angenehme Atmosphäre zu schaffen. Moderne Bäder und Wasserklosetts wurden in ihrem Appartement installiert, und über eine

Abendliches Feuerwerk anlässlich eines Staatsbesuches bei Kaiser Franz Joseph. Blick über das Große Parterre auf Neptunbrunnen und Gloriette

gusseiserne Stiege konnte sie von ihrem Schreibzimmer ins Erdgeschoß und in den »Kammergarten« gelangen (der im Gegensatz zum übrigen Park ausschließlich der kaiserlichen Familie vorbehalten war).

Im Schloss war auch Katharina Schratt des Öfteren zu Besuch. Nicht, dass Elisabeth eifersüchtig gewesen wäre, immerhin hatte sie den Kaiser mit der berühmten Schauspielerin bekannt gemacht und förderte deren vertraute Beziehung. Dennoch konnte sie sich einen gewissen Spott über ihren verliebten Ehemann nicht verkneifen. Sie verpackte ihn in ein Gedicht, in dem sie zwei der Marmorstatuen, die unweit des Schlosses stehen, Ceres und Bacchus, miteinander ins Gespräch kommen lässt, als der alternde Kaiser mit seiner Freundin vorbeispaziert:

»Pst!« ruft plötzlich freudig Ceres,
»Sieh das Paar, das sich dort naht,
So viel Glut, beim Zeus, ich schwör' es,
Ein verliebtes Aug' nur hat.

Liebe leiht dem Alter Schwingen,
Ist das Haupt auch glatt und kahl;
Amors Pfeile tiefer dringen
In ein altes Herz zumal.«

Im November 1916 starb Kaiser Franz Joseph in Schloss Schönbrunn, während sich sein Reich im Ersten Weltkrieg aufzulösen begann. Zwei Jahre später, am 11. November 1918, unterzeichnete (vermutlich im Vieux-Laque-Zimmer) sein Großneffe, Kaiser Karl, widerwillig jenes Dokument, mit dem er auf »jeden Anteil an den Staatsgeschäften« verzichtete. Österreich wurde zur Republik und das Schloss geriet in staatliche Verwaltung.

Seit 1996 steht das gesamte Areal auf der UNESCO-Liste des Weltkulturerbes und ist eine der meistbesuchten und bedeutendsten Sehenswürdigkeiten Wiens.

Prinz Eugens Stadtpalais
Himmelpfortgasse 8

In der Nacht auf den 21. April 1736 starb Prinz Eugen von Savoyen-Carignan in seinem Wiener Stadtpalais in der Himmelpfortgasse. Ein Diener fand den Toten am Morgen, alles wies darauf hin, dass er friedlich »entschlafen« war. Der einbalsamierte Leichnam wurde drei Tage lang in einem schwarz verhangenen Zimmer des Palais öffentlich aufgebahrt, bevor man ihn unter der Anteilnahme Zehntausender im Stephansdom bestattete. Ihn in der Wiener Kapuzinergruft, der berühmten Grablege der Habsburger beizusetzen, wie manche es forderten, schien Kaiser Karl VI. offenbar doch etwas zu viel der Ehre für seinen wichtigsten Feldherrn. Sein Herz brachte man nach Turin, die alte Hauptstadt des Herzogtums Savoyen.

Den letzten Abend seines Lebens hatte der 72-jährige Eugen wie so oft kartenspielend in kleinem Kreis bei seiner Freundin Eleonore Gräfin Batthyány verbracht (siehe Seite 158–165). Sein körperlicher Verfall war dabei nicht mehr schönzureden. Er atmete schwer, wurde immer stiller und machte einen abwesenden Eindruck. Graf Sylva-Tarouca begleitete ihn anschließend, gegen 21 Uhr, nach Hause und bat ihn, dringend seine verordnete Medizin einzunehmen, doch Eugen winkte müde ab: Dafür sei morgen auch noch Zeit genug. Überhaupt nahm er höchst ungern Medikamente und zu Ärzten fasste er kein rechtes Vertrauen. Der bayrische Gesandte hatte bereits Jahre zuvor geschrieben, dass Eugens Freunde »wieder einmal ihre liebe Not mit der Halsstarrigkeit der maladen Durchlaucht« hätten. Sogar der päpstliche Nuntius musste einmal auf ihn einwirken, damit er seine Medizin einnahm. (Führt man sich freilich die ärztlichen Kuren jener Zeit vor Augen, war

Gedenkmünze anlässlich Prinz Eugens Tod im April 1736

vielleicht gerade Eugens Weigerung, sich behandeln zu lassen, der Grund für sein relativ hohes Alter.)

Während der letzten Jahre machten Eugen die vielen alten Kriegsverletzungen zu schaffen, auch war seine Lunge angegriffen, was ständiges, schmerzhaftes Husten zur Folge hatte. Weiters litt der Prinz immer öfter unter Sprachstörungen und Gedächtnisschwächen, und es wird berichtet, dass er bei den Sitzungen des Hofkriegsrates regelmäßig einschlief. Sein alter Kamerad, Feldmarschall Guido Graf Starhemberg, dessen Beine gelähmt waren, meinte damals: »Ich werde von den Füßen aufwärts alt. Aber ich kenne jemanden, dessen Zustand sich genau so rasch vom Kopf abwärts verschlechtert!« Das war auf Eugen gemünzt. Noch deutlicher äußerte sich Jahre später der Preußenkönig Friedrich II., der den Prinzen einst persönlich kennengelernt hatte und ihn stets sehr respektierte: »Welch ein demütigender Gedanke für unsere Eitelkeit. Dass ein Condé, ein Eugen oder ein Marlborough den Verfall ihrer geistigen, vor dem ihrer körperlichen Kräfte erleben mussten. Die größten Genies enden als Schwachsinnige.«

Dennoch musste Prinz Eugen praktisch bis zuletzt seinen Dienst tun. Noch ein Jahr vor seinem Tod kommandierte er die Reichsarmee am Rhein, wie oft zuvor ging es auch diesmal (im Polnischen Erbfolgekrieg) gegen die Franzosen. Gemessen an früher fielen die militärischen

Erfolge aber spärlich aus, Eugen war vorsichtig und plädierte schon früh für einen Friedensschluss. Aus dem einst strahlenden Helden war ein zögernder alter Mann geworden.

Eugens Aufstieg und der Bau seines Stadtpalais

Eugens Palais in der Himmelpfortgasse war aber freilich nicht nur die Stätte seines Dahinsiechens und seines Todes. Es ist gleichzeitig deutlicher Ausdruck seiner ersten großen Erfolge, das steingewordene Zeichen von Eugens beispiellosem Aufstieg vom kleinen Offizier zu einem der reichsten und mächtigsten Männer Europas.

Er sei einst »nichts als ein schmutziger, sehr debauchierter (verwahrloster, Anm.) Bub (gewesen), der gar keine Hoffnung zu nichts Rechts gab«, schrieb die Herzogin von Orléans, Lieselotte von der Pfalz (die Schwägerin des französischen Königs Ludwig XIV.) über ihn, und ein »kleiner, häßlicher Gnom mit einer Stumpfnase«. Es gibt vermutlich kein einziges Buch, keinen Aufsatz, keinen Artikel über den jungen Prinzen Eugen, in dem dieses Zitat fehlen darf. Überhaupt beruft man sich gerne auf Lieselotte von der Pfalz, wenn man »süffige« Beschreibungen von ihm sucht. Und wenn auch manche ihrer – oft erst Jahrzehnte später gemachten – Aussagen über ihn einer harten Quellenkritik nicht immer standhalten, so dürften sie in diesem Fall doch unwidersprochen sein.

Durch besondere Niedlichkeit konnte der Heranwachsende also keine Herzen gewinnen, überhaupt waren seine frühen Jahre in seiner Geburtsstadt Paris nicht glücklich: »Mich hat als Kind niemand recht gemocht, niemand wußte mit mir richtig umzugehen«, erinnerte sich Eugen als alternder Mann.

Sein Vater Eugen Moritz von Savoyen-Carignan, Graf von Soissons, starb, als er zehn war, seine Mutter Olympia (einst die Mätresse und einflussreiche Vertraute König Ludwigs XIV.) geriet in Verdacht, ihn vergiftet haben zu lassen, und fiel bei Hof in Ungnade. Ihre Gegner ließen sogar einen bezahlten Mob lautstark auf den Straßen gegen sie demonstrieren, eine gerichtliche Untersuchung der Giftaffäre wurde anberaumt. Olympia flüchtete aus Frankreich und ihre zurückbleibende Familie wurde ab nun scheel angesehen.

Eugen wuchs bei seiner ungeliebten Großmutter auf. Er sollte Geistlicher werden, beschäftigte sich aber lieber mit Kriegsgeschichte, mit Reiten und Turnen. Dennoch galt er als »verweichlicht« und man erzählte sich skandalöse Tratschereien von (homosexuellen) Orgien, in die er involviert gewesen sei.

Als sich der 19-Jährige bei König Ludwig um eine Offiziersstelle bewarb, lehnte dieser brüsk ab. Er brachte Olympias Kindern ohnehin kein Wohlwollen entgegen, darüber hinaus dürfte sich Eugen bei der persönlichen Vorstellung ungeschickt, zu selbstbewusst, zu wenig unterwürfig verhalten haben. Später äußerte sich der »Sonnenkönig« darüber: »Die Bitte war wohl bescheiden, aber der Bittsteller keineswegs. Niemand hat es je gewagt, mir so frech ins Gesicht zu starren wie ein wütender Sperber.«

Im Sommer 1683 erreichte Eugen die Nachricht vom Tod seines älteren Bruders Ludwig. Ein Jahr zuvor war dieser in die Armee des Habsburgerkaisers Leopold I. eingetreten und jetzt bei Petronell im Kampf gegen die Türken tödlich verwundet worden. Eugen, der mittlerweile in Frankreich ohnehin keiner rosigen Zukunft entgegensah, hegte die Hoffnung, dessen Kommando übertragen zu bekommen, und machte sich auf den Weg nach Passau. Dorthin war Kaiser Leopold mit seinem Gefolge geflohen, während Wien von den türkischen Truppen belagert wurde.

Soldaten konnte der Kaiser immer gebrauchen, nicht nur im aktuellen Kampf gegen die Osmanen, sondern auch für den nächsten Krieg gegen Frankreich, der bereits vorauszusehen war. Für Letzteren suchte

Prinz Eugens Stadtpalais

Prinz Eugen als siegreicher Feldherr nach der Schlacht von Belgrad 1717, Gemälde von Jacob van Schuppen

Leopold die Unterstützung des Herzogs von Savoyen. Dessen (wenn auch nur entfernten) Verwandten Eugen wohlwollend zu empfangen und ihn in die kaiserliche Armee aufzunehmen, konnte somit nicht schaden. Außer seinem klingenden Namen brachte der junge Mann nämlich nicht viel mit, was für ihn sprach. Er verfügte über kein Vermögen, über keinen ganz untadeligen Ruf und vor allem über keinerlei militärische Erfahrung.

Als »Volontär« wurde Eugen in die kaiserliche Armee aufgenommen. Er versicherte damals den Kaiser seiner »unverbrüchlichen Treue, und dass ich all meine Kraft, all meinen Mut und notfalls meinen letzten Blutstropfen dem Dienst Eurer kaiserlichen Majestät sowie dem Wohle und Gedeihen Eures großen Hauses widmen werde«. Der Bruch mit seinem Geburtsland Frankreich war perfekt und Eugen wurde Soldat für Österreich, an dessen Etablierung als Großmacht er während der kommenden Jahrzehnte maßgeblichen Anteil haben sollte.

Es würde zu weit führen, Eugens Karriere im Detail zu schildern, doch die wichtigsten Eckdaten dürfen nicht fehlen: In der Entsatzschlacht vor Wien präsentierte sich der 19-Jährige glänzend und stieg noch im selben Jahr zum Oberst, 1690 zum Kavalleriegeneral, 1693 schließlich zum Feldmarschall auf. Als Oberbefehlshaber der kaiserlichen Truppen erlangte er 1697 beim serbischen Städtchen Zenta einen seiner glänzendsten Siege über die Türken, deren Herrschaft über weite Teile Ungarns damit endgültig zu Ende ging.

Mitte der 1690er-Jahre erwarb Eugen zwei benachbarte Häuser in der Himmelpfortgasse, an deren Stelle er sich ein standesgemäßes Palais errichten lassen wollte (bis dahin war er nämlich während seiner Aufenthalte in Wien auf die Gastfreundschaft des spanischen Botschafters, des Marchese di Borgomanero, angewiesen). Die beiden Grundstücke lagen nicht gerade in der vornehmsten Gegend, immerhin waren sie nur wenige Schritte vom Amtshaus in der Rauhensteingasse entfernt, dem berüchtigten Hauptgefängnis Wiens, um das man lieber einen großen Bogen machte.

Eugen war damals noch keineswegs jener unermesslich reiche Mann, als der er heute bekannt ist, doch es war immer deutlicher abzusehen, dass Geldsorgen ihn bald nicht mehr quälen sollten. Schon 1688 war er zum Laienabt zweier Klöster im Piemont ernannt worden, was ihm ein fixes Jahreseinkommen bescherte (im Gegenzug musste er sich zu einem zölibatären Leben verpflichten). Zu diesem reinen Versorgungsposten, den er der Vermittlung seiner savoyischen Verwandtschaft verdankte, kam jenes Vermögen, das er sich durch seine hohen Ämter und in blutigen Schlachten selbst verdiente. Jeder Sieg wurde ihm vom Kaiser reich entlohnt. Nachdem er die Türken auf den Balkan zurückgedrängt hatte, bekam er große Ländereien in Ungarn geschenkt:

Johann Bernhard Fischer von Erlach entwarf das prachtvolle Stiegenhaus; die Atlanten, die den Treppenlauf tragen, schuf der berühmte Giovanni Giuliani.

Dörfer, Äcker und Wälder. Später, nach Ende des Spanischen Erbfolgekrieges (1713), erhielt er nicht weniger als 400 000 Gulden. (Die Summe von 300 000, die ihm Kaiser Josef einst zugesagt hatte, wurde von dessen Nachfolger Karl VI. großzügig erhöht, da auch er »dem Prinzen meine Erkenntlichkeit ... bezeigen« wollte.) Anhand der Baugeschichte des Palais in der Himmelpfortgasse lässt sich Eugens Karriere hervorragend nachvollziehen, und der enorme Anstieg seiner finanziellen Ressourcen wird deutlich.

Das Palais wurde in drei Phasen errichtet. Den Beginn machte Johann Bernhard Fischer von Erlach. Nach seinen Plänen entstand ab 1696 der (heute) mittlere Teil des Gebäudes mit dem Hauptportal zum Innenhof und dem imposanten Stiegenhaus. Alles weist hier auf den martialischen Beruf des Bauherrn hin, die Reliefs und Stuckaturen strotzen nur so vor Rüstungen und Fahnen, Kanonen und Spießen. Im Stiegenhaus tragen mächtige Atlanten (von Giovanni Giuliani) den

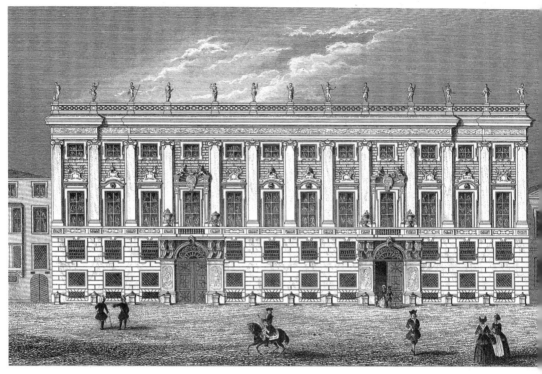

Eugens Stadtpalais nach der ersten Erweiterung durch Hildebrandt ...

Treppenlauf – und überall ist Herkules zu sehen, der Inbegriff von Kraft und Tugend: zunächst auf einem der Reliefs neben dem Tor, dann als keulenbewehrte Statue in der Nische an der Stiege und schließlich auf mehreren Deckenfresken der Wohn- und Repräsentationsräume. Diese mythologisch aufgeladene Heroisierung, die Gleichsetzung eines Feldherrn mit dem berühmtesten Helden der Antike, mit dem Götterliebling Herkules, war in der Barockzeit freilich nichts Ungewöhnliches, sorgte aber im Fall Eugens bei manchen seiner missgünstigen Zeitgenossen für besonderen Spott. Man muss sich bloß sein ledernes Untergewand im Heeresgeschichtlichen Museum ansehen, um einen Eindruck von Eugens alles andere als »herkulischen« Gestalt zu bekommen.

1703, im selben Jahr, da er zum Präsidenten des Hofkriegsrates auf-

… und nach der zweiten, als auch der letzte Trakt fertiggestellt war

stieg (und damit zum wichtigsten Mann hinter dem Kaiser), kaufte er das im Osten anschließende Nachbarhaus und ließ von Johann Lucas von Hildebrandt die erste Erweiterung des Palais durchführen. 1719 – mittlerweile als Eroberer Belgrads längst zu einer lebenden Legende geworden – erwarb er schließlich auch das Haus im Westen, was den Ausbau zu jenem 17-achsigen Prachtgebäude ermöglichte, das wir heute kennen.

Im Laufe der Jahre wurde das Innere des Palais immer verschwenderischer ausgestaltet, berühmte Künstler wurden dafür engagiert. Die Fresken stammten von Louis Dorigny, Marcantonio Chiarini, Andrea Lanzani und vom kaiserlichen Hofmaler Peter Strudel. Der Augsburger Jonas Drentwett schuf die Groteskenmalereien in der Sala Terrena (so wie auch in Eugens Belvedere und im Gartenpavillon von dessen Schloss Obersiebenbrunn im Marchfeld).

Die weitläufigen Zimmerfluchten waren mit kostbaren Gemälden behangen, mit teuren Gobelins und Prunkwaffen geschmückt, mit chinesischem Porzellan und japanischen Lackschränkchen. Neben dem – für einen Mann in seiner Stellung damals fast obligaten – Goldkabinett war auch der Festsaal, mit den großen Gemälden Ignace-Jacques Parrocels, die die wichtigsten Schlachten in Eugens Karriere zum Thema hatten, besonders eindrucksvoll. 1805, während der ersten Besatzung Wiens durch die napoleonischen Truppen, brachte man sie in den Pariser Louvre, zehn Jahre später kamen sie nach Wien zurück und wurden erst nach dem Zweiten Weltkrieg wieder an ihrem ursprünglichen Ort aufgehängt. (Der mittlerweile berühmte Radfahrer, den wir heute auf dem Bild *Schlacht um Turin* sehen können, ist allerdings nicht original, sondern wurde vermutlich von einem unbekannten Restaurator in den 1920er-Jahren dazugemalt – denn Fahrräder gab es zu Eugens Zeit bekanntlich noch nicht.)

Den weitaus größten Schatz aber stellte Eugens grandiose Bibliothek dar, die »Eugeniana«. Wenn die englische Reiseschriftstellerin Lady Montagu 1717 berichtete, Eugens Bibliothek sei »zwar nicht sehr groß, aber gut ausgewählt«, darf man annehmen, dass sie nur einen Teil davon zu sehen bekam. Wenn sie weiters schrieb, dass »dieser wählerische und gezierte Geschmack viele unangenehme Lücken« aufweise, muss man ihre persönliche Meinung zwar respektieren, allerdings die Frage stellen, worin sich diese Lücken offenbart haben sollen. Immerhin war die Bibliothek (und ist es bis heute) eine der wertvollsten Europas, eine, die die breit gefächerten Interessen Eugens hervorragend widerspiegelte. Im Jahr 1730 zählte sie mehr als 14 000 Bücher, dazu kamen rund 500 Bände mit Kupferstichen, Mappen mit Tausenden Zeichnungen bedeutender Künstler und Hunderte kostbare Handschriften aus dem europäischen Mittelalter, aus dem Osmanischen Reich, aus Persien und Griechenland.

Überall in Europa hatte Eugen seine Vertrauensleute, seine privaten »Kulturattachés«, die ihn sofort informierten, sobald wieder einmal besonders kostbare Werke auf dem Buchmarkt waren (einer von ihnen wurde beinahe verhaftet, als er – während des Krieges – in Frankreich mehrere Landkartenbände für den Prinzen erwerben wollte). Natürlich waren viele Schriften zur »Kriegskunst« darunter zu finden, doch hauptsächlich offenbarte sich in seiner Bibliothek Eugens Faszination für die aktuellen wissenschaftlichen Erkenntnisse der Welt. Neben Reisebeschreibungen und Atlanten (darunter der berühmte, 46-bändige *Blaeu-Van der Hem*-Atlas) nahmen die Naturwissenschaften einen großen Teil ein, reich bebilderte Werke über Zoologie und Botanik. Neben Büchern zu Jurisprudenz und Geschichte fanden sich auch viele zur Theologie und vor allem zur Philosophie. Klassische Autoren wie Cicero und Seneca waren ebenso vertreten wie die englischen, niederländischen und französischen Philosophen seiner Zeit, darunter der von Eugen hochgeschätzte Voltaire, mit dem er auch in brieflichem Kontakt stand. Am nächsten stand er jedoch dem deutschen Philosophen Gottfried Wilhelm Leibniz, dessen (letztlich nicht verwirklichten) Plan zur Gründung einer Wiener Akademie der Wissenschaften er nach Kräften unterstützte.

Eugens innige Beziehung zu schönen Büchern und seine fast fiebrige Freude, wenn eine neue Lieferung anstand, sind gut dokumentiert. Der Dichter Jean-Baptiste Rousseau, dessen respektlose Epigramme über seine Zeitgenossen für seine Verbannung aus Frankreich gesorgt hatten und der nun einige Zeit in Wien verbrachte, schrieb: »Die Büchersammlung des Prinzen ist sehr ausgedehnt und besteht aus lauter guten, schön gebundenen Büchern. Das Merkwürdigste aber daran ist, dass sich fast kein einziges Werk darin findet, das der Prinz nicht gelesen oder wenigstens durchgegangen hat. Sollte man es wohl glauben, dass ein Mann, der fast allein die Last der öffentlichen Angelegenheiten des ganzen Europa trägt ... Zeit gewinnt, eben so viel zu lesen als Jemand, der nichts Anderes zu tun hat.«

Auch wenn diese Worte vielleicht ein wenig übertrieben waren, so muss doch anerkannt werden, dass Eugens Bibliothek viel mehr war als reine barocke Repräsentation. Eugen sagte jedenfalls zuversichtlich: »… mit dem Notwendigsten zum Leben könne er jederzeit sich darauf einstellen, seine Tage in ruhiger Abgeschiedenheit zu beschließen, denn er besitze einen genügend großen Vorrat an guten Büchern, um sich nicht zu langweilen.«

Johann Bernhard Fischer von Erlach und Johann Lucas von Hildebrandt – zwei Konkurrenten auf hart umkämpftem Terrain

Mit der Planung seines Stadtpalais hatte Prinz Eugen jenen Architekten beauftragt, der zur Zeit der berühmteste in Wien war, Johann Bernhard Fischer von Erlach. Seit 1686 lebte und arbeitete der geborene Grazer in der österreichischen Haupt- und Residenzstadt, lange Studienjahre hatte er zuvor in Italien verbracht. Man riss sich geradezu um ihn, war er doch nach seinen Aufenthalten in Rom und Neapel auf dem allerneuesten Stand der modernen Baukunst. Die Mitglieder der hohen Familien Österreichs kannten die grandiose Kunst und Architektur Italiens von ihren obligaten Bildungsreisen, den »Kavalierstouren«, und wollten sich nun ihre eigenen Schlösser in der gleichen Herrlichkeit gestalten lassen. Nördlich der Alpen war nach der überstandenen Türkengefahr und den Siegen Prinz Eugens ein enormer Bauboom zu verzeichnen, wobei sich die aristokratischen Bauherren gegenseitig zu überbieten versuchten. Fähige Architekten waren daher stets gefragt.

Doch auch Fischer musste sich zunächst einmal beweisen, seine ersten Aufträge umfassten Stuckdekorationen, Parktore, Stallungen und Brunnen. Mit dem ovalen Ahnensaal der Grafen Althann im südmährischen Schloss Frain (tschech. Vranov) an der Thaya schuf er 1688 eines seiner ersten größeren Werke. Auch der kaiserliche Hof wurde auf ihn aufmerksam, und schon im folgenden Jahr erhielt Fischer den ehrenvollen Posten eines Architekturlehrers des Thronfolgers, Erzherzog Josefs (des späteren Kaisers Josef I.). Er wurde in den Adelsstand erhoben und erhielt mit der Planung von Schloss Schönbrunn (siehe Seite 65f.) seinen ersten kaiserlichen Auftrag.

Ehrenmedaille auf den Hofarchitekten
Johann Bernhard Fischer von Erlach

Das richtig große Geschäft versprach aber der Bau zahlreicher Adelspalais. Für den Grafen Strattmann schuf Fischer das Stadtpalais in der Bankgasse (heute ungarische Botschaft), für die Batthyánys jenes in der Renngasse (heute Palais Schönborn). Vor allem aber waren es die Sommerschlösschen, für deren architektonische Gestaltung Fischer bald neue Standards setzte. Unglücklicherweise sind nicht alle erhalten geblieben, aber das einstige Palais Leeb im Augarten (heute Sitz der Sängerknaben) und Schloss Niederweiden im Marchfeld (das er für Ernst Rüdiger Graf Starhemberg schuf und das bald von Prinz Eugen erworben wurde) sind auch heute noch wohlbekannt. Dazu kamen mehrere große Aufträge in Salzburg, darunter die Dreifaltigkeits- und die Kollegienkirche.

Fischers Karriere schien einen glatten Verlauf zu nehmen, auch wenn er manches Projekt an Konkurrenten verlor. Ein harter Schlag war für ihn sicherlich, als – nach seinem Zerwürfnis mit Anton Florian Fürst Liechtenstein – nicht er, sondern Domenico Martinelli den Auftrag zum Bau des berühmten Gartenschlosses in der Rossau erhielt. Die Liechtensteins waren immerhin eine der reichsten Familien Österreichs und eine, von der noch zahlreiche andere lukrative Aufträge zu erwarten gewesen wären (die Martinelli nun verwirklichte). Zumindest hatte Fischer jedoch die Genugtuung, das Stadtpalais des Prinzen Eugen planen zu können, denn daran, dass der aufstrebende Feldherr auch noch andere Projekte verwirklichen würde, war nicht zu zweifeln. Doch dann tauchte plötzlich Johann Lucas von Hildebrandt auf.

Bis heute ist nicht ganz klar, weshalb Prinz Eugen nach Fertigstellung des ersten Bauabschnitts in der Himmelpfortgasse auf Fischers weitere Dienste verzichtete. Vielleicht kam es zu einer Auseinandersetzung zwischen den beiden, vielleicht fühlte sich Eugen dem ehemaligen Festungsbaumeister Hildebrandt (den er von früheren Feldzügen im Piemont kannte) mehr verbunden, vielleicht – und das ist die simpelste Erklärung – gefielen ihm Hildebrandts Entwürfe und Vorschläge besser.

Für Fischer muss es jedenfalls eine arge Enttäuschung gewesen sein, denn er hatte den wichtigen, freigiebigen und dabei immer reicher werdenden Bauherrn Eugen endgültig verloren. Überhaupt begann für ihn ab 1700 eine sehr schwierige Zeit. Zwar wurde er zum »Ersten kaiserlichen Hofarchitekten« ernannt und im Jahr 1705 »Ihrer K. Maj. Sambtlicher Hoff- und Lust-Gebäu Ober-Inspector«, doch was nützten ihm solche Titel, wenn der kaiserliche Hof keine Aufträge damit verband? Sein ehemaliger Schüler, der nunmehrige Kaiser Josef I., hielt zwar große Stücke auf ihn, hatte aber für prachtvolle Schlossbauten kein

Geld übrig, denn wieder einmal herrschte Krieg (der Spanische Erbfolgekrieg). Die Staatskassen waren leer, auch der Bau von Schönbrunn geriet ins Stocken. Fischer klagte über die »große Noth und Verwirrung«, in der er sich damals befand, er musste regelrecht kämpfen, um überleben zu können.

Schließlich sah er einen Hoffnungsschimmer, als sein Konkurrent Martinelli Wien verließ, doch ehe Fischer sich bei dessen einstigen Auftraggebern bewerben konnte, stand schon Hildebrandt bereit! Dieser schien tatsächlich allgegenwärtig zu sein und zog einen lukrativen Auftrag nach dem anderen für sich an Land: Für Prinz Eugen baute er Schloss Ráckeve in Ungarn, in Wien leitete er den Umbau der Peterskirche, er entwarf die Piaristenkirche, »beerbte« Martinelli als Architekt der Grafen Harrach und der Fürsten Liechtenstein, bald sollten die Schönborns dazukommen und Wirich Graf Daun (siehe Seite 135).

Für Fischer sah es also weiterhin düster aus, denn zwischen 1701 und 1708 erhielt er keinen einzigen nennenswerten Auftrag (abgesehen von Schloss Klesheim in Salzburg). In seiner Not reiste er nach Berlin, um sich mit dem Entwurf eines Sommerschlosses bei König Friedrich I. zu bewerben. Doch mehr als wohlmeinende Worte und freundliche Anerkennung brachte er von dort nicht heim.

Schließlich kam der Auftrag zum Bau der Böhmischen Hofkanzlei, Fischers erstes, repräsentatives Projekt in Wien seit Jahren. Doch von Kaiser Josef, in den er so große Hoffnungen gesetzt hatte, war weiterhin nichts zu erwarten, denn der Krieg, der fast alle finanziellen Ressourcen des Staates schluckte, dauerte immer noch an.

Josefs früher Tod im Jahr 1711 sorgte abermals für schlimme Befürchtungen, denn mit dem neuen Kaiser Karl VI. kam auch ein neuer Obersthofmeister – und das war ausgerechnet Anton Florian Fürst Liechtenstein, jener Mann, mit dem sich Fischer einst überworfen hatte. Mit ihm bekleidete nun ein deklarierter Hildebrandt-Gönner eines der höchsten Ämter im Lande. Und tatsächlich sah es so aus, als ob Fischer sämtliche Hoffnungen begraben konnte, denn prompt erhielt Johann Lucas von Hildebrandt den Auftrag, den Wiener Triumphbogen zum feierlichen Einzug Kaiser Karls (nach seiner Krönung in Frankfurt) zu gestalten. Und nicht nur das: Der Rivale durfte sogar den Prunksarkophag des verstorbenen Josef I. entwerfen, eine Arbeit, die eigentlich in den Aufgabenbereich des Ersten Hofarchitekten, also Fischers fiel. Außer seinen – immerhin prestigeträchtigen – Hofämtern war Fischer nichts mehr geblieben, und selbst diese drohte er nun an den Konkurrenten zu verlieren.

In dieser Situation, für Fischer wirklich in letzter Minute, begann das Blatt sich zu wenden. 1713 war der Spanische Erbfolgekrieg endlich vorbei und die im gleichen Jahr wütende Pest veranlasste Kaiser Karl VI. zum Gelöbnis, eine große Kirche erbauen zu lassen. Sie sollte seinem Namenspatron, dem (Pest-)Heiligen Karl Borromäus geweiht werden. Das Projekt (wohlgemerkt das *erste* kaiserliche Bauprojekt seit knapp 20 Jahren) wurde ausgeschrieben, und sowohl Hildebrandt als auch Fischer beteiligten sich daran. Für Letzteren wurde dieser Auftrag zur puren Existenzfrage. Die Rivalität zwischen den beiden Baumeistern erreichte ihren Höhepunkt. Dass »diese zwey khein guet beisammen tetten«, wie es ein Verwalter der Grafen Harrach einmal ausdrückte, war mittlerweile allseits bekannt.

Wer weiß, was aus Fischer von Erlach geworden wäre, hätte er diesen kaiserlichen Großauftrag nicht erhalten? Die berühmte Karlskirche jenseits des Wienflusses wurde jedenfalls nach *seinen* Plänen errichtet (Hildebrandts Entwürfe sind nicht erhalten geblieben). Karl VI. übertrug ihm ab nun auch andere Projekte, durch die sich Fischer seinen Platz in der ersten Riege der österreichischen Architekten sichern konnte: die Hofstallungen (heute Museumsquartier) und die Hofbibliothek (am heutigen Josefsplatz). Hartnäckig verteidigte Fischer auch seinen Posten als Oberster Bauinspektor und Erster Hofbaumeister gegen den Rivalen Hildebrandt.

Joseph Emanuel Fischer von Erlach, der die Projekte seines Vaters fortführte und so wie dieser in Johann Lucas von Hildebrandt einen großen Konkurrenten hatte

Doch der schwer Kranke spürte, dass seine Energie zu erlahmen drohte. Zwar hatte er noch die Genugtuung, Hildebrandts begonnenes, aber unvollendetes Palais Mansfeld-Fondi (heute Palais Schwarzenberg) nach eigenen Plänen fertigzustellen, doch es war abzusehen, dass er die Hilfe eines absolut loyalen Mitarbeiters benötigen würde. Im Jahr 1721 ließ er seinen Sohn Joseph Emanuel nach Wien zurückkehren, der sich auf ausgedehnten Studienreisen durch Europa (unter anderem in England und Frankreich) zu einem vielversprechenden Architekten entwickelt hatte. Zum Nachfolger seines Vaters war er seit früher Jugend bestimmt gewesen, und er sollte nun dafür sorgen, dass dessen begonnene Bauten nicht in die Hände von Hildebrandt gerieten. Joseph Emanuel kam jedenfalls nicht zu früh, denn sein Vater befand sich mittlerweile in sehr schlechter Verfassung, er war »zur

Dienstleistung fast nicht mehr im Stand«, so schrieb er im Juni 1722. Anfang April des folgenden Jahres starb Johann Bernhard Fischer von Erlach im Alter von 66 Jahren.

Die Konkurrenz zu Hildebrandt übertrug sich nun auf die nächste Generation, Joseph Emanuel hatte sich während der kommenden 20 Jahre mit dem Rivalen seines Vaters auseinanderzusetzen. Der junge Fischer erwies sich aber nicht nur als selbstbewusster und tüchtiger Mann, der die Projekte Johann Bernhards in glänzender Weise fortführte, er verfügte auch über einflussreiche Gönner im Umfeld des Kaisers. Oberhofmeister Liechtenstein war mittlerweile nämlich gestorben, sein Nachfolger protegierte nun Fischer und vor allem der mächtige Hofbaudirektor, Gundacker Graf Althann, brachte ihm viel Vertrauen entgegen. Der Posten des Ersten Hofbaumeisters war zwar nach Johann Bernhards Tod an Hildebrandt übergegangen, doch nur für kurze Zeit. Schon 1725 erhielt der junge Fischer diese Stelle.

So erfolgreich und gefragt Hildebrandt bei seinen übrigen Bauherren weiterhin auch war: Vom kaiserlichen Hof bekam er bis zu seinem Lebensende keine großen Aufträge mehr, er geriet dort regelrecht in Vergessenheit und fand spätestens unter Maria Theresia gar keine Huld mehr – zu einer Audienz wurde er nicht vorgelassen. Als der erst 48-jährige Joseph Emanuel Fischer von Erlach im Jahr 1742 als hoch angesehener und reicher Mann starb, schien Hildebrandt neue Hoffnung zu schöpfen. In entwaffnender Offenheit schrieb er damals: »Der Fischer ist auch gestorben, sodaß mir anjetzo keiner mehr im Wege ist.« Doch er überschätzte offenbar seine eigenen Kräfte. Drei Jahre später, zwei Tage nach seinem 77. Geburtstag, starb auch er. Der Wiener Kaiserhof hatte mittlerweile andere, junge Stararchitekten: Jadot de Ville-Issey und Nikolaus Pacassi.

Das Stadtpalais nach Eugens Tod

Nach dem Tod Prinz Eugens fiel das Palais gemeinsam mit dem übrigen, immensen Erbe an dessen Nichte (Anna) Viktoria von Savoyen (siehe Seite 126f.), die sehr bald daranging, die Inneneinrichtung und die kostbaren Kunstwerke, die dort lagerten, zu Geld zu machen. Zum Glück konnte Kaiser Karl VI. verhindern, dass auch die großartige Bibliothek Stück für Stück in alle Welt verkauft wurde. Gleich nach Eugens Tod bot er an, sie gegen eine Leibrente von Viktoria zu übernehmen (Eugens Biograf Alfred von Arneth bezifferte die jährlich ausbezahlte Summe mit 10 000 Gulden, andere schreiben sogar von 18 000!). Im Prunksaal der Hofbibliothek wurde sie an prominentester Stelle, nämlich im zentralen Kuppelsaal, aufgestellt und gehört bis heute zu den größten Schätzen der Österreichischen Nationalbibliothek.

Teile des Stadtpalais wurden von Eugens Erbin zunächst vermietet, bevor Kaiserin Maria Theresia es im Jahr 1752 kaufte. Es sollte von nun an als Amtsgebäude des »Directions-Hof-Collegiums für das Münz- und Bergwesen«, der obersten Montanbehörde, dienen und musste dementsprechend baulich adaptiert werden. Zunächst entfernte man die kostbaren Supraporten, die in die kaiserliche Gemäldegalerie in der Stallburg gebracht wurden, dann plante Nikolaus Pacassi in Maria Theresias Auftrag die Umgestaltung der weitläufigen Zimmerfluchten. Durch das Einziehen von Zwischenmauern und Zwischendecken wurden kleinere Räume geschaffen, die der Münz- und Bergbehörde als Büros dienten. Auch deren Präsident zog mit seiner Familie in neu geschaffene Zimmer ein.

Unter Josef II. wurde zunächst die oberste Justizbehörde hier untergebracht, unter Kaiser Franz schließlich die »Hofkammer«, also das Finanzministerium (das aber erst ab 1848 so hieß). Als solches ist es in Wien auch heute noch in den meisten Köpfen präsent, wenngleich das

Das Tor zum mittleren Trakt von Eugens Stadtpalais, dem ältesten Teil des Gebäudes

Palais vor wenigen Jahren an das Belvedere übergeben wurde. Rechtzeitig zu Eugens 350. Geburtstag konnte es 2013 nach langwieriger Renovierungsarbeit wiedereröffnet werden. Die prachtvollen Säle erstrahlen in altem Glanz, die Fresken und die Groteskenmalerei der Sala Terrena sind nach Entfernung der Zwischendecken alle wieder zu bewundern.

Der schönste Blick über Wien
Schloss Belvedere

Davon, dass sein Sommersitz dereinst unter dem Namen *Belvedere* in die Wiener Kulturgeschichte eingehen würde, wusste Prinz Eugen noch nichts. Erst etliche Jahre nach seinem Tod wurde die berühmte Doppelschlossanlage so genannt, zu einer Zeit, da sie bereits der kaiserlichen Familie gehörte. Doch Eugen selbst hätte keinen treffenderen Namen dafür finden können, gilt der – durch Canalettos Gemälde berühmte – Blick vom oberen Schloss doch seit jeher als einer der schönsten über die Wiener Innenstadt.

Als Prinz Eugen sich ab Mitte der 1690er-Jahre sein Palais in der Himmelpfortgasse errichten ließ (siehe Seite 98–101), begann er, auch außerhalb der Stadtmauern Grundstücke zu erwerben. Der aufstrebende Feldherr sah endlich die Möglichkeit zu einem standesgemäßen Leben, und zu diesem gehörte letztlich auch ein Sommerschloss im Grünen (es sollte bekanntlich nicht das einzige bleiben). Freilich: unbeschränkt waren seine finanziellen Mittel damals noch nicht, er musste drei Hypotheken auf sein Stadtpalais aufnehmen, um sich den Bauplatz dafür leisten zu können.

Den größten Teil des Areals kaufte er dem kaiserlichen Leibarzt und Dekan der medizinischen Fakultät, Franz Stockhammer, ab, der sich hier in den Jahren zuvor einen Lustgarten mit einem behaglichen Sommersitz hatte errichten lassen. Im Laufe der Zeit kamen weitere Grundstücke hinzu, insgesamt betrug die Fläche schließlich über 150 000 Quadratmeter.

Rundum befand sich unbebautes Gebiet, meist Ackerland und Weingärten, nur zur Stadt hin hatte Eugen einen direkten Nachbarn,

Die große Kaskade im Schlosspark mit Blick auf das Obere Belvedere

der sich damals – von Johann Lucas von Hildebrandt – ein Schloss mit weitläufigem Garten anlegen ließ: Heinrich Franz Graf Mansfeld-Fondi. Der Zufall wollte es also, dass ausgerechnet zwei Männer Tür an Tür wohnten, die so gar nicht miteinander harmonierten! Mansfeld war nämlich Präsident des Hofkriegsrates und somit Eugens direkter Vorgesetzter. Der Prinz war jedoch, so wie viele seiner Offizierskameraden, nicht zufrieden mit dessen energieloser Amtsführung. Ständig lag er dem Kaiser im Ohr, dass der Zustand und die Ausrüstung der Truppen erbärmlich seien und die Heeresorganisation grundlegend reformiert werden müsse. Kaiser Leopold I. lenkte schließlich ein, entließ Mansfeld und ernannte Eugen 1703 zu dessen Nachfolger – nicht die besten Voraussetzungen für eine gute

Nachbarschaft. (Mansfelds Palais wurde 1716 von Adam Franz Fürst Schwarzenberg gekauft und ist bis heute im Besitz seiner Nachkommen.)

Die beiden Belvedereschlösser als Zeichen des Sieges

Eugen nutzte zunächst das bereits bestehende Gartenhaus, das er von Dr. Stockhammer gekauft hatte, als provisorischen Sommersitz, bevor er Johann Lucas von Hildebrandt beauftragte, an dessen Stelle ein Schloss zu errichten, jenes, das wir heute als Unteres Belvedere kennen. 1712 wurde mit den Arbeiten dazu begonnen.

Es ist ein vergleichsweise intimes, ebenerdiges Gebäude, von Anfang an als Privatwohnung des Bauherrn geplant (für größere Empfänge und Festlichkeiten diente später das obere Schloss). Dennoch wurde an Luxus nicht gespart: Jonas Drentwett schuf die großartigen Malereien im Groteskensaal, die elegante Marmorgalerie beherbergte wertvolle antike Statuen aus Herculaneum, die Zimmer waren mit Stuckdekorationen des berühmten Santino Bussi geschmückt und die Fresken des Schlafzimmers stammten von Marcantonio Chiarini und Martino Altomonte (nur das heute so berühmte Goldkabinett wurde erst *nach* Eugens Tod aus dessen Stadtpalais hierher überführt).

Am beeindruckendsten fiel der zentrale Marmorsaal aus, der als Empfangshalle diente und durch seinen reichen Figurenschmuck auf Eugens Rolle als siegreicher Feldherr hinweist: Über den beiden Kaminen sind jede Menge Kriegstrophäen zu erkennen sowie die obligaten Figuren gefesselter Türken. Auch das imposante Deckenfresko – ebenfalls ein Werk Altomontes – bezieht sich auf Eugen. Als halbnackter Jüngling ruht er, umgeben von geflügelten Siegesgenien, auf einer

Wolke und blickt zu Apoll, der in seinem Sonnenwagen den Himmel durchquert.

Ein Putto hält ein Spruchband in Händen, zu dem sich folgende Geschichte erzählen lässt: Die Bauzeit des Unteren Belvedere deckte sich weitgehend mit einer kurzen Phase des Friedens, der Spanische Erbfolgekrieg war vorbei und Eugen konnte sich voller Hingabe seinem neuen Bauprojekt widmen. Doch die Ruhe währte nicht lang. Obwohl Kaiser Karl VI. sich zierte, ließ er sich von Papst Clemens XI. durch eindringliches Zureden (und durch viel Geld) letztlich doch zu einem Eingreifen in jenen Krieg bewegen, den die Republik Venedig damals gegen die Türken zu führen hatte. Während sein Sommerschloss fertiggestellt wurde, musste Prinz Eugen abermals ins Feld einrücken.

Schon die erste Schlacht, in die er seine Truppen führte, brachte einen triumphalen Sieg: Am 5. August 1716 bezwang er die zahlenmäßig weit überlegenen Türken bei Peterwardein (dem serbischen Novi Sad). Die Beute, die die Österreicher machten, war gewaltig (im Heeresgeschichtlichen Museum ist etwa das prunkvolle Audienzzelt ausgestellt, das dem in der Schlacht gefallenen türkischen Großwesir Silahdar Ali Pascha gehört hatte). Ludwig Graf Khevenhüller wurde nach Wien gesandt, um dem Kaiser Meldung zu machen. Er ritt durch menschengesäumte Straßen, der Jubel wollte kein Ende nehmen. Khevenhüller musste, wie er sagte, »tausendmal in der Stunde die Schilderung der Schlacht wiederholen«.

Auch in Rom nahm man die Siegesmeldung voller Genugtuung und Freude auf. In Santa Maria Maggiore wurde ein Dankgottesdienst abgehalten, alle Glocken der Stadt erklangen und die Straßen waren festlich beleuchtet. Papst Clemens beschloss, den kaiserlichen Feldherrn Eugen durch ein besonderes Geschenk auszuzeichnen, eines, das seit dem Mittelalter an Fürsten und Heerführer vergeben wurde, die sich in besonderem Maße um die Verteidigung des christlichen Glaubens und der Kirche verdient gemacht hatten: *Stocco* und *Berrettone*, ein geweihtes Prunkschwert in rotsamtener Scheide und ein mit Perlen und Hermelin kostbar verzierter Hut. Anfang November wurden Eugen in einer feierlichen Zeremonie im Raaber Dom die ehrenvollen Geschenke überreicht. Kaiser Karl VI., der nur zu gut wusste, wie wenig Eugen von solch hochtrabenden Feierlichkeiten hielt, gratulierte ihm in heiterem Ton zum »schönen Capl«.

Martino Altomonte war zu jenem Zeitpunkt mit seinem Deckenfresko im Marmorsaal bereits so gut wie fertig, wollte es aber nicht unterlassen, auf die hohe Ehrung Bezug zu nehmen. Also fügte er noch schnell das erwähnte Spruchband in seine Bildkomposition ein: »**M**agne Gen**I** **C**ape **D**ona **LV**bens, **L**atio**V**e fa**V**eto. Virgil« (»Großer Genius, nimm die Geschenke willig an und sei Latium wohlgesinnt. Virgil«). Die hervorgehobenen lateinischen Großbuchstaben ergeben gleichzeitig ein Chronogramm: die Jahreszahl 1716.

Es sei übrigens darauf hingewiesen, dass Clemens XI. nicht immer ein so großzügiger Verehrer Prinz Eugens gewesen war. Wenige Jahre zuvor hatte dieser nämlich im Auftrag Kaiser Josefs I. das Herzogtum Parma besetzt, das der Papst für seinen Kirchenstaat beanspruchte (siehe Seite 26f.). Darüber hinaus dürfte die Verleihung des geweihten Degens und Huts nicht allein Ausdruck des Dankes gewesen sein, die *Türken* besiegt zu haben, sondern zugleich auch Ansporn und Mahnung, sämtliche *anderen* Feinde der römischen Kirche ebenso entschlossen zu bekämpfen – auch in Europa! Prinz Eugen war damals Generalgouverneur der Österreichischen Niederlande, wo – von Frankreich übergreifend – die Konflikte zwischen Jesuiten und der papstkritischen Reformbewegung der Jansenisten ihren Höhepunkt erreichten. Eugen, der zeit seines Lebens nie übertrieben fromm war und den streng dogmatischen Katholizismus der Habsburger keineswegs teilte, fiel es jedenfalls schwer, sich in dieser Situation auf die Seite des Papstes zu stellen, der die Jansenisten als »Ketzer« streng verurteilte. Er sprach sich vielmehr für den Dialog aus und kritisierte das harte Vorgehen der katholischen Bischöfe,

Das obere Schloss von der Südseite aus gesehen. Das Stiegenhaus war noch unverglast.

durch das der theologische Streit immer weiter aufgeschaukelt wurde. Auch die wertvollen Geschenke des Papstes konnten an seiner Haltung letztlich nichts ändern.

Während Prinz Eugen immer noch gegen die Türken kämpfte (und mit der Einnahme Belgrads 1717 einen weiteren überragenden Sieg feierte), begann Johann Lucas von Hildebrandt mit dem Bau des oberen Schlosses. Ursprünglich hätte es bloß eine Gloriette werden sollen, ein Blickfang auf der Anhöhe, von wo aus man die schöne Aussicht über die Stadt genießen konnte. Doch die Pläne wurden geändert und letztlich übertraf es das untere Schloss in seinen Ausmaßen bei Weitem. Geld spielte für den Bauherrn schließlich längst keine Rolle mehr, seine finanziellen Ressourcen waren mittlerweile schier unerschöpflich.

Als es 1723 fertig war, stellte es das bereits bestehende Schloss am Fuße des Hügels glatt in den Schatten. In den zeitgenössischen Beschrei-

Die prachtvolle Sala Terrena des Oberen Belvedere mit Blick ins Stiegenhaus

bungen Wiens wurde es in den höchsten Tönen gelobt, man rühmte die Qualität der künstlerischen Ausgestaltung und bewunderte die schöne Lage sowie die perfekte Harmonie, mit der es auf den umgebenden Park abgestimmt war. Einziger Wermutstropfen sei die Feuermauer, die das Gelände gegen das 1717 gegründete Salesianerinnenstift am Rennweg abschloss: »Es ist Schade, daß das ... Salesianer-Frauen-Closter diesen Garten dergestalt gleichsam commandiret, daß niemand darin herumgehen kann, ohne aus den Fenstern des Closters gesehen zu werden.« Der französische Philosoph Montesquieu dämpfte übrigens seine eigenen, wohlwollenden Worte gleich durch eine gewisse aufklärerische Nüchternheit ab, indem er 1728 schrieb: »Das Haus ist schön und hat sehr schöne Innenräume. Es gibt Stücke in diesen Räumen, so geschmückt und vollendet, dass es unmöglich ist, etwas Schöneres hinzuzufügen. Vielleicht sind ihrer zuviel. Dagegen ist die Stirnseite dieses Hauses von schlechtem Geschmack: voll von kleinen Dingen und Schnörkeln.«

Tatsächlich sind die Balustraden des Daches durchgehend mit Statuen und Kriegstrophäen versehen, so wie auch das Innere in beinahe jedem Detail auf Eugens Waffentaten anspielt: Fahnen, Kanonen, Lanzen, Helme und Pauken, wohin das Auge blickt. Dass der Bauherr auch im Deckenfresko des zentralen Marmorsaals von Carlo Carlone als Kriegsheld glorifiziert wurde, fügt sich ins Bild.

Das obere Schloss diente, wie erwähnt, offiziellen Treffen, diplomatischen Empfängen, Konferenzen, Besprechungen und Festen. Für die Wiener Bevölkerung gab es stets etwas zu Staunen, wenn sich hoher Besuch beim Prinzen angesagt hatte. Dem festlichen Zug etwa, mit dem der osmanische Sonderbotschafter im Juni 1731 von der Leopoldstadt über Rotenturmstraße und Kärntnertor zum Belvedere geleitet wurde, folgten Tausende Schaulustige, und er blieb noch lange Tagesgespräch.

Doch auch Eugens noble Besucher bekamen Dinge zu sehen, die sie faszinieren mussten. Es waren nicht so sehr der marmorne Prunk und die Kunstwerke, mit denen der Hausherr sie beeindrucken konnte, sondern die *lebendigen* Kostbarkeiten, die er in seinen Gärten sammelte.

Eugens Park, Gärten und Menagerie

Kurz nach Fertigstellung des unteren Schlosses hatte Eugen den französischen Gartenarchitekten Dominique Girard nach Wien geholt, der zuvor für den bayrischen Kurfürsten in Schloss Nymphenburg gearbeitet hatte. Girard war einer der besten seines Faches, immerhin hatte er beim berühmten Le Nôtre sein Handwerk gelernt, dem Schöpfer der Gartenanlagen von Versailles.

In enger Absprache mit seinem Auftraggeber schuf Girard das ausgeklügelte Konzept zu dem Park, der sich zwischen den beiden Belvedereschlössern erstreckt. Der reiche Figurenschmuck (von dem heute

Gesamtansicht der Doppelschlossanlage, ihrer Nebengebäude, der Orangerie und des Parks, rechts davon die Gärten des Palais Schwarzenberg (einst Mansfeld-Fondi)

nur noch ein Bruchteil erhalten ist) war ebenfalls bis ins Detail darauf abgestimmt. Der klassisch humanistisch gebildete Besucher von einst verstand all die Symbolik und die zahlreichen mythologischen Anspielungen, verstand das Programm, das letztlich nur einem Zweck diente: der Verherrlichung Prinz Eugens. Von der unteren, »irdischen« Ebene (verkörpert durch Hecken und Brunnen) geht es über breite Freitreppen empor ins Reich des »Olymp«, zum oberen Schloss, dem Sitz der

Musen. Der Weg war gesäumt von den Statuen antiker Gelehrter und Helden, Könige und Götter und führte an großartigen Kaskaden und Wasserspielen vorbei. Die wahren Schätze aber befanden sich abseits dieses großen Parks, nämlich in Eugens botanischen Sammlungen und in seiner Menagerie.

Neben dem Unteren Belvedere war der private »Kammergarten« angelegt, der einst viel aufwendiger gestaltet war als heute. Hölzerne Pavillons mit vergoldeten Dächern, Laubengänge und Wasserspiele befanden sich hier, zwei Glashäuser mit Bodenheizung und ein geräumiges Pomeranzenhaus (die heute noch bestehende Orangerie). Hier wuchsen die seltenen Pflanzen, die sich Eugen aus aller Welt schicken ließ, aus Persien, China, Amerika, Indien und dem Nahen Osten. Für die sensationshungrige Leserschaft berichteten die Zeitungen ausführlich, sobald wieder einmal »welsche Fruchtbäume« oder andere kostbare Gewächse aus dem Ausland eintrafen.

Dieser reiche botanische Garten umfasste Exemplare, die sonst fast nirgends in Europa zu finden waren, wie zum Beispiel eine Kokospalme, die großes Aufsehen bei Eugens Gästen erregte. Weiters waren hier riesige Kakteen zu finden, Ananaspflanzen, zwei Drachenbäume (die alleine die immense Summe von 7000 Gulden gekostet hatten) und Bananenstauden. Über die exotische Banane hieß es damals übrigens, sie habe »eine dicke gelbe Schale, ist saftig vom Geschmack, inwendig wie Pfersich, vor Europäer aber nicht dienlich, wenn nicht ein Schluck Brandtwein darauf genommen wird«. Außerdem habe sie eine »Substanz wie Schnee, ja in der mitten die gestalt eines Creutzes, wenn sie in Scheiblein geschnitten. Daher die Spanier es für grose Sünde halten, sie mit dem Messer zu zerschneiden, und sich sehr darüber ärgern, wenn sie es sehen.«

Dass all diese teuren Pflanzen besondere Pflege benötigten, versteht sich von selbst. 16 »Tagwercker« und zehn bis zwölf »Gärtners-Gesellen« versahen hier täglich ihre Arbeit und weil »der Prinz gar sehr auf

Die berühmte Apotheose Eugens als Sieger über die Türken. Die Marmorskulptur Balthasar Permosers steht weiterhin im Belvedere.

die Zierde und Reinlichkeit sahe, so säuberte er öffters selbst die dürren Blätter von den Hecken«. Doch noch mehr Aufmerksamkeit musste man den Tieren widmen, die in großer Zahl das Gelände des Belvederes bevölkerten.

Ein Ort, an dem Eugen sich besonders gerne aufhielt, war das »Paradiß-Gärtlein«, welches sich an den Kammergarten anschloss und »welches wohl mit Recht ein Begriff aller Garten-Lust mag genennt werden«. Darin befand sich ein Pavillon in chinesischem Stil, umgeben von asiatischen Pflanzen. Auch ein großes Becken war hier zu finden, an dem allerlei Wasservögel lebten sowie ein »grosses weitläufiges Vogel-Hauß, darinnen man durch das Gitter von Drath die tausend Vögel, welche der Prinz darinnen ordentlich unterhalten ließ, sehen und hören konnte. In diese Versammlung konnte aber kein Vogel gelangen, den nicht sein Gesang oder die schöne Farbe, oder auch die Fremde recommendirte.« Selbst im Inneren des Schlosses befanden sich Zimmervolieren, in denen Hunderte Papageien und Kolibris gehalten wurden.

Aus seiner Zeit als Statthalter der Österreichischen Niederlande hatte Eugen natürlich beste Kontakte zu den dortigen Schifffahrtsunternehmen, die aus Ostasien und von den indischen Küsten stets Nachschub an exotischen Vögeln liefern konnten und ihn darüber hinaus mit Porzellan und Elfenbeinschnitzereien versorgten. Auch war er als Präsident des Hofkriegsrates für den diplomatischen Verkehr mit dem Osmanischen Reich zuständig, was ihm – abseits der ständigen Kriege – ermöglichte, einen lebhaften Handel mit dem dortigen Sultan zu treiben. Dieser lieferte nämlich in großen Mengen orientalische Sing- und Ziervögel nach Österreich und erhielt im Gegenzug Kanarienvögel für seinen Serail! Die damals berühmtesten Züchter von Kanarienvögeln waren ausgerechnet Tiroler Bergknappen, die die kleinen Tiere als »Frühwarnsysteme« in die Stollen mitnahmen, wo sie bei zu geringem Sauerstoffanteil schnell leblos von der Stange ihrer Käfige fielen.

Einige der großen Raubvögel, die Eugen in seiner Menagerie hielt

Auch große Vögel wie Pfaue, Uhus, amerikanische Perlhühner, ja sogar afrikanische Strauße und ein Steinadler lebten auf dem Areal des Belvedere. Johann Lucas von Hildebrandt hatte östlich des oberen Schlosses eine Menagerie anlegen lassen, in dem sich mehrere, durch Mauern voneinander abgetrennte Gehege befanden. Neben heimischen Tieren wie Luchsen, Wölfen und Bären gab es Gazellen, Affen, afrikanische Schafe und einen Tiger, das Geschenk des Gesandten von Tunis. (Ein zweiter war während des Transports in der Nähe von Neapel aus seinem Käfig ausgebrochen, hatte fünf Menschen getötet, 25 verwundet und wurde von einem Bauern erschossen.) Am berühmtesten wurde freilich Eugens zahmer Löwe, von dem später gerne erzählt wurde, er habe in dessen Sterbeminute laut gebrüllt.

Diese Menagerie galt als eine der bedeutendsten ganz Europas, sie war viel größer und artenreicher als die kaiserliche, die sich damals noch bei Schloss Neugebäude befand (der Tiergarten von Schönbrunn wurde erst 1752 gegründet, siehe Seite 69).

Das weitere Schicksal des Belvedere

Als nach dem Tod des Prinzen Eugen im Jahr 1736 dessen Nichte Viktoria von Savoyen das immense Erbe übernahm, änderten sich die Verhältnisse grundlegend. In der österreichischen Geschichte genießt Viktoria seit jeher keinen guten Ruf, schon zu ihren Lebzeiten warf man ihr pietätloses Verhalten und schnöde Geldmacherei vor, »verständnislos« und »töricht« sei sie gewesen, und Eugens Biograf Arneth schrieb gar von einer »Habgier, die wahrhaft ekelerregend war«. Tatsächlich ging sie sofort daran, all die großartigen Kunstwerke, Gemälde, Statuen und die Bibliothek ihres Onkels, schließlich auch seine Schlösser möglichst teuer zu verkaufen.

Unverhohlen empört reagierten ihre Mitmenschen auf ihr Vorgehen. Am Tor von Eugens Stadtpalais, wo sie nun zeitweise wohnte, fand man eines Tages ein Schmähgedicht befestigt: »Est-il possible que du Prince Eugène la gloire/Soit ternie par une si vilaine Victoire?« (»Ist es möglich, dass der Ruhm des Prinzen Eugen/befleckt wird durch einen so hässlichen Sieg?«, wobei das französische Wortspiel auch als »hässliche (oder verkommene) Viktoria« gelesen werden kann.)

Es muss gar keine Ehrenrettung Viktorias unternommen werden, allerdings sei betont, dass sie mit dem plötzlichen Reichtum offensichtlich überfordert war. Immerhin stammte sie aus einer verarmten Familie, hatte nie gelernt, mit Geld umzugehen. Nie war sie verheiratet gewesen, viele Jahre verbrachte sie im Kloster. Als ihr Eugens Erbe in den Schoß fiel, war sie bereits über 50 und von einem Tag auf den anderen galt sie bei den Männern Europas als »glänzende Partie«. Es dauerte dementsprechend nicht lange, bis sie heiratete: Josef Friedrich Prinz von Sachsen-Hildburghausen war 20 Jahre jünger als sie und ein Mann, der weniger für seine Verdienste als Offizier als für seinen verschwenderischen Lebensstil bekannt war (die Ehe bestand bald nur noch auf dem Papier, Viktoria verließ Österreich und starb 1763 in Turin).

Auch Eugens Menagerie wurde von der Erbin aufgelöst. Manche der Tiere gelangten ins kaiserliche Schloss Neugebäude, andere hingegen erwartete ein weitaus traurigeres Schicksal. Sie wurden an das Wiener Hetztheater verkauft, wo sie zum Gaudium des Publikums »so dann fürs Geld gemartert wurden«, also von abgerichteten Hunden zerfleischt. Ein Großteil der kostbaren Pflanzen wurde vermutlich ebenfalls vom Kaiser übernommen, auch Eugens Nachbar Fürst Schwarzenberg kaufte sich einige besonders schöne Exemplare für seinen Garten.

Im Jahr 1752 erwarb Maria Theresia das gesamte Schlossareal Belvedere. Noch war allerdings nicht klar, was mit der Anlage geschehen sollte, denn mit Schönbrunn hatte die Kaiserin bereits eine prächtige Sommerresidenz, an der ihr Herz hing. Erst Mitte der 1770er-Jahre erhielt das obere Schloss eine neue Funktion, als die kaiserliche Gemäldesammlung aus der Stallburg (siehe Seite 20) hierher überführt wurde.

Vom Museum zur Militärkanzlei

Schon im Jahr 1781 wurde die Gemäldegalerie – wohlgemerkt als eine der ersten Europas – öffentlich zugänglich gemacht. In der josefinischen Zeit gehörte ein Besuch zum Pflichtprogramm des gebildeten, kunstbegeisterten Publikums. Der Schriftsteller Johann Pezzl gehörte zweifellos dazu, doch konnte er es sich nicht nehmen lassen, mit elitärem Naserümpfen über jene herzuziehen, die seiner Meinung nach so gar nicht hierher passten: »An den Montagen ist gewöhnlich ein gedrängvolles Getümmel. Eine Menge Bürgersleute von den unteren Klassen, Handwerksburschen, die den Blauen Montag machen, ja sogar geringe Dienstmädchen mit Kindern auf den Armen besuchen, um den Nachmittag angenehm zu verbringen, die Bildergalerie. Hierin wünschte ich nun wohl eine Abänderung. Die Kinder sind der Galerie gefährlich, sie betasten manchmal mit schmutzigen Fingern die vortrefflichsten Stücke.« Und weiter schrieb Pezzl: »Ich glaube, man könnte, ohne dem Publikum einen Zwang zu tun, Kindern und anderen ganz niedrigen Leuten den Eingang verwehren, weil ja eine solche Gemäldesammlung kein Marionettenspiel ist und man doch weiß, daß dergleichen Leute nichts Besseres aus der Ansicht derselben zu schöpfen wissen, als wenn sie aus Langweile den Guckkasten eines Savoyarden (Schaustellers, Anm.) ansähen.«

Doch auch Leute wie Pezzl konnten durch ihre Standesdünkel nicht verhindern, dass sich das Belvedere zu einem beliebten Ausflugsort der Wiener Bevölkerung entwickelte. Der Park stand jedermann für Spaziergänge offen, bald war es sogar erlaubt, im Winter auf dem Teich südlich des oberen Schlosses Schlittschuh zu laufen.

Auch das Untere Belvedere wurde im frühen 19. Jahrhundert als Museum eingerichtet, als die berühmte Ambraser Kunstsammlung vor Napoleons Truppen hierher in Sicherheit gebracht wurde. In den 1830er-Jahren wurden darüber hinaus Teile der kaiserlichen Antikensammlung hier aufgestellt, der Platz wurde also langsam knapp.

Eine grundlegende Änderung der Verhältnisse brachte das Jahr 1891. Endlich war das pompöse Gebäude des Kunsthistorischen Museums an der Ringstraße fertig und all die kaiserlichen Sammlungen fanden dort eine neue Bleibe.

Während im Unteren Belvedere kurz nach der Jahrhundertwende die »Moderne Galerie« mit bedeutenden Werken zeitgenössischer Künstler untergebracht wurde, hatte man das obere Schloss als offizielle Residenz des Thronfolgers adaptiert. Nach Einbau einer Zentralheizung, elektrischer Leitungen und moderner Sanitäranlagen zog Franz Ferdinand 1897 mit seiner Familie ein.

Es war jedoch nicht nur Privatwohnung, sondern auch Sitz der Militärkanzlei, deren Chef der Thronfolger war. Dessen Aufgabenbereich erstreckte sich auf die Organisation von Manövern und die Aufsicht über das Heer. Gemeinsam mit dem neuen Generalstabschef Franz Conrad von Hötzendorf engagierte er sich für die Reformierung der Truppen und die technische Modernisierung der Ausrüstung.

In das politische Geschehen hingegen war Franz Ferdinand offiziell nicht eingebunden, der Kaiser hielt seinen Neffen sogar bewusst von der Politik fern und verbat sich ausdrücklich jegliche Einmischung. Das Verhältnis zwischen den beiden war spannungsgeladen. Das lag einerseits an Franz Ferdinands morganatischer Ehe, die der Kaiser nur zähneknirschend akzeptiert hatte. Andererseits unterschied sich der

Das obere Schloss um 1900, als es schon längst der kaiserlichen Familie gehörte. Das Stiegenhaus ist inzwischen verglast.

Thronfolger Franz Ferdinand, dessen Wohnung und Militärkanzlei im Oberen Belvedere untergebracht waren

Thronfolger durch seine oft jähzornige, unbeherrschte Art von seinem Onkel, dem er vor allem zu große Nachgiebigkeit den Ungarn gegenüber vorwarf.

Umgeben von einem absolut loyalen Mitarbeiterstab baute Franz Ferdinand seine Militärkanzlei sukzessive zu einer – wie seine Biografin Hannig es nennt – »Ideenwerkstatt« aus, in der Pläne für die Zukunft der Monarchie erarbeitet wurden, Pläne also für die Zeit nach Kaiser Franz Josephs Tod. Immer mehr nahm sie den Charakter einer Schattenregierung an und immer größer wurde Franz Ferdinands Einfluss auf die Politik. Viele wandten sich mit ihren Anliegen bald nicht mehr an den alten Franz Joseph, sondern direkt an den Thronfolger, den – vermeintlich – künftigen Kaiser. Es war in Wien ein offenes Geheimnis, mit welcher Ungeduld Franz Ferdinand dem Thronwechsel entgegensah. Katharina Schratt soll sich – so berichtet zumindest

Bertha Zuckerkandl – einmal sehr darüber empört haben: »Glauben Sie, ... ich wüßte nicht, dass, so oft der Kaiser einen Schnupfen gehabt hat, die Herrschaften oben im Belvedere Bittmessen haben lesen lassen – dass er nicht gesund wird?«

Doch die Geschichte verlief schließlich anders: Franz Ferdinand fiel 1914 dem Attentat von Sarajevo zum Opfer, sein greiser Onkel Franz Joseph überlebte ihn um zwei Jahre.

Es entbehrt nicht einer gewissen Ironie, dass sich in unmittelbarer Nachbarschaft Franz Ferdinands, im Unteren Belvedere, die »Moderne Galerie« befand. Der Thronfolger war nämlich der wohl prominenteste und gefürchtetste Gegner der Moderne, auf deren Kunst er voller Abscheu herabsah.

Berüchtigt waren seine Auftritte bei Ausstellungseröffnungen, wie sich etwa Eduard Leisching, der Direktor des Museums für Kunst und Industrie (des heutigen MAK), erinnerte: Die moderne Kunst sei, so Franz Ferdinand, nichts als »eine Mache von Revolutionären, Freimaurern und Juden«, die auf eine »Zerstörung der Gesellschaftsordnung« abziele. Für die Architektur und Malerei des Jugendstils und für das heute so berühmte Kunstgewerbe der Wiener Werkstätte fand er bloß Worte wie »Schandbauten«, »Schweinerei« und »Scheußlichkeiten«. »Wäre er zur Regierung gekommen,« schrieb Leisching, »so hätten wir alle, Otto Wagner, (Alfred) Roller, (Josef) Hoffmann und viele andere, über die Klinge springen müssen.«

Die »Moderne Galerie« war auf Anregung der Secessionisten gegründet worden und machte es sich von Anfang an zur Aufgabe, zeitgenössische Malerei zu erwerben (das heute berühmteste Gemälde, das angekauft wurde, ist Klimts *Kuss* von 1908).

Zur Zeit der Republik kam es zu einer Neuaufstellung. Während im Unteren Belvedere das Barockmuseum eingerichtet wurde, zog die »Moderne« in die Orangerie. Das obere Schloss wurde zur »Galerie des 19. Jahrhunderts«. Auch nach den Umstrukturierungen der letzten Jahre gehört das Belvedere mit seinen großartigen Beständen zu den bedeutendsten und schönsten Museen Wiens.

Der Tod Anton Bruckners

Eine Gedenktafel am sogenannten Kustodenstöckl südöstlich des Oberen Belvederes erinnert an Anton Bruckner. Hier, im Gebäude, in dem einst Prinz Eugens Aufseher der Menagerie untergebracht waren, verlebte der Komponist seine letzten Lebensmonate.

Spätestens seit 1890 hatte Bruckner unter seiner schwindenden Gesundheit zu leiden: Das Herz wurde schwächer, der Magen machte Probleme, die Füße waren angeschwollen und neben Leberschäden und Diabetes stellte sich oftmalige Nervosität ein. Auf Anraten seines Arztes mussten 1894 sogar die Feierlichkeiten zu seinem 70. Geburtstag in Linz abgesagt werden.

Da er bald keine Stiegen mehr steigen konnte, musste er seine Wiener Innenstadtwohnung in der Heßgasse aufgeben. Sein Sekretär Anton Meißner machte sich auf die Suche nach einem bequemen, ebenerdigen Quartier in guter Lage und wurde beim Belvedere fündig. Erzherzogin Marie Valerie setzte sich bei ihrem Großvater, Kaiser Franz Joseph, für den berühmten Bruckner ein, worauf dieser ehrenhalber (also gratis) eine Neun-Zimmer-Wohnung im Kustodenstöckl erhielt.

Im Sommer 1895 konnte der Musiker einziehen, gut betreut durch Ärzte und Personal. Seine morgendlichen Spaziergänge durch den Schlosspark wurden jedoch immer kürzer, letztlich musste er mit dem Rollstuhl hinausgefahren werden. Er war mittlerweile stark abgemagert und wurde immer schwächer. Sein Leben glich nur noch einem »Hindämmern«, wie es in einem Nachruf der *Neuen Freien Presse*

Anton Bruckner an der Orgel. Der Komponist starb 1896 im Kustodenstöckl neben dem oberen Schloss.

hieß. Seine tiefe Frömmigkeit half ihm jedoch, den Verfall seines Körpers zu akzeptieren. Immer öfter verschloss er sich ins Gebet, ließ währenddessen seine Besucher unbeachtet stehen.

Überhaupt wurde er verwirrt und eigensinnig, schien die Welt um sich herum nicht mehr recht zu verstehen. Als man ihm an einem regnerischen und kühlen Julitag 1896 nahelegte, auf den Besuch des Gottesdienstes zu verzichten, glaubte er, man wolle ihn bevormunden und einsperren. Er drängte seinen Arzt, ihm ein Dokument auszustellen, das ihm seine Freiheit garantierte. Dr. Heller schrieb zu seiner Beruhigung nun: »Nachdem Herr Prof. Dr. Anton Bruckner sich bis in sein hohes Alter um die Kunst hochverdient gemacht hat, soll er immer seine volle Freiheit (sobald er genesen ist) haben und überhaupt sein ganzes Leben voll und voll genießen.«

Am Nachmittag des 11. Oktober 1896 starb Bruckner »schmerzlos bei ziemlich betrübtem Bewußtsein«, wie die Zeitungen berichteten. Im ansonsten freundlichen Nachruf der *Neuen Freien Presse* fehlte allerdings auch nicht der Hinweis auf die heftigen Kämpfe, in deren Zentrum er – als Epigone Richard Wagners – gestanden hatte. Als Orgelvirtuose war er zwar unbestritten, auch seine Verdienste als Professor am Konservatorium rechnete man ihm hoch an, aber: »Ein abschließendes Urtheil über Anton Bruckner als Componisten läßt sich in gegenwärtigem Augenblicke nicht leicht fällen.« Weiter hieß es: »Speciell seinen Symphonien wird ein Hang zum Maßlosen und Verworrenen vorgeworfen, welcher ... einen vollkommenen künstlerischen Genuß nur selten aufkommen läßt.« Der gefürchtete Musikkritiker Eduard Hanslick, der lange für die *Neue Freie Presse* schrieb, hatte nur wenige Jahre zuvor, anlässlich der Uraufführung von Bruckners 8. Symphonie, deutlichere Worte gefunden: »Es ist nicht unmöglich, daß diesem traumverwirrten Katzenjammerstil die Zukunft gehört – eine Zukunft, die wir nicht darum beneiden.«

Die Einsegnung Bruckners fand in der nahe gelegenen Karlskirche statt, bevor man den Sarg ins oberösterreichische Stift St. Florian brachte, wo Bruckner direkt unter dem Hochaltar in der Gruft bestattet wurde.

»Des Glanzes der Familie würdig«
Palais Daun-Kinsky, Freyung 4

Johann Lucas von Hildebrandt war ein genialer Baumeister, das wissen wir heute, das wussten seine Zeitgenossen – und das wusste er selbst. Im Oktober 1742, drei Jahre vor seinem Tod, schrieb er selbstbewusst: »Was ich alles dann gebaut habe, last sich gottlob sehen. Es ist auch keiner da und wirdt auch keiner kommen, der so viell kostbahre und unzählbare Gebäu geführt als ich, absonderlich in Wien, und überahl den modum alla Romana zu bauen mitgebracht, wo vorhin die Kunst sehr schlecht war.«

Hildebrandts Werke zählen zu den bedeutendsten des mitteleuropäischen Barock, und das Palais Daun-Kinsky gilt vielen als ein Höhepunkt seines Schaffens in Wien. Ein »wahres Zauberreich architektonischer Schönheit«, nannte es Hertha Wohlrab in ihrem Buch über die Freyung, und der Kunsthistoriker Bruno Grimschitz schrieb angesichts der Palaisfassade geradezu schwärmerisch, sie sei »durch das schwerelose Verweben aller Kraftrichtungen das vollkommenste Beispiel für die Verwandlung der Mauer in ein optisch bewegtes Relief«.

Hildebrandts Auftraggeber war Reichsgraf Wirich Philipp Lorenz von Daun, der Spross einer uralten rheinländischen Familie. Sein Vater war nach dem Dreißigjährigen Krieg in kaiserliche Dienste getreten und hatte als Offizier große Karriere gemacht. Wirich und seine beiden Brüder taten es ihm gleich, alle brachten es in Österreich bis zum Feldmarschallsrang.

Aus dem Spanischen Erbfolgekrieg kehrte er als gefeierter Held zurück. Gemeinsam mit Prinz Eugen hatte er auf den Schlachtfeldern Oberitaliens gegen die Franzosen gekämpft und große militärische

Erfolge bei der Eroberung des Königreiches Neapel errungen. Auf seinem Grabmal in der Augustinerkirche sind all die Titel und Würden, die Ehrenämter und Auszeichnungen aufgelistet, die ihm für seine Verdienste um Habsburgs Interessen verliehen wurden: Stadtkommandant von Wien, Fürst von Thiano, Träger des Ordens vom Goldenen Vlies, Gouverneur von Mailand, Statthalter der Österreichischen Niederlande und vieles mehr.

Nach all den Schlachten wollte Graf Daun sich aber gegen Ende des Krieges dauerhaft in Wien niederlassen, immerhin war er längst (mit einer geborenen Gräfin Herberstein) verheiratet und hatte zwei halbwüchsige Söhne.

Er kaufte 1713 zwei Häuser zwischen Freyung und Rosengasse und ließ sie abreißen. Hildebrandt errichtete ihm auf diesem schmalen und langen Grundstück nun ein Palais, das »des Glanzes der Familie würdig« sein sollte, wie Albert Ilg schrieb.

Drei Jahre lang wurde daran gearbeitet, und Daun ließ sich sein nobles neues Heim eine Menge Geld kosten. Neben Hildebrandt wirkten einige der berühmtesten Künstler ihrer Zeit am Bau mit. Der junge Carlo Carlone etwa, der später noch herrliche Arbeiten für Prinz Eugen im Belvedere und in Schloss Hof gestalten sollte, schuf mit Marcantonio Chiarini die Fresken. Auf jenem im Festsaal finden wir Wirich als Herkules inmitten der antiken Götterschar und im Prunkstiegenhaus das Motiv der »Aufnahme des verklärten Kriegshelden in die Unsterblichkeit«. Selbst Chronos, der Gott der Zeit, muss hier akzeptieren, dass der Kriegsruhm des Grafen Daun *zeitlos* ist – zwei Putti nehmen dem finster Dreinschauenden einfach die Sense weg, mit der er sonst den Lebensfaden alles Sterblichen durchtrennen kann.

Dauns Erfolge im Spanischen Erbfolgekrieg waren allerdings auch dafür verantwortlich, dass er sich nicht sehr lange an seinem neuen Palais erfreuen konnte. Zwar ging Spanien für Habsburg verloren, doch einige bislang spanische Territorien wurden im Frieden von Rastatt

Das Palais Daun, eine der bedeutendsten Arbeiten Johann Lucas von Hildebrandts in Wien. Links der im Zweiten Weltkrieg zerstörte Gartenpavillon des Palais Harrach, ebenfalls ein Werk Hildebrandts

Österreich zugesprochen – und Kaiser Karl VI. brauchte fähige und loyale Männer, die sie für ihn verwalteten. Während an der Freyung also noch gebaut wurde, musste sich Graf Daun auf den Weg zu seinem neuen Arbeitsplatz machen. Die kommenden sechs Jahre verbrachte er als Vizekönig des Königreiches Neapel-Sardinien (dem späteren Neapel-Sizilien), wohin er auch seine Frau und seine Söhne nachkommen ließ.

Johann Lucas von Hildebrandt – »wahrhafftih ein wunderliher Man, mit welhen nit all zu leiht auszukommen«

Die Tatsache, dass Wirich Graf Daun schon in Neapel war, als sein Wiener Palais erbaut wurde, könnte ihn vor einigen Ärgernissen bewahrt haben. Hildebrandt war nämlich ein Architekt, mit dem nicht immer einfach auszukommen war und der sich mitunter große Freiheiten herausnahm. Manche seiner Bauherren kamen mit seinem Eigensinn, seiner Reizbarkeit und seiner Selbstherrlichkeit nur schwer zurecht. Mehr als einmal wurde das Arbeitsverhältnis mit ihm im Streit gelöst. Nicolaus Loyson, Jesuitenpater und gleichzeitig Bauinspektor im Dienst der Grafen Schönborn, schrieb: »Vir hic mihi valde difficilis videtur.« (»Dieser Mann scheint mir sehr schwierig zu sein.«)

Es ist anzunehmen, dass Graf Daun Hildebrandt von Prinz Eugen, seinem alten Kriegskameraden, empfohlen bekam. Hildebrandt war 1713, als mit dem Palais auf der Freyung begonnen wurde, 45 Jahre alt. Er trug den Titel eines »Kayserlichen Hoff-Ingenieurs«, war verheiratet und mehrfacher Vater. Er hatte Erfolg und große Erfahrung und verfügte über hervorragende Kontakte zu den wichtigsten Adelsfamilien seiner Zeit, die ihm einen Auftrag nach dem anderen übertrugen. Bis heute ist nicht zweifellos geklärt, an wie vielen Wiener Palais er mitgewirkt hat, da die entsprechenden Quellen fehlen.

Unbestritten jedenfalls ist, dass er fast ständig gearbeitet haben muss – und zwar oft an gleich mehreren großen Projekten gleichzeitig. Er schien einfach *jeden* Auftrag anzunehmen, was umso bemerkenswerter ist, da die Orte, an denen seine Bauten ausgeführt wurden, oft sehr weit auseinanderlagen (für die Planung des Daun-Palais musste er etwa seine Arbeit für den Bamberger Fürstbischof Schönborn an Schloss Pommersfelden unterbrechen).

Häufige Arbeitsreisen von einer Baustelle zur nächsten waren daher unvermeidlich, und wegen der langsamen Verkehrsmittel jener Zeit konnte es vorkommen, dass er wochen- und monatelang fortblieb.

Ohne ihn aber standen die Arbeiten still, zumal er nicht nur als planender Architekt tätig war, sondern auch für die Koordination der Maler, Bildhauer, Stuckateure, Tischler, Schlosser, Steinmetze, Zimmerleute und Tapezierer zuständig war. Auch Brunnengrabungen und das Verlegen von Wasserleitungen fielen in seinen Aufgabenbereich, und selbst für Details der Innenausstattung (wie Spiegel, Bilderrahmen und Kamine) wurde er von seinen Bauherren herangezogen. Es ist daher nur zu verständlich, dass deren Unmut wuchs, immerhin bezahlten sie Hildebrandt hervorragend und erhoben den Anspruch, dass er ihnen – und *nur* ihnen – zur Verfügung stand.

Besonders gut ist der Ärger dokumentiert, den Johann Josef Graf Harrach mit Hildebrandt hatte. Sein Wohlwollen und seine Geduld wurden durch dessen Arbeitsauffassung auf eine harte Probe gestellt.

Hildebrandt plante für die Harrachs unter anderem deren Sommerpalais in der Ungargasse (von dem heute nur noch die Januariuskapelle übrig ist).

Johann Josef Graf Harrach kontrollierte die Bauarbeiten und somit auch Hildebrandt. Zumindest versuchte er es. Ihm, dem Feldmarschall, der selbst von sich sagte, dass er von der Baukunst nicht viel verstehe, kam es in erster Linie auf Sparsamkeit und Zweckmäßigkeit an. Dafür, dass Hildebrandt so häufig wegfuhr, um an anderen Projekten zu arbeiten, zeigte er keinerlei Verständnis. Erbost schrieb er: »Wan der vertamte Jean Luca nur niht alleweil auf dem Landt herumblauffete, sondern merers zu Wienn ware …« und wenig später: »Der verfluhte Kerl zürnet mih oft, das ihme möhte in die Ohren beissen.« Immer, wenn man ihn am dringendsten benötige, sei Hildebrandt mit etwas anderem beschäftigt.

Harrach sah sich darüber hinaus mit einem Architekten konfrontiert, der recht großzügig mit dem Geld seiner Auftraggeber umging. Wenn man nämlich nicht aufpasste, konnte es vorkommen, dass Hildebrandt nicht das baute, was man von ihm verlangte, sondern was er selbst wollte.

Eigenmächtig änderte er während der Bauarbeiten die Pläne, um nicht von seinem Konkurrenten Joseph Emanuel Fischer von Erlach überflügelt zu werden, der damals in unmittelbarer Nachbarschaft ebenfalls ein Sommerpalais (für Graf Althann) errichtete. Von Harrach zur Rede gestellt, flehte Hildebrandt diesen an, bloß nicht beim Bau zu sparen: »Es kan niht sein, es kan niht sein, mein Ehr und Reputation liget daran.«

Und wenn es einmal zu offensichtlichen Baumängeln kam (wie beim Harrach-Schloss in Bruck an der Leitha), schob er alle Schuld auf andere, nämlich die vermeintlich schlechten Zimmerleute und Maurer und auf den (wie er behauptete) stets betrunkenen Polier. Er habe dabei »geweinet wie ein Kindt, sich den Tod gewuntschen und alleweil gesaget, der Fäller seye niht an ime«.

Leopold Graf Daun – Maria Theresias Feldherr und Freund

Wirich Graf Daun kehrte 1719 mit seiner Familie nach Wien zurück und konnte das fertiggestellte Palais beziehen, wenngleich auch nur für kurze Zeit, wurde er doch 1724 zunächst zum Statthalter der Österreichischen Niederlande ernannt und schließlich zum Gouverneur von Mailand. Erst seine letzten Lebensjahre verbrachte er wieder in Wien. 1741 starb er in seinem Palais.

Damals herrschte erneut Krieg, jener, der nach dem Tod Kaiser Karls um die österreichische Erbfolge ausgebrochen war. Und wieder sollte es ein Graf Daun sein, der sich darin in die erste Reihe der österreichischen Feldherren kämpfte: Wirichs Sohn Leopold.

Er war zweifellos der berühmteste Besitzer und Bewohner des Palais, viel berühmter noch als sein Vater. So, wie etwa der Name des Prinzen Eugen untrennbar mit der Einnahme Belgrads oder der Schlacht bei Zenta verbunden wird, oder jener Erzherzog Carls mit der Schlacht von Aspern, so heißt es in Zusammenhang mit Leopold Daun stets: der Sieger von Kolin.

Der Heeresreformer Leopold Graf Daun, Maria Theresias Freund und wichtigster Feldherr

Tatsächlich war dieser Erfolg gegen die Preußen im Siebenjährigen Krieg eine seiner Sternstunden, doch fand Dauns eigentliche Leistung schon lange *vor* Ausbruch des Krieges statt. Es war seine gründliche Reformierung der österreichischen Armee, die einen Sieg wie jenen bei Kolin überhaupt erst möglich machte.

Daun war Soldat durch und durch. Schon im Alter von 13, als sein Vater noch Vizekönig von Neapel war, trat er in die Armee ein, wo er – nicht unüblich für einen Spross aus hochadeliger Familie – rasch avancierte. Seine ersten Sporen verdiente er sich im Krieg gegen die Türken, später, während des Österreichischen Erbfolgekrieges (1740-48), wurde er zum unverzichtbaren Feldherrn Maria Theresias.

Damals befand sich das österreichische Heer in einem denkbar schlechten Zustand. Die Ausrüstung war mangelhaft, es herrschte Durcheinander in den Befehlsebenen, einheitliche Regularien existierten nicht oder wurden nicht eingehalten. Angesichts dieser Missstände war der Erbfolgekrieg gerade noch einmal glimpflich für die junge Habsburgerin ausgegangen.

Daun hatte aber zu jener Zeit für sein eigenes Regiment (das er als Angehöriger des Hochadels als »Regimentsinhaber« leitete) weitreichende Neuerungen eingeführt. Sie wurden zur Vorlage für ein tiefgreifendes, umfassendes neues Regelwerk des österreichischen Heerwesens. In den Jahren nach dem Österreichischen Erbfolgekrieg ließ Maria Theresia sie umsetzen. In der Kaiserin hatte Daun eine leidenschaftliche Unterstützerin, wusste sie doch, dass ihr Schicksal und das ihrer ererbten Länder auf der Stärke ihrer Armee beruhten.

Zunächst ging es darum, die Disziplin und die Kampfstärke zu verbessern. Ab nun hieß es daher für die Mannschaften, täglich zu exerzieren und alle nötigen Handgriffe im Umgang mit Waffen und Ausrüstung immer und immer wieder zu üben. Auch die Offiziere, wohlgemerkt bis hinauf zu den Generälen, wurden in die Verantwortung genommen. Sie sollten, so hieß es in den neuen Verordnungen, mehr Diensteifer zeigen und weniger Standesdünkel und Selbstgefälligkeit an den Tag legen. Weiters wurden sie ermahnt, einen christlichen, »auferbaulichen Lebenswandel« zu pflegen, um ihren Soldaten ein gutes Beispiel zu geben.

Überhaupt mussten sich Offiziere ab jetzt mehr um ihre Mannschaften kümmern und sich regelmäßig in deren Unterkünften blicken lassen, um nach dem Rechten zu sehen. Explizit wurde angeordnet, dass dabei nicht nur kontrolliert und kritisiert werden solle, sondern auch gelobt! Untergebenen müsse stets »mit aller Höflichkeit und guter Art begegnet werden«, und falls ein Offizier einen Verweis auszusprechen habe, so möge er »äusserst sich in Acht« nehmen, »daß er keinen Mann mit Du oder anderen Spitznahmen, vielweniger mit schimpflichen Reden begegne oder wider die Art anschreye, widrigens sich ein solcher selbsten Verantwortung zuziehete«. Leibesstrafen wie Fußtritte, Stockhiebe, Ohrfeigen – das alles stand damals auf der Tagesordnung – wurden rigide eingeschränkt, und wenn ein Soldat sich eines schweren Vergehens schuldig machte, so musste er vor ein offizielles Kriegsgericht gestellt und nicht mehr automatisch dem gefürchteten Spießrutenlauf ausgesetzt werden.

Dies sind nur wenige Beispiele für die zahlreichen Neuerungen, die eingeführt wurden. Darüber hinaus legte Daun größten Wert auf eine bessere Ausbildung der Offiziere. So wurde die Gründung der Militärakademie in Wiener Neustadt eines seiner wichtigsten Projekte. 1752 konnte sie eröffnet werden, Daun wurde ihr erster Direktor.

Seit Jahren schon zählte er damals zum engsten Vertrautenkreis rund um Maria Theresia, die in ihm immer mehr einen unverzichtbaren Mitarbeiter erkannte. Auch persönlich verstanden sich die beiden hervorragend. Zur Sympathie, die die Kaiserin ihm entgegenbrachte, trug wohl auch bei, dass Daun mit einer Tochter ihrer geliebten Erzieherin, der »Aya« Gräfin Fuchs-Mollard, verheiratet war.

Daun verehrte seine Kaiserin geradezu. Es machten böswillige Gerüchte die Runde, er sei ihr Liebhaber, was freilich an den Haaren herbeigezogen war. Kaiser Josef II. äußerte sich darüber viele Jahre später gegenüber seiner Schwester Maria Caroline: »Die Kaiserin kannte dieses Geschwätz, aber sie verachtete es, regte sich darüber gar nicht auf ...« Aber es entwickelte sich eine Freundschaft, in der es zumindest Raum gab für »jenen zarten Duft der Huldigung an die Herrscherin, den diese sich auch gefallen ließ«, wie Dauns Biograf Franz-Lorenz von Thadden schrieb.

Die Zeit des Friedens war kurz. 1756 brach erneut Krieg aus, der Siebenjährige, in dem unter anderem England und Preußen den Franzosen, Russen und Österreichern gegenüberstanden (siehe Seite 51). Für Letztere ging es um die Wiedergewinnung Schlesiens. Es sollte sich nun zeigen, ob Dauns Reformen Früchte trugen.

Es begann keineswegs vielversprechend, denn die preußischen Truppen drangen rasch – quer durch das mit Österreich verbündete Sachsen – in Böhmen ein und belagerten Prag. Sie galten nach mehreren gewonnenen Schlachten als geradezu unbesiegbar. Staatskanzler Kaunitz schrieb besorgt: »Das Übel ist wirklich sehr groß. Der König von Preußen hat seine Absicht darauf gerichtet, uns gänzlich über den Haufen zu werfen und bis Wien vorzudringen.« Die österreichischen Hoffnungen ruhten nun auf Daun, der inzwischen zum Feldmarschall ernannt worden war. Er sollte nach Prag vorrücken und die Stadt befreien. Maria Theresia schrieb ihm in eingeschränkter Siegesgewissheit: »Ich verpfände Euch Mein Kaiserlich und Königliches Wort, daß (ich) bei einem glücklichen Ausschlag Euere große Verdienste mit allem Dank und Gnaden ansehen, hingegen einen unglücklichen Erfolg Euch nimmermehr zur Last legen werde.«

60 Kilometer östlich von Prag kam es am 18. Juni 1757 beim Städtchen Kolin zur Schlacht. Endlich wurden die Preußen geschlagen. Dauns Sieg nötigte selbst den Feinden Respekt ab, wie in einem preußischen Bericht zu lesen ist: »In der Art, wie der Feldmarschall das Ganze übersieht, wie er mit Ruhe und zäher Energie ... die Blößen ausnutzt, die sein Gegner bietet, zeigt er sich als ›großer General‹. Seine Unterführer unterstützen ihn dabei vortrefflich. (...) Die Truppen zeigen Freudigkeit und Eifer, wie sie nur die Folge entschlossener und

sicherer Gefechtsübung zu sein pflegen.« Die Preußen waren gezwungen, Böhmen zu räumen.

Maria Theresia empfand »innigliches Vergnügen« und versicherte Daun, ihm »jederzeit mit gnädigem Wohlwollen zugethan« zu sein. Kurze Zeit später folgte ein weiterer, noch herzlicherer Brief: »gott erhalte ihme mir noch lange Jahr zum nutzen des Staats des militaire und meiner person als meinen besten wahresten gutten Freund, ich bin gewiß so lang als ich lebe seine gnädigste Frau Maria Theresia.«

Es folgten weitere Siege, aber auch schwere Niederlagen. Letztere bestärkten Dauns Kritiker darin, in ihm einen zu bedachtsamen Zauderer zu sehen, dem die Fähigkeit fehle, im richtigen Moment den entscheidenden Schritt zu wagen. In Wien wurde offen über ihn gespottet, Karikaturen gerieten in Umlauf, die ihn schlafend zeigten, mit einem Schwert in der Hand, auf dem geschrieben stand: »Du sollst nicht töten!« Seiner Ehefrau soll einmal sogar eine Schlafmütze in die Kutsche geworfen worden sein.

Dazu kam die Rivalität zum sehr populären, draufgängerischen Gideon Ernst von Laudon, der sich nach der verlorenen Schlacht bei Liegnitz von Daun (und vor allem von Franz Moritz Graf Lacy) im Stich gelassen fühlte. Der Feldmarschall reagierte empfindlich auf die Kritik und wollte schon um seine Entlassung ansuchen, doch Maria Theresia konnte ihn durch »allermildeste und trostreiche« Worte umstimmen.

Bis 1763 dauerte der Krieg, er hatte rund einer halben Million Menschen das Leben gekostet. Erschöpft einigten sich Österreich und Preußen auf die Wiederherstellung des status quo ante bellum.

Im letzten Kriegsjahr starb Dauns Ehefrau, er selbst begann kurze Zeit später zu kränkeln. Die Kaiserin schrieb, sie sei »sehr in Unruhe für den Marschall Daun, der an einer Art von Entzündung des Blutes leidet«. Sein Tod wäre »einer der größten Verluste, denn ihm allein danke ich mein Heer und die Ehre meiner Waffen«.

Anfang Februar 1766 starb Leopold Graf Daun im Alter von 61 Jahren in seiner Dienstwohnung in der Seilerstätte (siehe Seite 172). In der Augustinerkirche wurde er neben seinem Vater bestattet. Maria Theresia war tief getroffen. Nach dem Tod ihres Ehemanns im Vorjahr hatte sie nun binnen weniger Monate zwei weitere wichtige Menschen in ihrem Leben verloren: Friedrich Wilhelm Graf Haugwitz, den Schöpfer der Verwaltungsreform, und nun ihren Freund und Feldherrn: »Gott hat mir die beiden Personen genommen, welche mit Recht mein ganzes Vertrauen besaßen«, schrieb sie, »diese Hilfe fehlt mir nun auch.«

Vom Palais Daun zum Palais Kinsky

Leopold Daun hatte das Palais an der Freyung wenige Jahre nach dem Tod seines Vaters an einen Grafen Khevenhüller verkauft, von dem es 1764 an den damaligen Reichshofratspräsidenten Ferdinand Bonaventura Graf Harrach weiterverkauft wurde.

Durch eine Heirat gelangte das Palais schließlich in den Besitz einer weiteren bedeutenden böhmischen Adelsfamilie: Über dem Portal brachte man nun das markante Wappen der Kinskys an, jenes mit den drei Wolfszähnen. Die schöne Tochter Harrachs, Rosa, vermählte sich 1777 mit Joseph Graf Kinsky von Wchinitz und Tettau (den Fürstentitel trug er erst nach dem Tod seines Vaters). Ihr ererbtes Palais war ab nun – neben den vielen anderen Schlössern und dem berühmten Stadtpalais der Familie am Altstädter Ring in Prag – der Lebensmittelpunkt der Kinskys in der Haupt- und Residenzstadt. Über 200 Jahre sollte es in Familienbesitz bleiben.

Rosa Kinsky galt als eine der geistreichsten und umschwärmtesten Frauen Wiens. Die Gesellschaftsabende, die sie gab, waren berühmt, umso mehr, da sich nicht nur zahlreiche bedeutende Staatsmänner,

Künstler und Literaten in ihrem Palais zusammenfanden, sondern regelmäßig auch Kaiser Josef II.

Nach dem Tod seiner ungeliebten zweiten Gattin Maria Josefa war er unverheiratet geblieben. Er umgab sich während der ersten Zeit mit allerlei Frauen zweifelhaften Rufs; so berichtet sein Bruder Leopold (der spätere Kaiser) etwa, dass »vor seiner Türe jeden Tag die schmutzigsten Dirnen und Kuppler gesehen werden, da es ihn sehr zu dieser Art von niedrigen und schmutzigen Frauen hindrängt, die er sehr gut zahlt«. Und an anderer Stelle schrieb er über Josef, er »schnüffelt in alle Zimmer …, um Frauen, Weiber und Dienerinnen zu suchen, zu denen es ihn sehr hinzieht«.

Im letzten Abschnitt seines Lebens aber bemühte sich Josef, seine Sexualität ganz zu unterdrücken, und suchte nur die Gesellschaft von Damen »von Stand«. Neben Rosa Kinsky gehörten Gräfin Kaunitz, Fürstin Clary sowie die beiden Fürstinnen Liechtenstein dazu, die er fast jeden Abend abwechselnd besuchte. Im 19. Jahrhundert schrieb Wilhelm Kisch in blumigen Worten, dass man sich »bei der schönen Kinsky immer auf das Angenehmste« über Oper und Theater unterhielt: »Nirgends herrschte in der ganzen Stadt ein so ungezwungener und heiterer Ton, wie damals bei ihr, dem Liebling der hohen Gesellschaft«, wo man »frei und ungezwungen scherzte und lachte«. Kaiser Josef zählte, so Kisch weiter, »die Abende, die er hier zubrachte, … zu seinen angenehmsten«.

Bei Josefs Bruder Leopold, der über Informationen aus erster Hand verfügte, klang es weit weniger harmonisch. Er sprach wenig respektvoll von »allen diesen Frauen«, bei denen der Kaiser »alle Abende verbringt, wobei er immer redet und predigt, und wo man immer von den Staatsgeschäften spricht und alle diese Frauen, die sich dann dessen im Lande sehr rühmen, sprechen dort von allen Geschäften, schelten ihn aus und er hört das mit großer Geduld an, da er sehr verliebt ist in die Carlo Liechtenstein (Eleonore, die mit Fürst Karl verheiratet war,

Anm.) die das auch in ihn ist, aber sie hält ihn kurz und rühmt sich dessen, da sie eine sehr eitle und ehrgeizige Frau ist, sie rühmt sich öffentlich und auch ihr Mann, der deshalb äußerst unverschämt wird und der Kaiser schreibt ihnen immer und sendet ihnen Botschaften und sie tragen es zur Schau ...«

Kaiser Josef II. (rechts) und sein jüngerer Bruder und Nachfolger Leopold, Gemälde von Pompeo Batoni, 1769

Und auch Kaiser Josef, der offenbar unter seinem gestörten Verhältnis zu Frauen litt, war keineswegs immer angetan von jenen Abenden – obwohl er weiterhin dort erschien und die Nähe der fünf hohen Damen suchte. Frustriert schrieb er: »Die Gesellschaft von Frauen ist für einen vernünftigen Mann auf die Dauer unerträglich. Ich muss sagen, das heiterste oder geistreichste Gespräch ekelt mich an …«, und an anderer Stelle: »Höhepunkt des Unheils wäre, sich an Frauen zu hängen.«

Rosas Sohn Ferdinand war 1781 der erste Kinsky, der im Wiener Palais zur Welt kam, er übernahm nach dem Tod des Vaters den Fürstentitel und wurde so wie unzählige seiner männlichen Familienmitglieder Offizier. Darüber hinaus war er ein musikbegeisterter Mann, der vor allem einen Komponisten über alles schätzte: Beethoven.

Damit war er freilich nicht allein. Auf dem Höhepunkt seiner Macht hatte Kaiser Napoleon seinen jüngsten Bruder Jérôme als Herrscher des neu geschaffenen Königreiches Westfalen eingesetzt. Dieser, in Deutschland als »König Lustig« bekannt, war ebenfalls ein großer Musikfreund und machte Ludwig van Beethoven 1807 ein glänzendes Angebot: Für 600 Golddukaten jährlich sollte dieser an seinem Hof in Kassel Kapellmeister werden.

Beethoven befand sich damals in einer schwierigen Lage. Sein bisheriger Mäzen, Fürst Lichnowsky, hatte nach einem Zerwürfnis die regelmäßigen Zahlungen eingestellt, die ihm – neben den beträchtlichen Einnahmen aus Konzerten – ein finanziell unabhängiges Leben gesichert hatten. Der Musiker wollte Wien zwar nicht gerne verlassen, sorgte sich aber verständlicherweise um seine Altersvorsorge. Mithilfe seiner engen Freundin, der Gräfin Erdődy, ließ er publik machen, dass er plane, das großzügige Angebot Jérômes anzunehmen.

Nun trat ein, worauf Beethoven spekuliert (oder zumindest gehofft) hatte, denn sofort taten sich drei finanzstarke Männer zusammen, um ihn in Österreich zu halten: Erzherzog Rudolf (der jüngste Bruder Kaiser Franz' und spätere Erzbischof von Olmütz), Fürst Lobkowitz und – Ferdinand Fürst Kinsky. 1809 verpflichteten sich die Herren, Beethoven auf Lebenszeit eine jährliche Rente in Höhe von 4000 Gulden zu zahlen, sofern dieser »seinen Aufenthalt in Wien wo die hohen Fertiger dieser Urkunde sich befinden, oder einer andern in deren Erbländern Sr Oesterreichisch Kaiserlichen Majestät liegenden Stadt zu bestimmen, und diesen Aufenthalt nur auf Fristen zu verlassen, welche Geschäfte, oder der Kunst Vorschub leistende Ursachen veranlassen könnten«. Die drei Gönner durften sich weiters ab nun als »Miturheber« seiner neuen Werke betrachten und bezeichnen.

Doch die Kriege gegen Napoleon führten zu einer massiven Geldentwertung, an die bei Vertragsabschluss niemand gedacht hatte. Beethovens Rente war dadurch bald nur noch ein Drittel der ursprünglichen Summe wert! Wenn er im Sommer 1812 also nach Böhmen reiste, tat er das nicht nur, um den großen Goethe im Kurort Teplitz-Schönau kennenzulernen, sondern auch, um in der leidigen Geldsache bei Fürst Kinsky vorzusprechen, der sich zurzeit in Prag aufhielt. Dieser starb kurz darauf an den Folgen eines Unfalls, und Lobkowitz ging bankrott. Beethoven, der um seine Einnahmen bangte, klagte vor Gericht. Es war ein unschönes Feilschen mit Kinskys Witwe und den übrigen Erben, die aber letztendlich, 1815, der Weiterzahlung zustimmten. Da das Geld dennoch nur zögerlich ausgezahlt wurde, musste Beethoven abermals einen Anwalt einschalten.

Das Palais Kinsky im 20. Jahrhundert

In Zusammenhang mit dem Wiener Palais Kinsky wird gerne Bertha von Suttner, die berühmte Friedensaktivistin und Friedensnobelpreisträgerin von 1905, erwähnt, obwohl ihr Bezug zum Palais gering war.

Das prächtige Portal des ehemaligen Palais Daun. Über dem mittleren Fenster prangt bereits das Wappen der Fürsten Kinsky.

»Des Glanzes der Familie würdig«

Zwar kam Suttner als geborene Kinsky (allerdings »nur« aus dem gräflichen Zweig) in einem Seitentrakt des *Prager* Palais zur Welt, doch damit erschöpfen sich auch schon die Bezugspunkte. Sie war nämlich – wie es im streng auf Standesdünkel beruhenden aristokratischen Milieu jener Zeit hieß – eine »Ungeborene«, entstammte also der Ehe eines Hocharistokraten mit einer Bürgerlichen. Nachdem ihr Vater Franz Joseph schon vor ihrer Geburt gestorben war, wurden Mutter und Tochter sofort von der Kinsky-Verwandtschaft angefeindet und isoliert, niemand aus der väterlichen Familie erschien bei Berthas Taufe. Ihre Mutter Sophie bekam zwar ihr Erbteil ausbezahlt, musste mit dem Baby das Prager Palais aber sofort verlassen. Fortan wurden sie von der Familie gemieden.

Suttner litt zeit ihres Lebens unter dieser Zurücksetzung, denn obwohl sie als Schriftstellerin und politische Publizistin stets die Ideale eines aufgeklärten, intellektuellen, antiklerikalen und selbstbewussten Bürgertums vertrat, bewunderte sie doch insgeheim die aristokratische, »vornehme« Welt. Erst im Alter von 64 Jahren, nachdem sie den Nobelpreis verliehen bekommen hatte und längst eine weltberühmte Frau war, wurde sie ein einziges Mal ins Wiener Palais Kinsky eingeladen. Dass sie in einer 1967 für die Kinskys verfassten Familienchronik als »berühmteste Angehörige des Hauses« bezeichnet wurde, war, wie ihre Biografin Brigitte Hamann schreibt, eine »späte Genugtuung, die Bertha von Suttner sicherlich mehr gefreut hätte als der Friedensnobelpreis«.

Der Erste Weltkrieg, vor dessen Ausbruch Suttner jahrzehntelang gewarnt hatte, ging für Österreich-Ungarn verloren, die Not in Wien war enorm. Zehntausende Flüchtlinge aus allen Teilen der zerfallenen Monarchie mussten in der Hauptstadt untergebracht werden, weshalb die Stadtregierung anordnete, das Palais Kinsky zwangsvermieten zu lassen, um die Wohnungsnot abzumildern. Doch an den Eigentumsverhältnissen wurde in Wien nicht gerüttelt. In der neu gegründeten

Blick ins Prunkstiegenhaus, das wegen des schmalen Baugrunds nicht zentral, sondern links vom Eingang angebracht ist

Tschechoslowakei allerdings, wo die Familie Kinsky den weitaus größten Teil ihrer immensen Ländereien hatte, wurde bis 1929 rund die Hälfte des Besitzes verstaatlicht.

Nach der Machtübernahme der Nationalsozialisten beschlagnahmte die deutsche Wehrmacht das Wiener Palais. Fürstin Mathilde verließ 1940, nach Hitlers Einmarsch in der Tschechoslowakei, mit ihrem damals zweijährigen Sohn Franz Ulrich Europa und wanderte nach Argentinien aus. Von den Kommunisten wenige Jahre später völlig enteignet, wurde der Familie erst nach langwierigen Prozessen ein Teil der Besitzungen rückerstattet.

1986 verkaufte Franz Ulrich Kinsky das Palais, das ab da mehrmals die Besitzer wechselte. 1997 kaufte es die Privatstiftung Karl Wlascheks, der es durch die Gründung der Supermarkt- bzw. Drogeriekette Billa und Bipa vom mittellosen Barpianisten zu einem der reichsten Männer Österreichs gebracht hatte. Es wurde Teil seines Immobilienimperiums, zu dem unter anderem auch das Palais Harrach, das Palais Ferstel und die Börse gehören. Nach langwierigen Sanierungs- und Restaurierungsarbeiten kann es heute für aufwendige Feiern und Geschäftstermine gemietet werden. Seit 1992 hat im ersten Stock das bekannte Auktionshaus »Im Kinsky« seinen Sitz.

Wlaschek, der 2015 in hohem Alter starb, wurde im hinteren Hof des Palais neben seinen Eltern und seiner vierten Ehefrau in der privaten Familiengruft bestattet.

Wo Prinz Eugen Piquet spielte

*Palais Batthyány-Strattmann,
Herrengasse 19/Bankgasse 2*

Im 16. Jahrhundert fielen die reformatorischen Lehren auch in Ungarn auf fruchtbaren Boden. Die meisten Adelsgeschlechter des Landes nahmen die neuen, evangelischen Ideen bereitwillig auf, insbesondere jene des Calvinismus. Die Batthyánys, eine der ältesten und vornehmsten Familien des Landes, waren hier zunächst keine Ausnahme. Balthasar III. von Batthyány schuf im südburgenländischen Güssing (dem damals ungarischen Németújvár) sogar ein berühmtes Zentrum protestantischer Gelehrsamkeit, an dem sich Wissenschaftler, Künstler, Naturforscher und Buchdrucker zusammenfanden, die unter dem streng katholischen Rudolf II. in Österreich und Böhmen kein leichtes Leben mehr hatten.

Zwar machte sich Batthyánys ebenfalls calvinistischer Sohn in engagiertem Kampf gegen die Türken verdient, als er sich während des beginnenden Dreißigjährigen Krieges jedoch auf die Seite der ungarischen Aufständischen unter Gábor Bethlen stellte, verlor er jegliches Wohlwollen der Habsburger. Erst die Rückwendung zur katholischen Konfession unter Balthasars Enkel Adam I. ermöglichte der Familie den endgültigen Aufstieg. Im Jahr 1630 wurden die Batthyánys in den Reichsgrafenstand erhoben.

Die Regeln waren damals klar: Wer auf seinem evangelischen Glauben beharrte, lief Gefahr, seine Güter, sein Vermögen und sein Ansehen beim Kaiser zu verlieren. Ein gutes Beispiel hierfür ist die in Wien bekannte Familie der Jörger von Tollet, deren Mitglieder geächtet, enteignet, eingekerkert oder vertrieben wurden. Sie verloren nicht nur ihre

Herrschaft Hernals, sondern auch ein großes, nobles Haus in der Herrengasse – es stand genau dort, wo sich heute der östliche Trakt des Palais Batthyány-Strattmann erstreckt.

Die Baugeschichte dieses Palais ist ein wenig kompliziert, besteht es doch eigentlich aus zwei voneinander völlig unabhängigen Gebäuden, die erst später miteinander vereint wurden. Dass es nicht in »einem Guss« entstand, ist äußerlich deutlich erkennbar, insbesondere war aber das Innere – bis zum Umbau vor wenigen Jahren – recht verwinkelt und verschachtelt.

Da war zunächst das erwähnte Eckhaus mit dem Eingang in der Herrengasse 19, einst ein stattliches Renaissancegebäude, das nach der Enteignung des evangelischen Helmhard Jörger von Tollet mehrmals die Besitzer wechselte. Im ausgehenden 17. Jahrhundert fiel es an den damaligen Hofkammerpräsidenten Wolf André Graf Orsini-Rosenberg, der es mit einer Barockfassade und einem prächtigen Portal versehen ließ. Welcher Architekt diese Arbeiten durchführte, ist nicht mit Sicherheit geklärt, einiges weist auf Johann Bernhard Fischer von Erlach hin, doch auch die Namen Johann Lucas von Hildebrandt und Christian Alexander Oedtl werden in der Literatur genannt. Als sicher gilt jedenfalls, dass Oedtl ab 1716 den Umbau des Inneren übernahm.

Etwa zur gleichen Zeit (1718) kaufte Eleonore Gräfin Batthyány-Strattmann in der Bankgasse (der damaligen Schenkenstraße) drei Häuser, die sie zu einem großen Palais zusammenfügen ließ.* Oedtl kam auch hier zum Einsatz und schuf dafür eine neue Fassade und ein repräsentatives Portal. Erst Jahrzehnte später, 1766, kaufte Eleonores

---

* In der Literatur finden sich widersprüchliche Angaben zur Baugeschichte des Palais. Vorliegende Schilderung orientiert sich an der umfangreichsten und aktuellsten Arbeit zum Thema: Franziska LEEB/Matthias BOECKL, Palais Batthyány-Strattmann, Palais Trauttmansdorff (Wien 2017).

Das Palais Batthyány-Strattmann in der heutigen Bankgasse. Noch war es nicht mit dem benachbarten Palais Orsini-Rosenberg vereint.

Sohn Carl das benachbarte Palais Orsini-Rosenberg dazu und ließ es an das Palais Batthyány-Strattmann anbauen.

Dass die verwitwete Gräfin Eleonore sich dazu entschloss, in der Bankgasse ein neues Heim für sich und ihre Kinder zu schaffen, überrascht auf den ersten Blick. Es ist bis heute ein Rätsel, weshalb sie nicht in jenem bestehenden, prunkvollen Familienpalais wohnen blieb, das ihr verstorbener Ehemann, Adam II. Graf Batthyány, nur wenige hundert Meter entfernt in der Renngasse 4 von Fischer von Erlach hatte errichten lassen (es wurde an die Grafen Schönborn verkauft). Es ist denkbar, dass Eleonore im Sinne ihrer beiden Söhne in eine noch vornehmere Gegend ziehen wollte, eben ins »Herrengassenviertel«, wo sich seit dem 16. Jahrhundert viele adelige Familien in möglichst großer Nähe zur kaiserlichen Hofburg niedergelassen hatten.

Noch wahrscheinlicher ist aber, dass sie ihrer Verwandtschaft nahe sein wollte, die ebenfalls in der Bankgasse wohnte, nämlich in jenem

Palais, das sich ihr Vater, Hofkanzler Theodor Graf Strattmann, hatte bauen lassen (Bankgasse 4–6). Auch dieses war nach Plänen Fischer von Erlachs entstanden, es zählte zu dessen ersten Werken in Wien.

Palais Strattmann und Palais Batthyány-Strattmann lagen somit direkt nebeneinander und hätten noch Generationen hindurch durch enge Familienbande in Beziehung zueinander stehen können. Doch das Schicksal wollte es, dass der männliche Zweig der Strattmanns ausstarb. Zwar hatte Eleonore nicht weniger als fünf ältere Brüder, doch aus keiner einzigen ihrer Ehen gingen Söhne hervor. Nachdem der letzte Bruder gestorben war, fiel das väterliche Palais an Eleonore, die keine Verwendung dafür hatte. Sie verkaufte es 1728 an einen Grafen Windisch-Graetz (heute ist es die ungarische Botschaft).

Eleonore Gräfin Batthyány und die Intrigen gegen Prinz Eugen

Es lässt sich nicht mit Gewissheit sagen, wann und wo genau die Freundschaft zwischen Prinz Eugen und der Gräfin Batthyány ihren Anfang nahm, entsprechende Quellen fehlen oder sind bislang nicht aufgetaucht.

Die beiden könnten einander bereits in den frühen 1690er-Jahren, zu Lebzeiten von Eleonores Vater, des Hofkanzlers Strattmann, kennengelernt haben; ebenso 1698, als Eugen durch den Erwerb zweier Güter zum direkten Nachbarn der ausgedehnten Batthyány'schen Besitzungen in Ungarn wurde; manche Historiker datieren den Beginn ihrer Freundschaft aber erst in die Zeit nach Ende des Spanischen Erbfolgekrieges, also nach 1713. Unbestritten ist die Tatsache, dass Eleonore eine ausgesprochen wichtige Rolle in Eugens Leben einnahm.

Durch seine Funktion als Laienabt zweier Klöster war der Prinz zum Zölibat verpflichtet, dennoch gab es Spekulationen über die Natur seiner Beziehung zur »schönen Lori« Batthyány. So wie manche seiner Zeitgenossen hinter vorgehaltener Hand über Eugens – angebliche oder tatsächliche – Homosexualität tuschelten, so tratschten andere wiederum über sein – angebliches oder tatsächliches – intimes Verhältnis zur Gräfin. Der venezianische Gesandte (und spätere Doge) Marco Foscarini schrieb etwa in seinen Erinnerungen an seine Jahre in Wien, Eleonore sei in jungen Jahren Eugens Geliebte gewesen. Gar über eine heimliche Ehe wurde später gemutmaßt, ja sogar angedeutet, dass nicht Adam Batthyány, sondern Prinz Eugen der Vater von zumindest einem der beiden Söhne Eleonores, Carl, gewesen sein könnte. Dieser fand später, als er in die Armee eintrat, im Prinzen jedenfalls einen mächtigen Protektor. Und als Carl heiratete und Vater eines Sohnes wurde, erhielt dieser just den Namen Eugen.

Viel mehr jedoch als alle unseriösen Spekulationen über Privatangelegenheiten beschäftigte damals den Wiener Hof eine andere Frage, eine, die tatsächlich von großer Brisanz war: Wie viel *politischen* Einfluss hatte Eleonore auf den Prinzen?

So berühmt und erfolgreich Eugen auf den Schlachtfeldern auch war, im engsten Umfeld Kaiser Karls VI. hatte er mächtige Feinde. Sein beispielloser Aufstieg zum wichtigsten Feldherrn und zum Präsidenten des Hofkriegsrates rief die Eifersucht und die Missgunst jener hervor, die um ihren eigenen Einfluss auf den Kaiser bangten. Karl VI. war für einschmeichelnde Worte und Einflüsterungen durchaus empfänglich, weshalb Eugens Position keineswegs so stark war, wie sie auf den ersten Blick aussah. Ein Schmeichler war er selbst nämlich nie. Im Gegenteil: Er vertrat offen seine Meinung und hatte nur wenig Respekt vor Rang und Namen, sofern sich dahinter nicht auch eine ernst zu nehmende Persönlichkeit verbarg.

Von den offiziellen Vergnügungen am Kaiserhof, von den Bällen und Theateraufführungen hielt er sich wenn möglich fern, er entspannte sich lieber in kleinen, intellektuellen Runden aus Künstlern,

Dichtern und Philosophen (wie Leibniz und Montesquieu), ungeachtet ihrer Herkunft oder ihrer Konfession. Von verständnislosen Hofbeamten konnte so etwas schnell als Arroganz ihnen selbst gegenüber ausgelegt werden.

Vom berühmten französischen Marschall Marquis de Villars, einem Gegner Eugens auf den Schlachtfeldern des Spanischen Erbfolgekrieges, stammt der Ausspruch: »Die wahren Feinde des Prinzen Eugen sind in Wien zu suchen, meine Herren, so wie die meinigen in Versailles.«

Insbesondere die Clique rund um Johann Michael Graf Althann tat sich hervor, wenn es darum ging, den Prinzen bei Kaiser Karl zu denunzieren. Althann war dessen engster Vertrauter, dessen »Favorit«, und seine schöne spanische Ehefrau Maria Anna war dessen Geliebte.

Karl war wankelmütig und leichtgläubig. Er hatte nie ein so enges, fast freundschaftliches Verhältnis zu Prinz Eugen entwickelt, wie es etwa sein älterer Bruder, Kaiser Josef I., gehabt hatte. Nur in jenen Situationen, da er seinen Feldherrn dringend im Krieg benötigte, durfte dieser mit voller Unterstützung und geradezu überschwänglicher Freundlichkeit rechnen – und nur wenn die Bedrohung durch einen äußeren Feind akut wurde, konnte Eugen sich sicher vor den Intrigen seiner Feinde fühlen. Ausgerechnet nach einem der größten militärischen Erfolge, die die Österreicher unter seiner Führung gegen die Türken errungen hatten, der Einnahme Belgrads 1717 und dem darauf folgenden Frieden von Passarowitz, verfügte der Prinz über den geringsten Einfluss in Wien. Sein Biograf Nicholas Henderson schrieb in diesem Zusammenhang: »Wenn Undankbarkeit gegenüber ihren Lenkern das Kennzeichen starker Völker ist, dann müßten die Österreicher, nach ihrer Haltung Eugen gegenüber zu schließen, ein Volk von wahrhaft herkulischer Kraft sein.«

Zunächst versuchte man, Eugen über seine Freundschaft zur Gräfin Batthyány zu diskreditieren. Mehrmals in der Woche trafen die beiden

Eleonore Gräfin Batthyány (links), die beste Freundin Prinz Eugens

sich in kleinem Kreis in deren Palais in der Bankgasse, um Piquet zu spielen, auch Eleonores Nachbarin, ihre verwitwete Schwägerin Gräfin Strattmann (auch sie hieß Eleonore), war häufig dabei. Schon im Jahr 1715 berichtete ein französischer Diplomat: »Er (Eugen) verbringt seine Zeit mit verschiedenen Frauen, die einen kleinen Hof gebildet haben. Die Gräfin Batthyány übt einen größeren Einfluss auf ihn aus als irgendeine andere. Sie steht nicht mehr in der Blüte ihrer Jugend, hat aber einen lebhaften Charakter.«

Graf Althann streute nun Gerüchte, wonach Eugen der Gräfin ganz verfallen sei und ihr geheime Staatsangelegenheiten, ja Militärgeheimnisse verrate. Er tue alles, was in *ihrem* Interesse liege, dabei sei sie selbst bloß Sprachrohr ausländischer Mächte, sei bestechlich und lenke »alle Entscheidungen, die der Savoyer in seinen hohen Stellungen zu treffen hat«. Sie habe durch ihn, so Althann weiter, Einfluss auf Postenbesetzungen und würde Eugen zu einer bevorzugten Behandlung der ungarischen Interessen bewegen.

Tatsächlich schien Karl VI. empfänglich für solche Einflüsterungen zu sein, er ging merklich auf Distanz zu Eugen. Der damalige britische Botschafter berichtete nach London: »Eugens Einfluss wird täglich geringer, da der Kaiser davon überzeugt wurde, dass die Ansichten des Prinzen ihm von der Gräfin Batthyány oder von deren Hintermännern in den Kopf gesetzt wurden.« Und weiter hieß es: »Im Hinblick darauf sagt der Kaiser stets, dass er bereit ist, sich der Meinung des Prinzen anzuschließen, vorausgesetzt dass er sicher sein könne, es tatsächlich mit Eugens eigener Ansicht zu tun zu haben. Er sei aber nicht geneigt, sich die Ansichten der Gräfin Batthyány zu eigen zu machen.«

Doch der Kreis rund um Graf Althann ersann noch andere Wege, um Prinz Eugens Position zu schwächen und ihn endgültig zu entmachten. Die Intrigen seiner Gegner gipfelten 1719 in einer lupenreinen Verschwörung.

Einer der Drahtzieher war ausgerechnet Eugens Verwandter, Viktor Amadeus II., Herzog von Savoyen und König von Piemont-Sizilien. Dieser hatte vor, sein Herrschaftsgebiet zu erweitern, und wollte seinen Sohn mit einer Nichte Kaiser Karls verheiraten, um somit eines Tages Ansprüche auf die habsburgischen Besitzungen in Oberitalien anmelden zu können. Eugen durchschaute jedoch den Plan und stellte sich entschieden dagegen – für Viktor Amadeus ein guter Grund, dessen Wiener Feinde zu mobilisieren.

Ein geheimnisvoller (angeblicher) Geistlicher namens Tedeschi tauchte nun in der österreichischen Haupt- und Residenzstadt auf, er stand in savoyischen Diensten. Er war, so schrieb Alfred von Arneth,

Kaiser Karl VI. war der dritte Habsburgerkaiser, unter dem Prinz Eugen diente. Das Verhältnis war nicht immer ungetrübt, während der Verschwörung gegen Eugen machte der Kaiser keine gute Figur.

»einer jener zahlreichen politischen Abenteurer, welche damals ihr Wesen trieben, sich den Meistbietenden verkauften, und zu jeglicher Schlechtigkeit feil ...« Er nahm Kontakt zu Friedrich Graf Nimptsch auf, kaiserlicher Kämmerer und Hofrat – und Schwager von Graf Althann!

Allerlei konspirative Treffen fanden statt. Während Nimptsch dem Kaiser im Ohr lag, dass Prinz Eugen insgeheim nach noch mehr Macht in Österreich strebe, wurden gefälschte Dokumente angefertigt, die unter anderem die Bestechlichkeit der Gräfin Batthyány belegen sollten. Karl VI. machte in dieser Situation eine äußerst schlechte Figur, denn er glaubte unhinterfragt alles, was ihm eingeredet wurde, und forderte Nimptsch auf, ihn zu jeder Tages- und Nachtzeit auf dem Laufenden zu halten.

Es war einem reinen Zufall zu verdanken, dass die Verschwörung aufflog. Ein Kammerdiener des Grafen Nimptsch wurde misstrauisch, weil sein Dienstherr in allerlei Verkleidungen nachts verschwand. Er wurde hellhörig und bekam bald mit, dass es sich bei all dem geheimnisvollen Getue um ein politisches Komplott gegen den populären Feldherrn Eugen handelte. Durch Vermittlung eines Bekannten, der als Gärtner im Schlosspark des Belvederes arbeitete, wurde er zum Prinzen vorgelassen, dem er alles erzählte, was er wusste.

Die Aussage eines Dienstboten gegen seinen hochadeligen Herrn wäre allerdings vor Gericht nicht stichhaltig gewesen, weshalb Eugen den Diener beauftragte, die betreffenden gefälschten Dokumente als Beweismittel sicherzustellen. Es gelang. Eugen belohnte den Kammerdiener mit einer großzügigen Pension und sorgte zu dessen Sicherheit dafür, dass er in der Schweiz eine neue Stellung fand. Anschließend ging er zum Kaiser.

Es muss ein dramatischer Auftritt gewesen sein in der Favorita, der kaiserlichen Sommerresidenz. Prinz Eugen kam nicht als Bittsteller dorthin, sondern als fordernder und zurecht wütender Mann. Er legte die verleumderischen Schriften vor und verlangte, dass die Verschwörung gegen ihn sofort lückenlos aufgeklärt werden müsse. Wenn die Intriganten nicht augenblicklich vor Gericht gestellt und bestraft würden – so machte er vor seinem Kaiser klar –, trete er von sämtlichen Ämtern zurück. Ein öffentlicher Skandal wäre die Folge. »Ganz Europa«, schreibt Alfred von Arneth, »werde er aufrufen zum Richter über die Kränkung, die ihm widerfahren würde, wenn eine solche Beleidigung, wie sie gegen ihn gewagt worden sei, straflos bliebe«.

Kaiser Karl befand sich in einer sehr peinlichen Lage. Seine Höflinge und Einflüsterer waren eindeutig kompromittiert, darüber hinaus drohte der komplette Stillstand der Regierungsgeschäfte, denn Eugen hielt während der folgenden Untersuchungen tatsächlich keine Sitzungen des Hofkriegsrates mehr ab.

Dem Grafen Althann konnte man nichts nachweisen, er redete sich geschickt aus der Angelegenheit heraus, ja es gelang ihm sogar, sich selbst als Opfer darzustellen. Sein Schwager, Graf Nimptsch, wurde jedoch schuldig gesprochen. Er wurde all seiner Ämter enthoben und fasste zwei Jahre Festungshaft in Graz aus. Am schlimmsten traf es den mysteriösen Tedeschi, der unter Androhung der Folter ein Geständnis ablegte, daraufhin am Hohen Markt am Pranger ausgepeitscht und auf einem Schandkarren ins Piemont zurückgebracht wurde. Selbst König Viktor Amadeus blieb nichts anderes übrig, als sich formell bei seinem Verwandten Eugen zu entschuldigen.

Für die Kamarilla rund um Graf Althann bedeutete die peinliche Affäre einen schweren Dämpfer. Tatsächlich wurde ihr Einfluss geringer und Eugens Position erstarkte wieder. Auch Gräfin Batthyány war bei Kaiser Karl rehabilitiert.

Ihre Freundschaft zu Prinz Eugen dauerte bis zuletzt an, regelmäßig kam er sie in ihrem Palais besuchen. Man erzählte sich in Wien, dass die Pferde, die seine Kutsche zogen, ganz alleine den Weg von der Himmelpfortgasse in die Bankgasse fanden. Heinrich Penn schrieb in seiner *Geschichte der Stadt Wien und ihrer Vorstädte*, dass »aber dort der Wagen oft lange Zeit ruhig stand, ohne daß Jemand ausstieg, weil der greise Prinz, der Kutscher, die Bedienten, Alle sehr alt, gemüthlich eingeschlafen waren«.

Noch am 20. April 1736, wenige Stunden vor seinem Tod, war Eugen bei Eleonore zu Besuch (siehe Seite 93). 1741 starb auch sie im Alter von 69 Jahren. In der Familiengruft der Batthyánys in Güssing wurde sie beigesetzt.

Dass ihr Sohn Carl, der als Feldherr und Erzieher des jungen Erzherzogs Josef (des späteren Kaisers Josef II.) Karriere machte, im Jahr 1764 in den Reichsfürstenstand erhoben wurde, erlebte sie nicht mehr. Mit dieser Rangerhöhung waren zuvor nur zwei ungarische Familien ausgezeichnet worden, die Rákóczi und die Esterházy. Das fürstliche Wappen ist heute noch sowohl über dem Portal in der Herrengasse als auch über jenem in der Bankgasse zu sehen.

Franziska Gräfin Batthyány und der Romantikerkreis um Klemens Maria Hofbauer

Neben der fürstlichen Linie der Batthyány-Strattmann gab es den gräflichen Familienzweig, der ebenfalls in Ungarn und im heutigen Südburgenland über reiche Besitzungen verfügte. Im 19. Jahrhundert brachten beide Linien Persönlichkeiten hervor, deren Namen auf das Engste mit tiefer, katholischer Frömmigkeit verbunden sind. Berühmt ist zweifellos Ladislaus Fürst Batthyány-Strattmann, jener 1870 geborene Spross der Familie, der in der Nähe seines Schlosses Kittsee ein Spital errichten ließ, wo er selbst als Armenarzt viele Jahre tätig war. Im Jahr 2003 wurde er selig gesprochen.

Weniger bekannt (zumindest außerhalb des Burgenlandes) ist Franziska Batthyány aus dem gräflichen Zweig der Familie. Sie war eine geborene Széchenyi, stammte also aus einer weiteren bedeutenden ungarischen Magnatenfamilie. Mit Eltern und Geschwistern verbrachte sie bereits als Kind die Wintermonate regelmäßig in Wien, unter anderem in der Herrengasse 5, dem späteren Palais Wilczek. (Eine Gedenktafel erinnert dort an die Geburt ihres Bruders Stephan 1791, der als Wirtschaftsreformer noch heute von vielen seiner Landsleute als »größter Ungar« verehrt wird.)

Franziska Gräfin Széchenyi kam durch ihren Vater Ferenc früh in Kontakt zum sogenannten Romantikerkreis rund um Klemens Maria Hofbauer. Der später heiliggesprochene Redemptoristenpater und Wiener Stadtpatron lebte ab 1808 dauerhaft in der österreichischen

Kaiserstadt und scharte als Prediger bei den Ursulinen bald eine große, begeisterte Zuhörerschaft um sich. So wie zuvor in Warschau, wo er ein Waisenhaus und eine Schule für verwahrloste Kinder gegründet hatte, richtete Hofbauer auch hier sein Hauptaugenmerk auf die Vertreter des »einfachen« Volkes, auf die Arbeiterschaft und das verarmte Kleinbürgertum, das besonders unter den ständigen (napoleonischen) Kriegen und der damit verbundenen Wirtschaftskrise und Geldentwertung litt.

Er unterschied sich deutlich von den meisten anderen Priestern Wiens, die seit josefinischer Zeit in staatlich kontrollierten »Generalseminarien« ausgebildet wurden und in ihren Predigten somit »oft über ein seichtes Moralisieren nicht hinauskamen«, wie der Historiker Rudolf Till es ausdrückte. Hofbauer hingegen hatte sich einst bewusst der staatlich gelenkten theologischen Ausbildung entzogen. Er, der gelernte Bäcker, lebte zunächst als Eremit in Italien und in den mährischen Wäldern, bevor er schließlich in Rom studierte. Nun fühlte er sich als Missionar, der aber nicht in ferne Weltgegenden reisen musste, um seine Berufung zu erfüllen. In Österreich wollte er dem Geist der Aufklärung und des Josefinismus entgegentreten und eine tief empfundene, gleichsam »naive« Frömmigkeit propagieren. Er wurde zum Wegbereiter der katholischen Erneuerungsbewegung, die damals weite Teile Mitteleuropas erfasste.

Von der Polizei wurde er freilich misstrauisch beobachtet, man achtete genau darauf, was er in seinen Predigten sagte. Seine – wie es in den Polizeiakten hieß – »schwärmerische Frömmelei« wurde nicht gerne gesehen, konnte diese doch bei den Zuhörern unkontrollierbare Emotionen und Gedanken auslösen. Im Jahr 1818 wollte man ihn aus Österreich ausweisen, was Kaiser Franz jedoch verhinderte.

In den Jahren rund um den Wiener Kongress zog Hofbauer nicht nur Theologen, sondern auch bedeutende Künstler der deutschen Romantik nach Wien an, wie etwa die Dichter Friedrich Schlegel und dessen Frau Dorothea (die Tante Felix Mendelssohn Bartholdys), Joseph von Eichendorff und Clemens Brentano sowie die Maler Friedrich August von Klinkowström und Philipp Veit. Manche von ihnen waren auch regelmäßige Gäste im Hause Széchenyi, da der Graf den charismatischen Prediger Hofbauer gerne um sich hatte und dessen soziale Projekte bereitwillig finanziell unterstützte.

In dieser prominenten Gesellschaft, in diesem, wie es hieß, »Hauptquartier der katholischen Romantik« wurde Franziska Széchenyi, mittlerweile verheiratete Gräfin Batthyány, sozialisiert, und sie blieb dem Kreis stets verbunden. Gerne setzte sie nach dem Tod ihres Vaters 1820 dessen Salon fort, teils in ihrem Haus auf der Landstraße, teils in ihrem Schloss Pinkafeld im Burgenland.

Besonders eng war Zacharias Werner mit der frommen Gräfin verbunden. Wie so viele Mitglieder des Romantikerkreises war auch er ein Konvertit, ein ehemals evangelischer, preußischer Beamter, der als Spätberufener katholische Theologie studiert und schließlich 1814 die Priesterweihe empfangen hatte.

Wird Hofbauer als ein ruhiger, rhetorisch nicht geschulter Redner geschildert, der aber gerade durch seine schlichte und verständliche Sprache seine Zuhörerschaft zu beeindrucken wusste, so galt Zacharias Werner als wahrer »Wirbelwind« unter den Predigern. Wie ein zweiter Abraham a Sancta Clara verstand er es, das Publikum in seinen Bann zu ziehen. Er sprach und agierte dabei derart theatralisch, dass er sogar von Burgschauspielern auf der Bühne parodiert wurde.

Als strenger, aber auch höchst unterhaltsamer Sittenprediger, als Mahner zur Buße, als »Posaune Gottes« (wie Hofbauer ihn einmal nannte) erlangte er schnell große Popularität, und auch die vornehme Gesellschaft ließ sich gerne von ihm ins Gewissen reden, um sich anschließend über seinen »Auftritt« zu unterhalten, so, wie über ein Konzert oder eine Theateraufführung. Im Dezember 1814, zur Zeit des

Der berühmte Priester Zacharias Werner zählte zum frommen Kreis rund um Franziska Gräfin Batthyány. Seine hitzigen Predigten wurden in Wien zum Stadtgespräch.

Wiener Kongresses, fanden sich sogar manche Monarchen zu seinen Predigten in der Kirche am Hof ein.

Friedrich Schlögl merkte Jahrzehnte später kritisch an, dass Werner »begann, durch seine außerordentlichen Erfolge irregeführt, immer mehr auf den Effect loszuarbeiten; weniger das ›Seelenheil‹ seiner Zuhörer im Auge, war es ihm in letzter Zeit nur mehr darum zu thun, durch Ungeheuerlichkeiten des Ausdruckes zu glänzen, ja man sagt, daß er sogar Wetten machte, gewisse Bilder ungefährdet auf der Kanzel zu gebrauchen.« Schlögl führt hierzu das Beispiel von Werners aufsehenerregender Predigt über das »kleene Stückchen Fleesch« (Fleisch) an, »das alles Unheil über die Welt gebracht und dessen Fluchwürdigkeit er (Werner) in zahllosen Beispielen andeutete. Die Zuhörerschaft schlug scheu die Blicke zu Boden. Plötzlich rief Werner kreischend: ›Soll ich Euch das kleene Stückchen Fleesch nennen!‹ Todtenstille.

›Soll ich es Euch zeigen?!‹ Entsetzliche Pause. ›Da, seht her, hier ist es!‹ Und Werner reckte – seine Zunge heraus. Ein Gekicher war die Antwort.«

Zacharias Werner war während der Sommermonate regelmäßiger Gast auf Schloss Batthyány in Pinkafeld. Er predigte in der dortigen Kirche und verfasste religiöse Gedichte, die die Gräfin Franziska vertonte. (Das Lied *Wach ich früh Morgens auf...* wurde schon bald ins Repertoire österreichischer Schulen und Waisenhäuser übernommen.)

Die Schlossherrin war in der ganzen Umgebung für ihre Frömmigkeit und Nächstenliebe bekannt, sie war, wie Zacharias Werner schrieb, »ein Muster einer echt christlichen Dame«. Einige Jahre nach dem Tod ihres Mannes (1842) gründete sie in Pinkafeld das Kloster der Barmherzigen Schwestern, zu dem bald auch eine Mädchenschule und ein Waisenhaus gehörten, sowie ein Spital, in dem Kranke aus Ungarn, Niederösterreich und der Steiermark unentgeltlich behandelt wurden. Franziska Batthyány trat selbst als Novizin ins Kloster ein, gab den Schülerinnen Musikunterricht und beteiligte sich an der Pflege der Kranken. 1861 starb sie im Alter von 77 Jahren als eine weit und breit hochgeachtete und verehrte Frau.

Das Palais Batthyány-Strattmann blieb bis 1924 im Besitz der Familie. Jenen Trakt, der auf die Herrengasse ging (also das ehemalige Palais Orsini-Rosenberg), hatte man allerdings schon 1871 an den Hotelier Alfred Klomser vermietet. Es wurde im Inneren grundlegend umgebaut und zu einem Hotel adaptiert.

Das »Klomser« wird stets in einem Atemzug mit Oberst Alfred Redl genannt, der sich hier im Mai 1913 eine Kugel durch den Kopf schoss. Kurz zuvor war er (immerhin der stellvertretende Chef des österreichischen Militärgeheimdienstes) der Spionage für die Russen überführt worden. Auch die Franzosen und Italiener hatte er mit Militärgeheimnissen beliefert. Dieser spektakuläre Fall ist so bekannt, dass er an dieser Stelle nicht ausführlich erläutert wird, es soll bloß betont werden, dass es *nicht* Redls Homosexualität war, die ihn von den Russen erpressbar machte, wie jahrzehntelang behauptet. Reine Geldgier trieb Redl dazu, sich ihnen anzudienen. Von seinen privaten Affären wussten die Russen gar nichts, wie die peniblen Aktenrecherchen von Verena Moritz und Hannes Leidinger vor einigen Jahren ergaben.

In das Palais zogen in der Zwischenkriegszeit eine Versicherungsgesellschaft und eine Privatbank, in das Gebäude an der Herrengasse schließlich die Tageszeitung *Der Standard*, dessen Redaktionsräume sich bis 2012 hier befanden. Mittlerweile wurde es aufwendig saniert und umgebaut, ist als Wohn- und Bürohaus aber nicht öffentlich zugänglich.

Eine Familie von Weltrang
Palais Coburg, Seilerstätte 1–3

Als besonders vornehme Adresse galt die Seilerstätte einst nicht. Jahrhundertelang war sie bloß eine schmale, finstere Gasse, die dicht entlang der alten Stadtmauer führte, »wie ein Stiefkind vom Schicksal vernachlässigt«, wie Siegfried Weyr schrieb. Spätestens in der Barockzeit aber kam Leben in diesen stillen Teil der Stadt.

Ihren schnurgeraden, damals noch nicht durch Quergassen unterbrochenen Verlauf machten sich um 1700 die Seiler zu Nutze, um hier – unter freiem Himmel – die langen Taue zusammenzudrehen, die für die österreichischen Kriegsschiffe auf Donau, Save und Drau benötigt wurden. Überhaupt war die Seilerstätte eine Gegend, die man zu jener Zeit eng mit dem Militär verband: Direkt an der Innenseite der Stadtmauer befand sich das »Untere Arsenal«, wo Kanonen gegossen wurden, daneben standen mehrere Soldatenhäuschen (das sogenannte »Krowotendörfel an der Stadtmauer«) und auch die Trabantenleibgarde des Kaisers war bis zur Mitte des 19. Jahrhunderts in der Seilerstätte stationiert. Am wichtigsten allerdings war jener verwinkelte Gebäudekomplex, der direkt am stadtseitigen Ende der Braunbastei stand, dort, wo sich heute das prachtvolle Palais Coburg erhebt.

Es war das »Stadt-Schultheißenamt«. Bis zum Jahr 1741 wohnten hier die Kommandanten der Stadtguardia (einer Vorläuferin der Polizei), hier tagte das Militärgericht und – zumindest eine Zeit lang – der Hofkriegsrat, die oberste Militärbehörde des Habsburgerreiches. Zu seinen Präsidenten zählten einige der berühmtesten Feldherren Österreichs, darunter Prinz Eugen, Leopold Josef Graf Daun (der in diesem Haus 1766 starb) und schließlich dessen direkter Nachfolger Feldmarschall Franz Moritz Graf Lacy. Nachdem dieser 1774 seinen Posten niedergelegt hatte, kaufte er das Gebäude vom Staat, um es weiterhin als private Wohnung zu nutzen.

Als der unverheiratet gebliebene Lacy im Jahr 1801 starb, erbte es sein Neffe, der es bald an Ferenc József Graf Koháry verkaufte.

Vom Palais Koháry zum Palais Coburg

Koháry entstammte einer alten ungarischen Magnatenfamilie, einer der vornehmsten und reichsten des Landes. Dieser Reichtum war der Tatsache zu verdanken, dass die Koharys in den wirren und kriegerischen Zeiten des 16. und 17. Jahrhunderts stets katholisch geblieben waren und treu zu den Habsburgern standen. Erfolgreich hatten sie gegen Österreichs Feinde gekämpft, ob gegen die Türken, die Schweden oder die Kuruzzen – stets standen die männlichen Mitglieder der Familie als hohe Offiziere in kaiserlichen Diensten. Ihr Einsatz und ihre Loyalität machten sich bezahlt.

Unter Kaiser Leopold I. stiegen die Koharys in den Grafenrang auf, erhielten jede Menge Auszeichnungen, Posten und Ehrenämter und konnten nach und nach riesige Güter in Ungarn, der heutigen Slowakei und Niederösterreich erwerben. Im 18. Jahrhundert setzte sich der Aufstieg der Familie fort und zu den großen Wäldern und Ackerflächen kamen Erzgruben, Stahlwerke, Hochöfen sowie eine einträgliche Pferde- und Schafzucht dazu.

Koharys großen Besitz bereicherte ab Jänner 1802 nun also auch ein abgewohntes, verwinkeltes ehemaliges Militärgebäude an der äußersten Peripherie der Stadt, ein Haus, das man weder als besonders repräsentativ noch als besonders gemütlich bezeichnen konnte. Wenige Jahre später kaufte er sogar noch ein zweites, angrenzendes Haus, ebenfalls aus der Hinterlassenschaft Feldmarschall Lacys.

Ferenc Graf (später Fürst) Koháry. Durch die Heirat seiner Tochter gelangte sein Besitz in der Seilerstätte an die Familie Coburg, die hier das Palais errichten ließ.

Koháry hatte damit aber eine überaus kluge Wahl getroffen, sicherte er sich und seinen Nachkommen doch ein Grundstück in einer mittlerweile höchst attraktiven Gegend. Seit Kaiser Josef II. hatten sich nämlich sowohl die Basteien als auch das Glacis vor den Stadtmauern zum beliebtesten Naherholungsgebiet der Wiener Bevölkerung entwickelt.

Auf dem einst öden militärischen Sperrgebiet des Glacis wurden seit den 1770er-Jahren Tausende Alleebäume gepflanzt und Spazierwege angelegt und an den Wochenenden machten die Verkäufer von Kaffee und Limonade ein glänzendes Geschäft mit den vielen vorbeiflanierenden Gästen. Auch die Basteien, die bis dahin nur mit Sondergenehmigung und in Begleitung eines Soldaten besucht werden durften, wurden unter Kaiser Josef öffentlich zugänglich.

Die Spaziergänge über die alten Befestigungsanlagen erfreuten sich von Beginn an allergrößter Beliebtheit. Bei schönem Wetter wimmelte es hier nur so von Menschen jeden Alters und jedes Standes. Abseits der staubigen, lauten Straßen und nicht von Reitern und rumpelnden Fuhrwerken gestört, genoss man die frische Luft und den Ausblick auf das begrünte Glacis.

Die Gegend unterhalb der Braunbastei war dabei besonders anziehend, befand sich dort, im Bereich des heutigen Stadtparks, doch das (später sogenannte) Wasserglacis, wo ein großes Kaffeezelt stand und an Sommerabenden Musikkapellen aufspielten (siehe Seite 230–232).

Dass Graf Koháry mit dem ehemaligen Schultheißenhaus wenig anzufangen wusste, liegt auf der Hand. Er wollte es großzügig umbauen lassen und daraus ein zeitgemäßes, behagliches Palais machen. Doch die Jahre vergingen und seine ungarischen Güter verlangten ebenfalls nach seiner Aufmerksamkeit. Was bislang am Gebäude erneuert worden war, reichte bei Weitem nicht aus, eine wirklich repräsentative Wohnstätte daraus zu machen. Dabei hätte es mittlerweile einen überaus guten Grund gegeben, in Wien durch ein prachtvolles Palais ein wenig deutlicher auf sich aufmerksam zu machen, nämlich die Erhebung der Familie Koháry in den Fürstenstand.

Diese ehrenvolle Rangerhöhung verdankte der Graf letzten Endes seiner Tochter Antonie Gabriele, sie war – nach dem frühen Tod ihres Bruders – sein einziges Kind. Im Jahr 1816 heiratete sie einen 30-jährigen Dragoneroffizier, der sich nicht nur durch besondere Tapferkeit in den Schlachten gegen Napoleon ausgezeichnet hatte, sondern vor allem durch einen alten, klingenden Namen: Ferdinand Georg August, Prinz von Sachsen-Coburg-Saalfeld (ab 1826 Sachsen-Coburg und Gotha).

Seine Familie regierte im fränkisch-thüringischen Raum einen der zahlreichen deutschen Klein- und Kleinststaaten, einen, der durch vorangegangene Erbteilungen immer noch kleiner geworden war. Mitte des 18. Jahrhunderts wurde endlich die »Primogenitur«-Regelung eingeführt, um die völlige Zersplitterung des Landes aufzuhalten. Ab nun hatte nur noch der älteste Sohn den Anspruch auf die Herrschaft, jüngere Brüder waren somit gezwungen, sich in die Dienste eines europäischen Herrscherhauses zu stellen, um sich ihren Unterhalt zu verdienen – oder reich zu heiraten. (Da sie aus herzoglicher Familie stammten, trugen sie trotzdem den Titel eines Prinzen.)

Ab jener Zeit praktizierten die Coburger eine Heiratspolitik, die selbst jene der Habsburger in den Schatten stellte. Es würde den Rahmen sprengen, alle Eheverbindungen der einzelnen Mitglieder zu schildern, alle entstandenen Familienzweige und Nebenlinien aufzulisten und auf die komplizierten Querverbindungen hinzuweisen, die durch Heiraten von Coburgern mit Coburgerinnen entstanden. Wer einen Blick auf die Familienporträts im Grünen Salon des Wiener Palais wirft, erhält zumindest einen ersten Eindruck von dieser unglaublich erfolgreichen Heiratspolitik, die im 19. Jahrhundert dazu führte, dass sich Coburger auf den Thronen Englands, Belgiens, Portugals und Bulgariens befanden, weiters entwickelten sich enge verwandtschaftliche Beziehungen zu Frankreich, Russland, Norwegen, Schweden, Dänemark, Rumänien und Spanien.

Doch wie Prinz Ferdinand bewies, wurden auch Verbindungen mit rangniedrigeren Partnerinnen eingegangen. Wie gesagt: An Geld mangelte es den Koharys wahrlich nicht, allein für die unzähligen Gäste der neun Tage dauernden Hochzeitsfeierlichkeiten wurden nicht weniger als 1000 Schweine und 10 000 Hühner geschlachtet und eine Kapelle von knapp 800 Musikern spielte auf. Der immense Reichtum des Schwiegervaters ließ aber einen – zumindest blassen – Schatten nicht gänzlich verschwinden, nämlich die Tatsache, dass dieser eben »nur« ein einfacher Graf war.

Die Coburger ließen daher ihre Beziehungen spielen und erreichten 1817 bei Kaiser Franz tatsächlich die Erhebung Kohárys in den

Fürstenstand. Um die ganze Sache noch besser aussehen zu lassen, wurde die Urkunde auf 1815 vordatiert, sodass Prinz Coburg ganz offiziell eine Frau aus »fürstlichem« Hause geheiratet hatte.

Was dem jungen Paar noch fehlte, war eine standesgemäße Residenz in Wien. Das Haus auf der Braunbastei befand sich weiterhin in schlechtem Zustand, weshalb der frischgebackene Fürst Koháry seiner Tochter und seinem Schwiegersohn ein Palais in der Favoritenstraße 7 kaufte (das später einmal Erzherzog Karl Ludwig, der jüngere Bruder Kaiser Franz Josephs, bewohnen sollte).

Koháry starb 1826 und hinterließ Antonie Gabriele sein gesamtes Vermögen. Aber es sollten abermals mehr als zehn Jahre vergehen, bis man sich endlich an den Bau eines repräsentativen Palais machte. Es war nun wirklich höchste Zeit, denn wieder einmal standen Ereignisse bevor, die für die Familie von großer Bedeutung sein und den guten Klang des Namens Coburg noch glanzvoller machen sollten.

Die wohl berühmteste (halbe) Coburgerin auf einem europäischen Thron: Queen Victoria von England. Hinter ihr die Büste ihres verstorbenen Mannes Albert, ebenfalls ein Coburger

Ferdinands Nichte Victoria (sie war die Tochter seiner Schwester) stand kurz davor, Königin von England zu werden, und auch deren Ehe mit einem weiteren Coburger, ihrem Cousin Albert war abzusehen. Als nahem Verwandten stand es Ferdinand nun an, seinen Wiener Besitz entsprechend aufzuwerten. Darüber hinaus sollten zwei seiner eigenen Kinder bald verheiratet werden, nämlich mit zwei Sprösslingen des französischen Bürgerkönigs Louis Philippe.

Ab 1837 entstanden die Pläne zum großen Neubau. Es ist bemerkenswert, dass Prinz Ferdinand damit einen so gut wie unbekannten jungen Architekten beauftragte, Karl Schleps, über den wegen der spärlichen Quellenlage nicht viel Verlässliches herauszufinden ist. Nachdem das alte Koháry-Gebäude demoliert worden war und man eben mit den Fundamentarbeiten begonnen hatte, starb Schleps im Alter von nur 38 Jahren an Typhus. Der Wiener Baumeister Adolph Korompay führte dessen Pläne fort, unterstützt vom jungen Architekten Franz Neumann und – hier ist man allerdings auf Spekulationen angewiesen – vom Coburger Philipp Menning.

Da Prinz Ferdinand während der Arbeiten noch ein benachbartes Haus dazukaufte, das ebenfalls abgerissen wurde und somit den Bauplatz vergrößerte, mussten die Baupläne neu gezeichnet werden, wieder musste man sie bewilligen lassen, es folgten neuerliche Änderungen.

Auch stand noch gar nicht fest, ob das Palais *tatsächlich* als neue Residenz der Familie genutzt werden sollte, zumindest Teile des Gebäudes wurden nämlich als Zinshaus gestaltet. Sollte es ein Hotel werden oder ein reines Spekulationsobjekt? Der Kunsthistoriker Michael Huey spricht von »einem Palast als Dokument der Unentschlossenheit«.

1842 wurde der vorläufige Schlussstein gesetzt, rechtzeitig zum bevorstehenden Hochzeitsfest von Ferdinands Sohn August und Clementine von Orléans-Bourbon (der Tochter des französischen Königs Louis Philippe). Kaum waren die Festlichkeiten aber vorbei, zog das junge Paar nach Frankreich, denn der König verlangte, dass seine Enkelkinder dort zur Welt kommen sollten. Prinz Ferdinand und seine Frau blieben in ihrem bequemen Haus in der Favoritenstraße, womit das Palais an der Seilerstätte – kaum fertiggestellt – keine Bewohner hatte.

Die Zeitung *Die Grenzboten* schrieb im Jahr 1845: Es »steht nun, nachdem es ungeheure Summen verschlungen, mit seiner Säulenfronte öde und schneebelastet da, die Fenster geschlossen, das Erdgeschoß mit Brettern verzimmert, und die Schwalben bauen im Frühling ihre Nester in den Gemächern, deren rohe, ungemalte Wände keine Fürstenkinder beherbergen werden.«

Das Palais Coburg auf dem Rest der alten Braunbastei (vom Grund der einstigen Gartenbaugesellschaft aus gesehen). Im Wiener Volksmund nannte man es wegen seiner auffälligen Säulen »Spargelburg«.

Gerüchte machten die Runde, dass Baron Salomon Rothschild es kaufen wolle (der sich aber doch lieber ein eigenes Palais in der Renngasse errichten ließ), schließlich legte der Bankier Baron Sina ein Kaufangebot vor. Er hatte nämlich im Sinn, das Gebäude der Börse zu vermieten, die damals noch von einem Provisorium ins nächste ziehen musste (siehe Seite 195). Aber immer noch kam keine Entscheidung vonseiten der Familie. Erst nach einem weiteren Umbau des Hauses und dem Tod des Vaters Ferdinand (1851), kehrte August mit seiner Frau Clementine und den Kindern nach Wien zurück. Endlich wurde das Palais als Familiensitz genutzt.

Die 1850er-Jahre waren eine bedeutsame Zeit, denn mit der Hochzeit Charlottes von Belgien mit Erzherzog Ferdinand Max (dem jüngeren Bruder Kaiser Franz Josephs und späteren Kaiser von Mexiko) war 1856 eine Coburgerin erstmals auch in den innersten Kreis der altehrwürdigen Dynastie der Habsburger aufgenommen worden. Das bedeutete einen enormen Prestigegewinn, der später durch die Heirat Kronprinz Rudolfs mit der Coburgerin Stephanie von Belgien bestätigt wurde.

Zur gleichen Zeit erfuhr auch die Umgebung des nun fertiggestellten und bewohnten Palais an der Seilerstätte eine grundlegende Veränderung. Auf kaiserlichen Befehl wurden die alten Stadtmauern geschleift, die ohnehin keinen Feind mehr aufzuhalten imstande gewesen wären. Schnell kaufte Prinz August ein Grundstück von 1600 Quadratmetern auf der Braunbastei, bevor alles rundherum abgerissen wurde. Auf diesem legte man den Privatgarten des Palais an, von dem man einen fabelhaften Blick auf den entstehenden Stadtpark genießen konnte. Vorsorglich hatte man nämlich vereinbart, dass das Gebäude der Gartenbaugesellschaft, das damals zwischen Palais und Ringstraße gebaut wurde, durch seine Höhe die Aussicht nicht verstellen durfte.

Der Skandal um Prinzessin Louise von Belgien

Dass die vielen Heiraten, durch die Coburger und Coburgerinnen die Bedeutung ihres Hauses steigerten, in den seltensten Fällen auf dauerhafter Liebe beruhten, wird nicht überraschen. Die bereits erwähnte Ehe Stephanies von Belgien mit dem österreichischen Kronprinzen Rudolf etwa war geradezu der Inbegriff einer unglücklichen, für beide Seiten enttäuschenden Verbindung voller Demütigungen und Unverständnis und wurde nur durch das straffe Korsett aristokratischer Benimmregeln mühsam zusammengehalten. Doch auch Stephanies Schwester Louise hatte ein schweres Los.

Beide waren als Töchter des (späteren) Königs der Belgier, Leopolds II., und seiner österreichischen Frau Erzherzogin Maria Henriette zur Welt gekommen. Sie verlebten eine Kindheit, die durch Gefühlskälte, Strenge und äußerste Disziplin geprägt war.

Im März 1874 heiratete Louise in Brüssel ihren Cousin Prinz Philipp von Sachsen-Coburg und Gotha, er war ein Sohn Augusts und der Erbe des Wiener Palais. Die Hochzeitsnacht geriet zu einem traumatischen Erlebnis für die junge Braut, denn schamhaft war ihr verschwiegen worden, was sie erwarten würde. Ein Gärtner fand schließlich die aus dem Schlafzimmer geflüchtete, verstörte Prinzessin in der Orangerie des Schlosses Laeken.

In Wien folgten weitere Irritationen. Philipp, der als »Lebemann« verschrien war, stellte in den gemeinsamen Gemächern asiatische Figuren in pornografischen Posen auf und gab der schockierten Ehefrau erotische Literatur zu lesen. Beistand durch ihre Schwiegermutter Clementine durfte sie sich nicht erhoffen, vergötterte diese ihren Sohn doch und ließ nichts über ihn kommen. So flüchtete Louise sich ins luxuriöse Leben und stürzte sich in einige Affären, wie es ihr Ehemann ebenfalls tat. Beide gingen ihrer Wege, die Ehe war bloß noch gesellschaftliche Konvention.

Louise von Belgien und ihr Ehemann Prinz Philipp von Sachsen-Coburg und Gotha. Was mit einer unglücklichen Ehe begann, endete in einem handfesten Skandal.

Im Mai 1895, im Alter von 37 Jahren, machte Louise eine verhängnisvolle Bekanntschaft. Auf der Prater-Hauptallee lernte sie den jungen Ulanenleutnant Geza von Mattachich kennen, der ab nun überall auftauchte, wo Louise war, ob in der Oper, im Prater oder im Café Demel. Er reiste ihr sogar nach Abbazia nach, wo die beiden ein intimes Verhältnis eingingen. Louise sorgte dafür, dass er vom Dienst beurlaubt wurde, und engagierte ihn als ihren persönlichen Reitlehrer.

Die Prinzessin beging allerdings einen großen Fehler, als sie begann, sich mit ihrem Liebhaber in aller Öffentlichkeit zu zeigen. Die beiden erschienen im Herbst 1896 im Sacher, wo sie sich in ein Separee zurückzogen. Sie wurden dabei von Erzherzog Ludwig Viktor gesehen, der gleich seinem Bruder, Kaiser Franz Joseph, davon berichtete. Nun war der Skandal perfekt. Was damals einem Mann – wenn auch naserümpfend – zugestanden wurde (und auch das nur, wenn er sich diskret verhielt), war einer Frau streng verwehrt. Und Louise war noch dazu nicht irgendeine entfernte Verwandte, sondern die Schwester der österreichischen Kronprinzessin.

Mattachich wurde sofort in die Hofburg zitiert, wo ihm der Generaladjutant des Kaisers unmissverständlich klarmachte, dass er Wien augenblicklich zu verlassen habe. Prinzessin Louise wurde ab nun am Hofe gemieden, ihr Ruf war zerstört. Sie beschloss, auf ausgedehnte Reisen zu gehen – natürlich abermals in Begleitung ihres Geliebten Mattachich.

Ob in Paris, Cannes oder Karlsbad, wo immer das Paar erschien, fiel es durch verschwenderischen Lebensstil auf, und Louise verließ sich darauf, dass ihr Ehemann Philipp ihre enormen Schulden begleichen würde. Eine Meraner Zeitung schrieb anlässlich eines Aufenthalts Louises in der Stadt: »Unsere Prinzessin lebt weit über ihre Verhältnisse! Schneider, Schuhmacher, Pelzhändler und Juweliere, ganz zu schweigen von den Lieferanten der Lebensmittel, warten allzu lange und leider oft vergeblich auf die Bezahlung ihrer Rechnungen.« Und weiter hieß es: »Es steht zu hoffen, dass die hohe Frau vor ihrer Abreise allen ihren Verpflichtungen nachkommt, dass ihr Abschied von der schönen Stadt nicht durch unfreundliche Gefühle getrübt werde.«

Prinz Philipp glaubte sich aus der unangenehmen Affäre heraushalten zu können, immerhin bestand seine Ehe ja nur noch auf dem Papier. Zwar galten die öffentlichen Sympathien ihm, dem schwergeprüften, »armen Philipp«, wie der Kaiser sagte, doch dieser verlor langsam die Geduld mit ihm. Franz Joseph konnte nicht zulassen, dass der öffentliche Skandal immer weitere Kreise zog, außerdem hätte Philipps Offizierssehre längst verlangt, entschlossen gegen seinen Nebenbuhler vorzugehen. Man drängte ihn, Mattachich zum Duell zu fordern. Ausgerechnet an Louises 40. Geburtstag fand es statt und endete »mit der Kampfunfähigkeit Seiner Hoheit des Prinzen« – Mattachichs Säbel hatte ihn an der Hand verletzt.

Doch Philipps Ehre war damit wiederhergestellt und die Anteilnahme seiner Verwandtschaft war ihm sicher. Er reichte die Scheidung ein und wandte sich an die Öffentlichkeit. In allen wichtigen Zeitungen Europas wurde nun verkündet: »Seine Königliche Hoheit Prinz Philipp von Sachsen-Coburg und Gotha gibt allen, die es interessiert, bekannt, dass er keine Haftung für jene Schulden übernehme, welche seine Gemahlin, Ihre Königliche Hoheit Prinzessin Louise von Sachsen-Coburg und Gotha, eingeht.«

Immer tiefer geriet diese mit ihrem Lebensgefährten Mattachich in den Strudel gesellschaftlicher Ächtung, ihr Vater, König Leopold, verbat ihr sogar, jemals wieder belgischen Boden zu betreten. Weil niemand ihr mehr Geld für ihr ausschweifendes Leben lieh, sah sie keinen anderen Ausweg, als die Unterschrift ihrer Schwester Stephanie auf mehreren Wechseln zu fälschen. Der Betrugsversuch flog rasch auf. In einem Hotel in Agram wurde Mattachich auf kaiserlichen Befehl verhaftet. Louise wurde in die Döblinger »Privat-Heilanstalt« gebracht, bald darauf in ein Sanatorium in der Nähe Dresdens. Durch ihre eheliche Untreue hatte sie – so die damalige Lehrmeinung der Psychiater – bewiesen, geistig nicht normal zu sein. Der berühmte Richard von Krafft-Ebing diagnostizierte in seinem Gutachten »erworbenen Schwachsinn«, demzufolge die Prinzessin »ihre hohe gesellschaftliche Stellung, die Würde als Frau und Mutter vergaß ..., bis sie von ihrem Gemahl aus unwürdiger Umgebung, ... aus moralischer und sozialer Decadence befreit werden konnte«.

Doch damit war die Geschichte noch nicht zu Ende. Im Jahr 1904 wurde Louise von Mattachich, der mittlerweile aus der Haft entlassen worden war, aus einem Kurhotel in Sachsen befreit. Die beiden flüchteten nach Frankreich. Wieder waren die Zeitungen voll mit langen

Louise von Belgien. Ihre außereheliche Beziehung zu Geza von Mattachich und ihr verschwenderischer Lebensstil sorgten bei Hof für Ärger – und verschafften den Zeitungen stets neuen Stoff.

Artikeln über das prominente Paar und seine Abenteuer. Doch da Louise von der kaiserlichen Familie verstoßen worden war, schrieb Franz Joseph damals in einem Brief an Katharina Schratt: »Der neueste Louisen Skandal hat mich nicht afficirt, ich weis nur was in den Zeitungen steht und da die Sache mich eigentlich gar nichts angeht, ... so kann ich Alles ruhig dem bedauernswerthen Philipp Coburg überlassen.«

Der Kaiser warnte allerdings seine Schwiegertochter Stephanie vor weiterem Kontakt zu Louise, sofern sie nicht riskieren wollte, aus der Hofgesellschaft ausgeschlossen zu werden.

1906 wurde die Ehe zu Prinz Philipp vom Landgericht in Gotha geschieden. Die hohe Abfindung, die Louise erhielt, war nur ein Tropfen auf den heißen Stein, denn ihre Schulden waren mittlerweile astronomisch hoch. Selbst von den Millionen, die ihr nach dem Tod ihres Vaters Leopold ausbezahlt wurden (die dieser durch die rücksichtslose Ausbeutung »seiner« Kolonie Kongo gemacht hatte), blieb kaum etwas übrig. 1919 wurde Louise in Budapest von den Kommunisten wegen vermeintlicher Spionage zum Tode verurteilt, in letzter Minute aber begnadigt. Sie war am Ende ihrer Kräfte. Mattachich, längst auch anderen Frauen und vor allem dem Morphium verfallen, starb 1923, ein Jahr später auch Louise. In Wiesbaden wurde sie beerdigt.

Das Haus Coburg und der Walzerkönig Johann Strauß

Von weiteren aufsehenerregenden Affären im Hause Coburg (von denen es einige gab) soll an dieser Stelle nicht berichtet werden. Ein vergleichsweise harmloses »Skandälchen« bietet aber eine willkommene Überleitung zu Johann Strauß Sohn, der bis heute mit dem Wiener Palais in Verbindung gebracht wird.

Prinz Leopold, ein Onkel des eben erwähnten Philipp, lebte lange Jahre mit der bekannten und populären Schauspielerin und Pianistin Constanze Geiger zusammen, mit der er auch einen Sohn hatte. Im April 1861 entschlossen sich die beiden, ihre Beziehung offiziell zu machen, und heirateten mit viel Pomp in der Schottenkirche. Leopolds Familie war über diese unstandesgemäße Verbindung verständlicherweise sehr erbost, kein einziges Mitglied der Coburgs erschien zur Hochzeit. Dafür war fast alles anwesend, was in der Wiener Theater- und Musikszene Rang und Namen hatte. Zu Constanze Geigers Freundeskreis gehörte auch der berühmte Johann Strauß. Bereits zwei Monate vor der Hochzeit hatte dieser Prinz Leopold den Walzer *Grillenbanner* gewidmet, den er im Dianabadsaal erstmals aufführte. Der Titel war eine deutliche Anspielung auf den Ärger, den Leopold durch die uneheliche Geburt seines Sohnes und die bevorstehende morganatische Heirat heraufbeschwor, und gleichzeitig die gut gemeinte Aufforderung, sich die Sorgen nicht zu sehr zu Herzen gehen zu lassen.

Strauß war damals bereits seit Längerem mit Mitgliedern der herzoglichen Familie bekannt. Der in Coburg residierende Ernst II. (der ältere Bruder des englischen Prinzregenten Albert) etwa war ein großer Musikfreund und Amateurkomponist, dem Strauß mehrere Werke widmete, auch trat dieser des Öfteren im Palais an der Seilerstätte auf. Bei einem Ball, den man dort im Jänner 1852 gab, überreichte er dem britischen Botschafter, dem Earl of Westmoreland, den Walzer *Windsor-Klänge*, den er für die englische Queen Victoria komponiert hatte.

Die freundliche Aufnahme, die Strauß bei den Coburgern und anderen hocharistokratischen Familien fand, täuschte nicht darüber hinweg, dass er an höchster Stelle, nämlich im Kaiserhaus, nicht gut gelitten war. Sein Engagement in der 1848er-Revolution hing ihm lange nach, weshalb er erst spät den Titel eines »Hofballmusikdirektors« erhielt. Strauß' enorme Popularität musste man nolens volens akzeptieren, doch es war unübersehbar, dass seine Erfolge mit säuerlicher Miene aufgenommen wurden.

Allerdings hatte Strauß einen unbeirrbaren, glühenden Bewunderer unter den Habsburgern, Erzherzog Johann Salvator aus der Toskana-Linie (den später aus der Familie ausgetreten Johann Orth). Dieser war hochmusikalisch, komponierte selbst Walzer und ließ sich dabei gerne vom berühmten Meister beraten. Zu dessen 40. Bühnenjubiläum im Oktober 1884 sandte ihm Johann Salvator ein herzliches Glückwunschtelegramm, das mit den Worten endete »in wärmster Verehrung«.

Dieses auf den ersten Blick völlig harmlose Telegramm wurde publik, worauf Johann Salvator einen Brief von Erzherzog Albrecht erhielt, der grauen Eminenz am Kaiserhof und konservativen Sittenwächter. Albrechts folgende Äußerungen zu Johann Strauß spiegeln deutlich die Ressentiments wider, die in höchsten Kreisen gegen diesen gepflegt wurden: »Wäre das Telegramm an einen alten Vorgesetzten, Kriegskameraden u. dgl. gerichtet, so gefiele es mir sehr gut. An einen Gleichgestellten und Untergebenen würde ich das Wort ›Verehrung‹ zu weitgehend … finden, denn dieses Wort läßt sich nur gegen höhere, höchstens ganz *ausserordentlich* verdienstvolle Gleichstehende finden.« Und weiter hieß es: »Gegenüber einem geschickten Komponisten weil er sein lukratives Geschäft eben 40 Jahre betreibt, dem Lebemann von 4 Frauen (wie man sagt) der sein großes Talent trefflich zu verwerthen weiß, findet es wohl jeder Unbefangene ganz und gar unpassend.«

Der Hinweis auf Strauß' private Verhältnisse zeigt deutlich, worüber sich konservativ-katholische Kreise empörten. 1878 war seine erste Frau Jetty gestorben, wenige Wochen später hatte Strauß die um vieles jüngere Schauspielerin Angelika Dittrich geheiratet. Doch diese zweite Ehe verlief alles andere als harmonisch, Angelika ging eine Liebesbeziehung mit Franz Steiner ein, dem Direktor des Theaters an der Wien, für den sie ihren Mann bald verließ. Die Ehe wurde »von Tisch und Bett« geschieden, das war das äußerste, was im katholischen Österreich zu erreichen war.

Aber auch in Strauß' Leben trat eine neue Frau, die verwitwete Adele Strauß (deren verstorbener Mann trotz gleichen Namens nicht mit der Musikerfamilie verwandt war) – eine Wiederverheiratung erlaubten die Gesetze jedoch nicht. Da sowohl Johann als auch Adele in »ordentlichen« Verhältnissen leben wollten, gab es nur einen Ausweg: die Annahme einer anderen Staatsbürgerschaft! Das Herzogtum Sachsen-Coburg und Gotha galt damals geradezu als Mekka der österreichischen Freisinnigen und Antiklerikalen (vergessen wir nicht, dass auch Bertha von Suttner, der die gewünschte Feuerbestattung in Öster-

Um seine dritte Frau Adele heiraten zu können, trat Johann Strauß zum evangelischen Glauben über und wurde Staatsbürger von Sachsen-Coburg und Gotha.

reich verboten war, testamentarisch verfügte, in Gotha kremiert zu werden, wo heute noch ihre Urne steht). Im Jahr 1885 suchte Strauß um den Austritt aus dem österreichischen Staatsverband an. Bald mietete er eine Villa in Coburg und stattete der herzoglichen Residenz einen ersten Besuch ab.

Offiziell stellte er den Antrag: »Besondere Verhältnisse machen es mir wünschenswert, mein Heimatrecht in der Stadt Wien aufzugeben und das deutsche Reichsbürgerrecht zu erwerben. Zu diesem Behufe wünsche ich mich für die Zukunft in der freundlichen Stadt Coburg unter der Regierung des kunstsinnigen Herzogs Ernst niederzulassen, von hier aus meine Kunstreisen ... zu unternehmen ... sowie zu meiner Erholung hierher zurückzukehren.« (Letzteres war freilich ein Schwindel, denn er hatte niemals vor, sich dort wirklich niederzulassen.)

Im Juni 1886 wurde ihm die »Coburger Naturalisationsurkunde« ausgestellt, einen Monat später trat Strauß zum evangelischen Glauben über (Adele, die als Jüdin zur Welt kam, war bereits evangelisch getauft). Den Staatsbürgereid leistete er am 27. Jänner 1887. Alles verlief wunschgemäß, dennoch schien Strauß besorgt zu sein, dass mit seiner bevorstehenden Wiederverheiratung im letzten Moment etwas schiefgehen könnte. Er bat nun seinen Freund Erzherzog Johann Salvator, sich für ihn einzusetzen, was dieser durch Kontaktaufnahme zu Prinz Ferdinand (und der wiederum zu seinem Onkel Herzog Ernst) gerne tat.

Am 11. Juli 1887 wurde in Coburg Strauß' Ehe mit Angelika nun auch »nach dem Bande« geschieden, einen Monat später fand ebendort die Hochzeit Johanns mit Adele statt.

Seiner Popularität tat diese leidige Heiratssache keinen Abbruch, doch musste Strauß nach seiner Rückkehr nach Wien bald feststellen, dass er von gewissen »höheren« Kreisen ab nun erst recht gemieden wurde. Minister, hohe Beamte, selbst Hofschauspieler erschienen nun nicht mehr bei seinen Auftritten, er erhielt keine Orden oder sonstigen Auszeichnungen mehr und man verweigerte – ausgerechnet – ihm die Ehrenbürgerschaft Wiens.

Nachzutragen bleibt übrigens noch die Antwort, die Johann Salvator auf den brieflichen Rüffel durch Erzherzog Albrecht gab. Man kann folgende Worte als Ausdruck eines gesunden Selbstbewusstseins werten, sein gestrenger Verwandter Albrecht muss sie geradezu als unverschämt empfunden haben: »Strauß scheint mir mehr als ein ›geschickter Komponist‹. In seinen Schöpfungen liegt die Seele des österreichischen Volkes. Einem solchen Mann kann man auch als Erzherzog seine Verehrung aussprechen.« Strauß habe, so Johann Salvator weiter, »Jahre über ungezählte Menschen erfreut. Ich sehe darin ein großes Verdienst (...) meine Geburt flößt mir noch lange nicht genug Wichtigkeit ein als daß ich ... einem Künstler meine Verehrung nicht öffentlich bezeugen will.« Und schließlich: »Ich denke wir verlieren nichts von unserem Gottesgnadentum, wenn wir den gottbegnadeten Künstler verehren.«

Das Palais Coburg, im Zweiten Weltkrieg schwer beschädigt, blieb bis 1978 in Familienbesitz. Die Österreichischen Bundesbahnen hatten sich lange Zeit dort eingemietet, doch das Gebäude verfiel immer mehr. Zwischenzeitlich im Besitz zweier Banken, wurde es im Jahr 1997 von der POK Pühringer Privatstiftung gekauft und aus seinem Dornröschenschlaf erweckt. Nach aufwendigen Sanierungsarbeiten ist es heute eines der mondänsten und schönsten Hotels in Wien.

Heinrich von Ferstel – der Ringstraßenarchitekt und »sein« Palais
Palais Ferstel, Freyung 2

Im vollen Terminkalender Kaiser Franz Josephs war zwar nur eine Dreiviertelstunde dafür eingeplant, dennoch wurde die Eröffnung des Universitätsgebäudes am Ring ein überaus festliches Spektakel.

Der Wiener Fürsterzbischof, mehrere Erzherzöge und Minister waren an jenem 11. Oktober 1884 im neuen Prachtbau anwesend, dann der Rektor, die Dekane und Professoren und natürlich auch viele Studenten (die allerdings im Arkadenhof unter freiem Himmel im Regen standen). Unter Fanfarenklängen betrat der Kaiser den großen Festsaal, wo die eigentliche Eröffnungszeremonie abgehalten wurde. Nach einer Ansprache des Rektors sagte Franz Joseph: »Es freut mich, diese schöne Heimstätte der ersten Bildungsanstalt des Reiches in so glänzender und kunstreicher Weise vollendet zu sehen. Mögen der Jugend, welche hier die Quelle des Wissens und die Elemente ihres Berufes und künftigen Lebensglückes aufsucht, dieselben jederzeit in vollem Maße geboten werden.« Dann wurde die Bauurkunde verlesen.

Die *Neue Freie Presse* berichtete: »Besonders wird in der Urkunde betont, daß es dem Erbauer der Universität, Heinrich Freiherrn v. Ferstel, nicht gegönnt war, die Vollendung seines Werkes zu erleben.« Ferstels ältester Sohn Max nahm die Glückwünsche des Kaisers für den neuen Bau – stellvertretend für den ein Jahr zuvor verstorbenen Vater – entgegen. Die Universität hatte diesen bereits einige Stunden zuvor geehrt. Eine Abordnung der Studentenschaft war am Vormittag jenes 11. Oktobers zum Grinzinger Friedhof hinausgefahren, um am Grab des Baumeisters einen Kranz niederzulegen.

Heinrich von Ferstel, einer der berühmtesten und erfolgreichsten Architekten des Wiener Historismus

Der letzte große Erfolg blieb Heinrich von Ferstel also verwehrt, doch hatte er in seinem Leben viele andere Erfolge auskosten dürfen. Freilich, es hatte auch Rückschläge gegeben, Eifersüchteleien von Kollegen und enervierende Diskussionen um die Finanzierung mancher Bauvorhaben, aber alles in allem verlief Ferstels Karriere doch ziemlich glatt. Schon sein Einstieg ins selbstständige Berufsleben stand unter einem günstigen Stern, bereits mit Mitte 20 erhielt er den Auftrag für zwei Gebäude, die heute zu den bedeutendsten Beispielen des Wiener Historismus zählen: die Votivkirche und das sogenannte Palais Ferstel.

Seine Ausbildung hatte er zuvor am Polytechnikum und an der Akademie der bildenden Künste (bei Rösner, van der Nüll und Sicardsburg) gemacht. Im Jahr 1848 verließ der 20-Jährige auf Anraten seines Vaters Ignaz das revolutionäre, umkämpfte Wien und zog zu diesem nach Prag. Böhmen sollte sein erstes Betätigungsfeld werden, denn bald schon trat er in das Architekturbüro seines Onkels Friedrich Stache ein.

Dieser war damals ein namhafter Baumeister, der vor allem für die Fürsten Kinsky tätig war (und deshalb in Wien über eine eigene Wohnung in deren Palais auf der Freyung verfügte). Für diese und andere hochadelige Familien arbeiteten die beiden Umbaupläne für mehrere böhmische Schlösser aus. Doch Ferstel fühlte sich offenbar nicht ganz wohl in diesem Arbeitsverhältnis, er klagte darüber, ausgenutzt zu werden.

Nun trat sein Vater auf den Plan, der zeit seines Lebens eine überaus wichtige Rolle in seinem Leben spielen sollte. Er riet dem Sohn dringend, sich selbstständig zu machen und eine eigene Karriere anzustrengen – und Ferstel nahm den Rat an. 1853 verließ er das Atelier seines Onkels.

Noch Jahre später, zu Weihnachten 1861, schrieb Heinrich an seinen Vater einen Brief, aus dem seine tiefe Verbundenheit abzulesen ist und seine Dankbarkeit dafür, in beruflichen Dingen stets von ihm unterstützt worden zu sein: »Du warst es ja der, obgleich selbst nur Laie, den Sinn für die Kunst in mir wachgerufen, und durch eine ebenso kluge wie zärtlich fürsorgende Erziehung mich auf jene Wege geleitet hat welche ich später nach gereifter Einsicht dankbar verfolgte. – Du warst es der mit großen Opfern und eigenen Entbehrungen die Mittel zu meiner Ausbildung schaffte, und die Zeit meiner Studien zu einer sorgenlosen machte.« Ferstel legte diesem Brief Bilder seiner bisherigen Werke bei und schrieb dazu: »Diese Blätter sollen Dich erinnern an meine Jugendzeit wo ich die Hoffnung aussprach einst als Künstler zu wirken und sollen Dir zur Genugthuung dienen für Dein Bemühen, mich früh schon diesen Weg geführt zu haben.«

Im selben Jahr, da Ferstel sich selbstständig machte, wurde das berüchtigte Messerattentat auf den jungen Kaiser Franz Joseph vereitelt, worauf dessen jüngerer Bruder Ferdinand Max zum Bau einer

Votivkirche in Wien aufrief. Kein Geringerer als der damalige Unterrichtsminister Leo Graf Thun, für den Ferstel und Stache einst eines seiner Schlösser in Böhmen umgebaut hatten, lud den jungen Architekten zur Teilnahme an der Projektausschreibung ein – und dieser wurde abermals vom Vater darin bestärkt und unterstützt. Der erst 26-Jährige konnte tatsächlich mit seinem Entwurf die Jury überzeugen und ließ damit die zahlreichen, teils prominenten Konkurrenten aus dem In- und Ausland hinter sich.

Als 1856 mit dem Bau der Votivkirche begonnen wurde, hatte Ferstel bereits den zweiten großen, prestigeträchtigen Auftrag an Land gezogen. Ein Mehrzweckgebäude war es diesmal, das der Österreichischen Nationalbank, der Wiener Börse, einem Kaffeehaus und mehreren Geschäftslokalen Platz bieten sollte. Das Projekt wurde zu einer großen Herausforderung, die Ferstel allerdings glänzend meistern sollte.

Die Entstehung des Bank- und Börsengebäudes

Die Nationalbank (seit 1878 »Österreichisch-Ungarische Bank«) war 1816, nach der großen Inflation im Zuge der Napoleonischen Kriege, gegründet worden und litt seit ihrem Bestehen unter akuter Platznot. Sie war in unterschiedlichen, räumlich keineswegs geeigneten Privathäusern untergebracht, zuletzt in der Herrengasse 17, an der Ecke zur ab nun sogenannten Bankgasse. Ein eigenes, repräsentatives Gebäude war längst dringend erforderlich.

Ähnliches galt auch für die Börse, die seit ihrer Gründung im Jahr 1771 knapp ein Dutzend Mal hatte übersiedeln müssen. Für eine Zeit sah es gar nicht gut für sie aus, denn die Revolution von 1848 hatte zu einem so starken Kursverfall geführt, dass Polizeiminister Kempen mit ihrer Schließung drohte (worauf Bankier Jonas Königswarter sagte:

»Sehr recht, Exzellenz wollen also das Barometer zerbrechen, damit schönes Wetter werde.«). Doch die Revolution wurde niedergeschlagen, die Bedingungen für die Wirtschaft besserten sich und bald schon erlebte der Handel durch die Aufhebung sämtlicher Zollschranken in den habsburgischen Kronländern einen neuen Aufschwung. Der Börsenbetrieb wurde immer wichtiger.

Mitte der 1850er-Jahre trat ein neues Börsenpatent in Kraft und erstmals wurde eine selbstständige Börsekammer gegründet. Man benötigte nun endlich »ein der Würde des öffentlichen Handelsverkehres entsprechendes Locale«, zumal sich Wien damals zu einem der bedeutendsten Finanzplätze Europas entwickelte.

Die Nationalbank kaufte 1855 den Grafen Traun zwei große Häuser in der Herrengasse ab und schrieb einen Architektenwettbewerb aus, zu dem man Heinrich Ferstel explizit einlud. Auch seine ehemaligen Lehrer Sicardsburg und van der Nüll nahmen daran teil sowie der erfahrene Ludwig Förster, Johann Romano und schließlich Theophil Hansen, der gerade das Heeresgeschichtliche Museum vollendete. Auch diesmal stand Ferstel senior im Hintergrund, um seinen Sohn anzuspornen – immerhin war er selbst als Vorstand der Prager Filiale für die Nationalbank tätig.

Das neue Gebäude sollte, so die Vorgaben, »bei strenger Beachtung von Oekonomie und bei Vermeidung eines werthlosen Luxus mit jener Solidität und künstlerischer, so wie technischer Vollendung ausgeführt werden, welche dem Zwecke des Gebäudes sowohl als namentlich der Würde eines so reichen Nazionalinstitutes entspricht«.

Ferstels Entwurf machte das Rennen, denn er verstand es perfekt, den äußerst unregelmäßigen Baugrund zwischen Freyung, Herrengasse und Strauchgasse zu nutzen. Der ursprüngliche Plan, auch das Haus der Grafen Hardegg (Freyung 1) aufzukaufen und abzureißen, misslang, weshalb man eingezwängt zwischen diesem und dem barocken Palais Harrach die Arbeiten durchführen musste. Es wurde in mehre-

Der Donauweibchenbrunnen in der Ferstelpassage. Anton Dominik Fernkorn schuf ihn nach Entwürfen Ferstels.

ren Etappen gearbeitet. Der schmale Trakt, der auf die Freyung mündet, war im Rohbau schon fertig, als in der Herrengasse noch die Häuser abgerissen wurden, um den Bauplatz zu schaffen.

Im Herbst 1859 konnten die Räumlichkeiten der Nationalbank und die Geschäftslokale (in der heutigen »Ferstelpassage«) eröffnet werden, im Jahr darauf der 600 Quadratmeter große Börsesaal im ersten Stock.

Ferstel hatte sich auf seinen ausgedehnten Studienreisen durch Süd- und Westeuropa von der italienischen Trecento-Architektur inspirieren lassen, ließ aber auch orientalische Elemente einfließen und schließlich seine Eindrücke aus England (wie den offenen Dachstuhl des

Börsesaals). Alles in allem entstand ein Meisterwerk des frühen Historismus, der sich in den folgenden Jahrzehnten, zur Zeit des Ringstraßenbaus, zur vollen Blüte entwickeln sollte.

Bis ins kleinste Detail war alles perfekt geplant und mit großer Sorgfalt ausgeführt worden, Ferstel arbeitete mit einigen der bedeutendsten Bildhauern des damaligen Österreich zusammen. So schuf Hanns Gasser die zwölf Statuen (die Nationen des Habsburgerreiches) an den Fassaden zur Herrengasse und Strauchgasse und Anton Dominik Fernkorn (der Schöpfer der beiden Reiterstandbilder am Heldenplatz) den Donauweibchenbrunnen im glasgedeckten Hof.

Die Reaktionen auf das prächtige neue Gebäude fielen begeistert aus. Die *Allgemeine Bauzeitung* lobte die Verantwortlichen der Nationalbank für ihre Entscheidung zugunsten Ferstels, denn »mit Hinweisung auf das erreichte Resultat kann das Verdienst ... nicht hoch genug angeschlagen werden«. An anderer Stelle wurde der »großartige Baustyl« und die »ebenso reiche, als geschmackvolle Ausstattung« hervorgehoben und für die *Wiener Zeitung* war es schlicht »der glänzendste Civilbau, der seit langer Zeit im Inneren der Stadt Wien aufgeführt wurde«.

Der Stadthistoriker Wilhelm Kisch zählte den Ferstel-Bau noch 20 Jahre später »zu den schönsten und prachtvollsten der Stadt« und besonders poetisch urteilte man im Wien-Band des sogenannten *Kronprinzenwerks* (*Die österreichisch-ungarische Monarchie in Wort und Bild*) über Ferstel. Seinen Bauten sei »ein Zug von natürlicher Grazie nachzurühmen, ein Hauch echt wienerischer Eigenart, etwas von jener Musik der Sprache, die aus Grillparzers Versen tönt«.

Ferstel war nun ein gemachter Mann, geehrt, erfolgreich und viel beschäftigt. Er wurde Professor am Polytechnikum, Ehrenbürger Wiens und in den Adelsstand erhoben und plante an der Ringstraße neben der eingangs erwähnten Universität auch das Gewerbemuseum (das

Das Bank- und Börsegebäude von der Herrengasse aus gesehen. Heute befindet sich hier der Eingang ins 1986 wiedereröffnete Café Central.

heutige MAK). Am Schwarzenbergplatz entstanden gleich vier Palais nach seinen Vorgaben, darunter jene für Erzherzog Ludwig Viktor (den jüngsten Bruder Kaiser Franz Josephs, heute das »Burgtheater im Kasino«) und für den Industriellen Franz von Wertheim, der mit der Erfindung des feuerfesten Panzerschranks steinreich geworden war. Auch nahm Ferstel an Ausschreibungen zu weiteren öffentlichen Prunkbauten Teil, darunter die Hofmuseen, das Parlament – und nicht zuletzt eine neue Börse!

Tatsächlich hatte sich nämlich sehr bald gezeigt, dass ihr der Platz im Ferstel-Gebäude an der Herrengasse nicht mehr ausreiche, schon kurz nach der Eröffnung ihrer neuen Räumlichkeiten war die Rede von einem Neubau.

Nach der katastrophalen Niederlage gegen Preußen bei Königgrätz (1866) und dem Ausschluss aus dem Deutschen Bund lag Österreich zwar darnieder, schnell jedoch erholte sich die Wirtschaft wieder, ja sie entwickelte sich kräftiger denn je. Die »sieben fetten Jahre« wird die Zeit bis 1873 genannt, bis der Börsenkrach so viele Hoffnungen zunichte machte (siehe Seite 220–222). Aber noch florierte der Handel, noch stiegen die Aktien in lichte Höhen, jedermann hoffte, in kürzester Zeit ein Vermögen erringen zu können. Die berühmte »Gründerzeit« war angebrochen und man erging sich in euphorischen Erwartungen über die bevorstehende Weltausstellung in Wien.

Ein hastig errichtetes, provisorisches Gebäude (von Emil Förster) zwischen Schottenring, Maria-Theresien-Straße und Deutschmeisterplatz musste 1872 eröffnet werden, in dem all die nach schnellem Reichtum Suchenden Platz fanden (und wo beim Börsenkrach schließlich die Träume vom schnellen Geld platzen sollten).

Parallel dazu liefen die Planungen für ein dauerhaftes neues Gebäude. Wo es stehen sollte, war noch nicht entschieden. Gleich sieben mögliche Bauplätze waren im Gespräch, darunter das Areal des ehemaligen Treumanntheaters am Franz-Josefs-Kai. Alle Stararchitekten – zu denen nunmehr auch Ferstel zählte – schufen eifrig Entwürfe. Ferstel war darüber hinaus auch beratender Architekt der Jury, also Gutachter über die Konkurrenz, aber er hatte es mittlerweile nicht mehr nur mit wohlwollenden Zeitgenossen zu tun, auch in der Börsekammer. Er merkte das und sorgte sich nun um seine bislang unangefochtene Position. Ein wenig bitter schrieb er im Juli 1868 an Börsekammer-Präsident Wodianer: »Es könnte sicher nicht befremden wenn ich es für Zurücksetzung erklären würde wenn bei einer ferneren Behandlung von meinem fachmännischen Urtheile ganz Umgang genommen würde, der ich meinen redlichen Antheil an dem Zustandekommen jener Erfahrungen habe.« Er hielte es für ungerecht, »wenn nämlich irgend ein anderer Fachmann gestützt auf das bisher Erreichte gleichsam das Erbe der früheren Bemühungen antreten und den Lohn dafür ernten sollte.«

Nach Jahre andauernden Diskussionen um Bauplatz und Architekten kam schließlich eine Einigung zustande: Das Grundstück am Franz-Josefs-Kai, das die Börsekammer bereits gekauft hatte, wurde umgetauscht gegen den Bauplatz am Ring. Als Architekten wurden Theophil Hansen und Karl Tietz ausgewählt. Ferstel schied aus.

Am 13. Juli 1873 – an Hansens 60. Geburtstag und wohlgemerkt mitten im Chaos des Börsenkrachs – wurde der Grundstein zum neuen Prachtgebäude gelegt. Hansens Kompagnon und Freund Tietz war zu jenem Zeitpunkt übrigens nicht mehr arbeitsfähig. Nachdem auf einer seiner zahlreichen Baustellen eine Mauer eingestürzt war und acht Arbeiter unter sich begraben hatte, war es zu einem langen, spektakulären Gerichtsprozess gekommen, der den Architekten nervlich völlig zerrüttete. Er endete 1874 in völliger geistiger Verwirrung in der Döblinger »Irrenheilanstalt«. Drei Jahre später konnte die neue Börse feierlich eröffnet werden.

Die Nationalbank blieb vorerst in Ferstels Gebäude an der Freyung und übersiedelte erst nach dem Ersten Weltkrieg in den Neubau an der Universitätsstraße (Otto-Wagner-Platz), wo sie bis heute untergebracht ist.

Das Café Central und andere Literatencafés

Im Jahr 1868 wurde – wie von Anfang an geplant – im Erdgeschoß des Ferstel-Gebäudes ein Kaffeehaus eröffnet, das Café Central, das sich bald zu einem der bekanntesten von ganz Wien entwickelte. Jahrzehntelang tummelten sich hier so gut wie alle namhaften Journalisten, Schriftsteller, Feuilletonisten und Kritiker, es war bis in die Zeit nach dem Ersten Weltkrieg schlicht *das* Literatencafé Wiens.

Man muss freilich aufpassen, an dieser Stelle nicht in die Falle oft tradierter Klischees zu tappen oder sich in verklärenden Fin-de-Siècle-Anekdoten zu verlieren, derer es bekanntlich zuhauf gibt. Man nimmt dem Central nichts von seiner (literatur-)historischen Bedeutung, wenn man darauf hinweist, dass es bloß in einer langen Reihe ähnlicher Etablissements stand und jenen, die die vermeintliche »Einzigartigkeit« der Wiener Kaffeehäuser und besonders des Central beschwören, sei versichert, dass es Literatencafés schon lange Zeit früher gab.

Seit der Mitte des 17. Jahrhunderts hatten sich vornehmlich in den Hafenstädten Englands Kaffeestuben entwickelt, die zum Treffpunkt von Gelehrten und Schriftstellern (wie etwa Jonathan Swift und Daniel Defoe) wurden. Im Gegensatz zu den adeligen Salons und den Wirtshäusern der »einfachen« Leute wurden sie zunehmend zum Ort des aufgeklärten Bürgertums, wo gerne auch freimütige politische Diskussionen geführt wurden. Auch in Paris, Hamburg, Bremen oder Leipzig standen die Stammgäste von Kaffeehäusern wegen »ungebührlichen Räsonierens gegenüber der Obrigkeit«, wie Ulla Heise schreibt, oft unter strenger Beobachtung durch Regierung oder Klerus.

Als Nachrichtenbörsen waren die Kaffeehäuser schlicht unersetzbar, kamen doch gerade in den Hafen- und Handelsmetropolen Menschen aus vielen Ländern zusammen, um sich über das Tagesgeschehen auszutauschen. (Der englische Kaffeewirt Edward Lloyd etwa sammelte die Informationen, die ihm in seinem Lokal von Seefahrern und Reedern zugetragen wurden, und fasste sie in regelmäßigen Berichten zusammen, was als Geburtsstunde der berühmtesten maritimen Versicherungsgesellschaft »Lloyd's« gelten kann.)

Auch wurden in den großen Kaffeehäusern Europas schon sehr früh internationale Zeitungen gelesen, ja manche entstanden sogar dort. *Il Caffè* hieß eine von Mailänder Intellektuellen gegründete Zeitschrift, die sich in den 1760er-Jahren (als die Lombardei zum Habsburgerreich gehörte) mit scharfer Kritik gegen die jesuitische Zensur wandte und als eines der wichtigsten Sprachrohre der italienischen Aufklärung fungierte.

Auch in Wien lagen zu josefinischer Zeit viele Zeitungen in den Kaffeehäusern auf, sogar Buchhändler verkauften dort ihre Ware und in Extrazimmern versammelten sich Lesezirkel und Bildungsvereine.

Längst war das Café zur fixen Institution geworden. Johann Pezzl beschrieb es um 1800: »Man studiert, man spielt, man plaudert, schläft, negoziert, kannegießert, schachert, wirbt, entwirft Intrigen, Komplotte, Lustpartien, liest Zeitungen und Journale usw. in den heutigen Kaffeehäusern; in einigen fängt man auch an Tabak zu rauchen.« Im Gegensatz zu diesen Treffpunkten der bürgerlichen Gesellschaft gab es, so Pezzl weiter, auch hölzerne Kaffeehütten, an denen die »Taglöhner und Marktweiber« für nur einen Kreuzer ihr Frühstück einnehmen konnten. Echten Bohnenkaffee gab es dort allerdings nicht für so wenig Geld, sondern bloß ein Gebräu aus gerösteter Gerste.

Zur Mitte des 19. Jahrhunderts zeigte sich die für die Obrigkeit gefährliche revolutionäre Energie, die sich nicht nur in verrauchten Hinterzimmern der Vorstadtcafés, sondern auch in sehr noblen Etablissements wie Ignaz Neuners »Silbernem Kaffeehaus« (zwischen Plankengasse und Spiegelgasse) aufgestaut hatte. Hier trafen einander regelmäßig Grillparzer, Lenau, Bauernfeld, Castelli und viele andere bedeutende Dichter ihrer Zeit. Es wurde von Metternichs Polizei misstrauisch beäugt, »weil man ein Gefühl davon hatte, hier rege sich ein Geist, welcher für das Bestehende bedrohlich werden könne«, schrieb Lenaus Freund, der dänische Theologe Hans Lassen Martensen, und weiter heißt es da, dass das Silberne Kaffeehaus »in ziemlich starkem Grade beigetragen hat, die Begebenheiten des Jahres 1848 vorzubereiten«.

Kurz vor Ausbruch der Revolution wurde ein weiteres für die Wiener Kulturgeschichte sehr bedeutsames Café eröffnet, das Griensteidl am Michaelerplatz. Auch hier wurde heftig politisiert und debattiert, in den blutigen Märztagen befand man sich sogar mitten im Zentrum des Geschehens, immerhin fielen die ersten Schüsse der Revolution in der Herrengasse. In »Café National« wurde es damals umbenannt, um die selbstbewusste, revolutionäre Haltung seiner Gäste zum Ausdruck zu bringen.

In den kommenden Jahrzehnten wurde das Griensteidl zum direkten Vorläufer des Central. Die unmittelbare Nachbarschaft des (alten) Burgtheaters hatte dazu geführt, dass sich hier nicht nur viele Schauspieler einfanden, sondern auch Theaterkritiker, Dichter und Dramatiker – und solche, die es werden wollten. Um 1890 bildete sich hier der Literatenzirkel »Jung Wien« rund um Arthur Schnitzler, Hermann Bahr, Felix Salten, Richard Beer-Hofmann, den blutjungen Hugo von Hofmannsthal und andere.

Hier war auch regelmäßig Karl Kraus zu Gast, damals ebenfalls noch ein junger Mann, der aber etwas schon in Perfektion beherrschte: sich Feinde zu machen. Als gnadenloser Purist der deutschen Sprache kritisierte er in beißendem Ton seine Kollegen und ließ an kaum einem ein gutes Haar. Von »Jung Wien« wandte er sich bald ab und überschüttete dessen Vertreter mit Häme.

Das Café Griensteidl am Michaelerplatz, legendärer Treffpunkt vieler berühmter Literaten, vor seiner Demolierung. Im Nachfolgebau wurde 1990 das neue Griensteidl eröffnet.

Im *Wiener Montags-Journal* erschien 1895 anlässlich der Uraufführung von Schnitzlers *Liebelei* am Burgtheater ein Artikel über die Stammgäste des Griensteidl. Kraus wird hier »der kleine K.« genannt, der, »einer bleichen Fledermaus gleich«, die literarischen Schöpfungen der Dichter von »Jung Wien« auf der Suche nach Mängeln durchforstet: Er »sucht nach den Druckfehlern in der Prosa und in den Versen dieses Kreises; dann stößt er ab und flattert in ein anderes Kaffeehaus, wo er mit mühsam ausgefeilten Böswilligkeiten über den verlassenen Cirkel aufwartet ...«

Doch auch seine Gegner wurden in diesem Artikel nicht geschont, der eitle »Jupiter« Arthur Schnitzler, »der flinke Knabe Hoffmannsthal (sic!), der Ganymed dieses Olymp« und der Dichter Leopold Andrian-Werburg, »der nur in kurzen Sätzen unendliche Weisheit verschweigt, flattert wie ein aristokratischer Falter in diesem Garten der Erkenntniß«.

So unbestritten heute die literarischen Leistungen der (meisten) Dichter von »Jung Wien« sind, so wenig waren sie es damals. Nicht nur die Qualität ihrer Werke wurde kritisiert, sondern auch deren oft affektiertes Gehabe. Tatsächlich muss im Griensteidl die Mischung der Stammgäste auf manche eigenartig gewirkt haben: Da saßen dandyhafte Ästheten aus gutem Hause, die durch extravagante Garderobe auffallen wollten und gewissermaßen den Inbegriff der Fin-de-Siècle-Dekadenz darstellten, und am Nebentisch führten sozialistische Arbeiterführer wie Victor Adler oder Friedrich Austerlitz (der Chefredakteur der *Arbeiter-Zeitung*) politische Diskussionen. Eines allerdings war unbestritten: Auf empfindsame, junge Menschen konnte diese unvergleichliche Atmosphäre aus Intellekt, Kunst und Weltgewandtheit einen großen Reiz ausüben. Stefan Zweig, in den 1890er-Jahren noch Gymnasiast, beschrieb das Kaffeehaus neben dem Theater als »unsere beste Bildungsstätte für alles Neue«. Es war für ihn »eigentlich eine Art demokratischer, jedem für eine billige Schale Kaffee zugänglicher Klub«, in dem man stundenlang die vielen internationalen Zeitungen studieren konnte. Nichts, so Zweig weiter, »hat vielleicht so viel zur intellektuellen Beweglichkeit und internationalen Orientierung des Österreichers beigetragen, als daß er im Kaffeehaus sich über alle Vorgänge der Welt so umfassend orientieren und sie zugleich im freundschaflichen Kreise diskutieren konnte«.

Das Griensteidl musste 1897 schließen, das Haus wurde abgerissen. Eine ganze Schar von Journalisten und Dichtern suchte eine neue Bleibe, wo weiter geschrieben, gestritten und polemisiert werden konnte. Karl Kraus verfasste damals seinen berühmten Aufsatz *Die demolirte Literatur*, in dem es heißt: »Unsere Literatur sieht einer Periode der Obdachlosigkeit entgegen, der Faden der dichterischen Production wird grausam abgeschnitten.« Und er schloss seinen Text mit den Fragen: »Wohin steuert nun unsere Literatur? Und welches ist ihr künftiges Griensteidl?« Für all die boshaften Spitzen, die Kraus dazwischen gegen die Dichter von »Jung Wien« angebracht hatte, kassierte er übrigens von Felix Salten im Griensteidl eine Ohrfeige, was, so Schnitzler in seinem Tagebuch, »allseits freudig begrüßt« wurde.

Das nahe gelegene Central bot sich als neues Stammcafé an, die meisten der erwähnten Herren schlugen ab nun dort ihr »Stammquartier« auf. Dass an dieser Stelle nur die Rede von *Herren* ist, liegt an der Tatsache, dass es um 1900 für Damen noch keine Selbstverständlichkeit war, Kaffeehäuser zu besuchen, schon gar nicht ohne Begleitung. Zwar schrieb die Schriftstellerin Caroline Pichler bereits in den 1840er-Jahren, dass dort mittlerweile »auch Frauen aus den besseren Ständen, ohne die Sitte zu verletzen, erscheinen können, was ehemals nicht war und nicht für möglich gehalten worden wäre«. Doch so ganz geheuer schien selbst ihr diese neue »Mode« nicht zu sein. Auch wenn es hier und dort eigene »Damenzimmer« gab (in denen nicht geraucht werden durfte), blieb das Wiener Kaffeehaus bis weit ins 20. Jahrhundert doch fast eine reine Männerbastion. Otto Friedländer erinnerte

»Kaffeehausskizzen« aus der *Allgemeinen Illustrirten Zeitung*, 1880

sich in seinem berühmten Buch *Letzter Glanz der Märchenstadt*: »Jeder Mensch kann in jedes Kaffeehaus gehen – ausgenommen natürlich die Damen. Damen allein werden nicht bedient, wenn sie aber bedient werden, ist das kein gutes Zeichen – dann sind sie offiziell geduldet, um dort Herrenbekanntschaften zu machen (...) Wirkliche Damen«, so schrieb er, »gehen nur nach einer Soiree oder nach dem Ball mit ihren Herren ins Kaffeehaus und kommen sich dabei so verrucht vor wie ein Mann, der in einen Harem geführt wird.«

Das Central bot alle Annehmlichkeiten, die man auch im Griensteidl genossen hatte. Nicht weniger als 251 Zeitungen in 22 Sprachen lagen auf, dazu kam eine kleine Bibliothek mit Lexika, Wörterbüchern und anderen Nachschlagewerken (die gerade von den Journalisten für ihre Arbeit eifrig genutzt wurde), weiters konnte man Billard, Schach oder

Karten spielen. Neben den alteingesessenen Stammgästen, also den Ministerialbeamten, Politikern und Mitarbeitern der Nationalbank, eroberten sich die Neuankömmlinge ihren fixen Platz. Der Essayist Anton Kuh schrieb über die Raumverteilung: »Das Allerheiligste lag rückwärts und nannte sich Kuppelsaal (der glasgedeckte Arkadenhof mit der Prachtstiege, Anm.) (...) In den anderen Trakten saß der Sozialismus, der Panslawismus, der k. k. Hochverrat; Dr. Kramarsch (1918 erster Ministerpräsident der ČSR, Anm.) und Masaryk (später langjähriger Staatspräsident der ČSR), slowenische Studenten, polnische und ruthenische Parlamentarier, gelehrte Arbeiterführer – der fanatische Leitartikel. (...) Dort hinten aber residierte das Feuilleton.«

Zu diesem gehörte auch der vielseitige Alfred Polgar, Schriftsteller und Redakteur der *Wiener Allgemeinen Zeitung*. Kuh schrieb: »... sah man ihn so stundenlang sitzen, dann war gewiß der Gedanke kaum unterdrückbar: ›Herrgott, was könnte aus dem Mann werden, wenn er hier nicht stundenlang tarockspielend säße?‹«

Polgar zählt bis heute zu den bekanntesten Vertretern der Kaffeehausliteratur, der mit seinem vielzitierten Aufsatz *Theorie des »Café Central«* diesem und seinen Stammgästen ein eigenwilliges Denkmal setzte. Hatte Zweig als Heranwachsender noch den Hauch der »weiten Welt« geschätzt, den er im Kaffeehaus verspürte, und den Zauber des klugen Gesprächs, so klang es bei Polgar deutlich abgeklärter. Das Central, so Polgar, sei »nämlich kein Caféhaus wie andere Caféhäuser, sondern eine Weltanschauung, und zwar eine, deren innerster Inhalt es ist, die Welt nicht anzuschauen. (...) Seine Bewohner sind größtenteils Leute, deren Menschenfeindschaft so heftig ist wie ihr Verlangen nach Menschen, die allein sein wollen, aber dazu Gesellschaft brauchen.«

Über die Gäste, über diese »in der Centralhöhle Verschütteten, die dort sehnsüchtig ihrer Ausgrabung harren, hoffend, daß sie nie stattfinden werde«, schrieb er, sie seien wie Goldfische in einem Aquarium,

»immer voll Erwartung, aber auch voll Sorge, daß einmal was Neues in den gläsernen Bottich fallen könnte«.

Zu Polgars Kreis gehörte auch Peter Altenberg, das Wiener Original und zweifellos der berühmteste Stammgast des Central. (Eine an einem Tisch sitzende, lebensgroße Gipsfigur neben dem Eingang erinnert heute noch an ihn.) Der stadtbekannte Bohemien verbrachte geradezu Tag und Nacht hier, ließ sich von seinen Freunden einladen und schuf im Kaffeehaus seine unverwechselbare impressionistische Prosa.

Die unzähligen Anekdoten, die sich um Altenberg und seine extravagante Art ranken, dürften hinlänglich bekannt sein. Es sei aber darauf hingewiesen, dass Altenberg, der zuvor ja ebenfalls zu den Stammgästen des Griensteidl gezählt hatte, so wie andere auch hier im Central seine alten Feindschaften pflegte. Besonders stieß er sich an Arthur Schnitzler, über den er kaum je ein freundliches Wort verlor. Ob es dessen Frisur war oder seine samtenen Anzüge, einfach alles störte Altenberg an dem erfolgreichen Kollegen. Schnitzler revanchierte sich, indem er in seinem Theaterstück *Das Wort* den Dichter Anastasius Treuenhof auftreten lässt, einen trinkenden, schmarotzenden Zyniker – ein deutlich erkennbares Abbild Altenbergs.

Allerdings bekam Schnitzler Gewissensbisse, denn er hegte trotz allem große Sympathien für den verschrobenen Dichter. Das Stück blieb unvollendet. Später, als der schwere Alkoholiker Altenberg in der Nervenklinik lag, war es Schnitzler, der sich neben vielen anderen Freunden um den Todkranken kümmerte.

Im Jahr 1914 informierte man Schnitzler, dass der diesjährige Literaturnobelpreis zu gleichen Teilen ihm und Altenberg verliehen werden sollte. Weshalb er ihn ausgerechnet mit diesem teilen sollte, wollte er nicht recht einsehen, immerhin konnte er auf ein weitaus umfangreicheres Werk verweisen. Der Ausbruch des Ersten Weltkrieges machte solche Überlegungen ohnehin obsolet, der Nobelpreis wurde 1914 schließlich nicht vergeben.

Ausgerechnet mit seinem Intimfeind Karl Kraus sah sich Schnitzler bei Kriegsbeginn auf einer Seite stehend. Die beiden zählten damals zu den ganz wenigen aus der Kunst- und Literaturszene, die nicht in die patriotischen Jubelchöre und Hurrah-Rufe einfielen. Vor allem *Die letzten Tage der Menschheit*, von Kraus in seiner *Fackel* – wegen der strengen Zensur nur in Auszügen – veröffentlicht, nötigten Schnitzler großen Respekt ab. Die beiderseitige Ablehnung blieb dennoch bestehen.

Jene Zeit brachte auch für das Café Central große Änderungen mit sich. Vor allem nach dem Tod Altenbergs im Jänner 1919 zogen viele »Centralisten« in das neu eröffnete Café Herrenhof, das sich nur wenige Meter entfernt in der Herrengasse befand. Die Verbleibenden wurden von Anton Kuh zu »Mumien« erklärt, die schon »Schimmel« angesetzt hätten. Anstatt des »Espritlüftchens« im Central wehte nun der frische Wind im Herrenhof.

Es wurde der Inbegriff des Literatencafés der Zwischenkriegszeit. Eine neue Generation von Autoren (und nun auch Autorinnen) war hier zu finden, darunter Franz Werfel, Leo Perutz, Joseph Roth, Hilde Spiel – und natürlich auch Friedrich Torberg, der in den 70er-Jahren durch seine beiden berühmten *Tante Jolesch*-Bände an die unwiederbringliche, wahrlich »legendäre« Zeit der Wiener Kaffeehäuser erinnern sollte.

Wiederzubeleben war sie nach dem Zweiten Weltkrieg jedenfalls nicht. Die meisten der erwähnten Schriftsteller und Feuilletonisten waren Juden oder wurden aus politischen Motiven von den Nationalsozialisten verfolgt, vertrieben oder ermordet. Torbergs Freund Milan Dubrović, der schon als Schüler während der 20er-Jahre regelmäßig das Herrenhof besuchte, schrieb in seinen Erinnerungen über eine gewisse Wirklichkeitsfremde, die dort vor dem »Anschluss« Österreichs Einzug gehalten hatte: »Wir diskutierten über Kunst, Literatur, Philosophie, über Einsteins Relativitätstheorie, die Psychoanalyse, die Indivi-

dualpsychologie, über Franz Kafka und Karl Kraus, über Joyce und Robert Musil und selbstverständlich auch über Politik, aber wir fühlten uns über die aktuelle, pragmatische Politik erhaben, spotteten über sie meist mit dünkelhafter Blasiertheit und bewegten uns lieber in realitätsfernen Denkbereichen, in Abstraktionen und Spekulationen.«
Und weiter: »Wir hatten unseren Verstand zwar in unzähligen Diskussionen ... geschult und geschärft ..., aber dieser trainierte Intellekt machte uns zugleich unfähig, die Realität zu sehen, die Gefahren richtig einzuschätzen, während die Tagespolitik bereits in wilde Exzesse und Turbulenzen ausartete. Unser Verstand war vom Wunschdenken blockiert, nach dem Rezept, daß nicht sein kann, was nicht sein darf.«

Das Central musste während des Zweiten Weltkrieges zusperren, das Herrenhof 1960. Das einstige Gebäude der Nationalbank befand sich nach dem Krieg in einem erbärmlichen Zustand, es wurden bereits Pläne für den Abriss erörtert. Erst Mitte der 70er-Jahre, es befand sich damals im Besitz der ÖRAG, der Österreichischen Realitäten-AG, wurde mit der Sanierung begonnen, das Café Central konnte endlich wiedereröffnet werden. Mittlerweile gehört das Gebäude zum riesigen Immobilienimperium der Karl Wlaschek Privatstiftung. Da es niemals das Wohngebäude einer Familie war, verdient es genau genommen die Bezeichnung Palais nicht, dennoch wird es seit Jahrzehnten so genannt. Es ist auch das einzige »Palais« Wiens, das nicht den Namen seiner Bauherren, sondern jenen seines Architekten trägt.

Der jüdische Großbürger Epstein und die englische Gasgesellschaft
Palais Epstein, Dr.-Karl-Renner-Ring 3

Im 19. Jahrhundert gehörte Gustav Epstein zur sogenannten »zweiten Gesellschaft« Wiens, zu jener der Bankiers, der Industriellen und der Großkaufleute. Im Gegensatz zur alteingesessenen, aristokratischen Elite der Stadt konnte er auf keinen langen Stammbaum voll klingender Namen verweisen, sein Großvater Israel war während der Napoleonischen Kriege nicht etwa Feldherr oder Diplomat gewesen, sondern – und nicht einmal das ist gewiss – einfacher Marketender der österreichischen Armee.

Israel Epstein hatte aber mit Fleiß und Verstand den Grundstock zum immensen Familienvermögen gelegt. In Prag eröffnete er ein Manufakturwarengeschäft, später eine Baumwolldruckerei, die sein Sohn Lazar (Leopold) höchst erfolgreich ausbaute. Für den Großhandel mit Stoffen eröffnete dieser auch eine Wiener Niederlassung in der heutigen Judengasse und betrieb mehrere einträgliche Wechselstuben. Den eigentlichen gesellschaftlichen Aufstieg schaffte schließlich sein Sohn Gustav, der die ererbten Betriebe verkaufte und mit dem Erlös von umgerechnet rund 100 Millionen Euro im Jahr 1864 die »Privatbank Epstein« gründete. Neben den Familien Rothschild, Ephrussi, Todesco oder Mautner Markhof zählten die Epsteins damit bald zu den reichsten jüdischen Familien Wiens.

Um die Mitte des 19. Jahrhunderts entwickelte die österreichische Wirtschaft eine enorme Dynamik: Neue Zolltarife belebten den Außenhandel, eine reformierte Gewerbeordnung sorgte für größere Freiheiten und vor allem der Eisenbahnbau (der einst von Kaiser

Noch vor der Gründung des Bankhauses Epstein brachten Textilhandel und Wechselstuben (hier am Stock-im-Eisen-Platz) der Familie ein Vermögen ein – bis zum verheerenden Börsenkrach von 1873.

Der jüdische Großbürger Epstein und die englische Gasgesellschaft

Franz I. strikt abgelehnt worden war) erwies sich als überaus kräftiger Motor für die Industrialisierung der bislang rückständigen Monarchie. Schon in den 1850er-Jahren war Wien an das Schienennetz angebunden, das nach Berlin, Triest, Laibach oder Salzburg führte – und es wurde ständig erweitert. Rohstoffe aus weit entfernten Kronländern konnten erstmals billig und schnell zur Hauptstadt transportiert werden und neue Absatzmärkte wurden erschlossen.

Doch der Eisenbahnbau kostete sehr viel Geld. Ohne expandierenden Finanzsektor wäre er nicht denkbar gewesen, streckten die Banken dem stets maroden Staat doch immense Summen vor. Insbesondere nach dem neuerlichen Konjunkturaufschwung, der auf den verloren gegangenen Krieg gegen Preußen folgte, schossen die Banken wie die

Pilze aus dem Boden. Ab 1866 wurden Jahr für Jahr Dutzende neue Kreditinstitute gegründet und stellten jenes Kapital zur Verfügung, mit dem Österreich versuchte, den wirtschaftlichen Anschluss an Westeuropa zu schaffen.

Gerade in Wien war der Boom jener »fetten Jahre« unübersehbar. Aus einer – der Anlage nach – mittelalterlichen Stadt entwickelte sich binnen weniger Jahre eine moderne Metropole. Bahnhöfe entstanden und (Pferde-)Tramwaylinien, die Erste Hochquellenwasserleitung wurde gebaut und die Donau reguliert. Vor allem aber wurde endlich der alte, beengende Festungsgürtel rund um die Innere Stadt abgerissen, und an seiner Stelle legte man einen zeitgemäßen, breiten Boulevard an, die Ringstraße. Doch es waren keineswegs die Museen, das Rathaus oder die Universität, die hier als Erstes entstanden, sondern private Palais. Der Staat verkaufte nämlich einen großen Teil der durch den Abriss von Stadtmauern und Basteien gewonnenen Grundstücke möglichst teuer an Privatleute, um damit seinerseits die geplanten öffentlichen Prachtbauten finanzieren zu können.

Nun schlug die Stunde der reichen Industriellen und Bankiers, die durch den wirtschaftlichen Aufschwung enorme Vermögen gemacht hatten und an der entstehenden Ringstraße ihre Bedeutung und ihren Reichtum zur Schau stellen wollten. Durch ihre Stellung im österreichischen Wirtschaftsleben erhielten sie die Möglichkeit, zumindest in die unteren Ränge des Adels aufzusteigen. Während die alten Aristokratenfamilien der Grafen und Fürsten seit der Barockzeit ihre Palais in der Innenstadt und in den Vorstädten besaßen, schoben sich diese »Ringstraßenbarone« nun gewissermaßen dazwischen.

Freilich sahen viele despektierlich auf die »Neureichen«, diese »Emporgekommenen« herab, die nun den aristokratischen Lebensstil zu imitieren begannen. Kraft Prinz zu Hohenlohe-Ingelfingen schrieb in seinen Memoiren über die komplizierten Formen des gesellschaftlichen Umgangs mit ihnen: Da mehrere Familien »sich bis in die leitenden Kreise hinauf gearbeitet hatten, und der Verkehr mit ihnen nicht zu vermeiden war, auch in Wien mehr geadelte Bankiersfamilien lebten als in anderen Hauptstädten, die durch ein enormes Vermögen auch Einfluss hatten, so konnte man nicht umhin, auch diese Kreise zur ersten Gesellschaft zu rechnen, die sich aber danach in zwei Kategorien teilte. Diese beiden Kategorien verkehrten miteinander so weit, dass die Herren der ersten mit in die zweite gingen, die der zweiten in die erste hier und da eingeladen wurden. Niemals aber sah man eine Dame der ersten in der zweiten oder eine der zweiten in der ersten. Heiratete ein Herr aus der ersten eine Dame der zweiten, so fand seine Familie nicht mehr Zutritt in der ersten.«

Gustav Ritter von Epstein – Kunstmäzen und Philanthrop

Von den privaten Käufern von Grundstücken an der Ringstraße waren über 40 Prozent Juden, obwohl deren Anteil an der Wiener Gesamtbevölkerung während der 1860er- und 1870er-Jahre insgesamt noch sehr gering war. (Die Antisemiten höhnten jedenfalls bald gehässig über die »Zionsstraße von Neu-Jerusalem«.)

Für sie war ein repräsentatives Palais nicht allein Ausdruck ihres Reichtums, sondern auch deutlich sichtbares Zeichen, endlich in der Wiener Gesellschaft angekommen zu sein. Durch das Staatsgrundgesetz von 1867 genossen sie nach Jahrhunderten der Unterdrückung, der Verfolgung und der obrigkeitlichen Schikanen die volle Gleichberechtigung und durften sich – ohne Sondergenehmigung wie bislang – frei in Wien niederlassen.

Gustav Epstein war ein typischer Vertreter dieses jüdischen Großbürgertums. Als kaisertreuer Patriot hatte er während des Krieges gegen Preußen die österreichische Armee mit großen Summen unterstützt,

Gustav Ritter von Epstein, Philanthrop, Kunstmäzen und Bauherr des prachtvollen Palais an der Ringstraße

und nach der Katastrophe von Königgrätz spendete er weiter an den nun darniederliegenden Staat. Kaiser Franz Joseph zeigte sich seinem großzügigen Untertan gegenüber erkenntlich und verlieh ihm im November 1866 den Orden der Eisernen Krone dritter Klasse, womit die Erhebung in den Ritterstand verbunden war.

Kurz darauf kaufte Epstein ein Grundstück an der Bellaria, wo er sein Palais errichten ließ. Der Baugrund war zweifellos teuer, aber der teuerste – wie manches Mal zu lesen ist – war er keineswegs. Auch, dass selbst das »Adels-Casino« sich dieses Grundstück nicht hätte leisten können, ist falsch, wie Georg Gaugusch durch penible Recherchen nachweisen konnte.

Für die Gesamtplanung seines neuen Heims engagierte Epstein den international angesehenen Theophil Hansen, der zu jener Zeit das Aussehen Wiens maßgeblich mitprägte. Der dänische Architekt lebte bereits seit 20 Jahren in Österreich, hatte gemeinsam mit Ludwig Förster mehrere Projekte verwirklicht (darunter das Arsenal) und lehrte mittlerweile an der Akademie der bildenden Künste. Es war für ihn nicht immer leicht, Aufträge für öffentliche Bauten zu ergattern, denn manche seiner Kollegen, allen voran Sicardsburg und van der Nüll, versuchten, den Konkurrenten in Schranken zu halten. Erst ab den 1870er-Jahren sollten jene Prachtbauten entlang der Ringstraße entstehen, für die er heute am bekanntesten ist: die Börse (siehe Seite 200f.), das Parlament und die Akademie der bildenden Künste.

Doch es gab viele reiche Privatleute, die ihn nur zu gerne engagierten: Neben Baron Simon von Sina (für den er ein prächtiges Palais am Hohen Markt plante), Erzherzog Wilhelm (dem er das »Deutschmeisterpalais« am Parkring schuf) und der Bankiersfamilie Ephrussi nun auch Gustav Ritter von Epstein. Für die Bauleitung hatte dieser sich übrigens einen jungen, aufstrebenden Architekten auserkoren, einen, der ihm kurz zuvor schon eine Sommervilla in Baden entworfen hatte – den später so berühmten Otto Wagner.

Epstein war keineswegs bloß kühl berechnender Geschäftsmann, sondern ein feingeistiger, ausgesprochen kultivierter und kunstsinniger Mensch. Er sprach mehrere Sprachen, verfügte über eine exzellente humanistische Bildung, war ein engagiertes Mitglied des Israelitischen Kultusvorstands und betrachtete es als selbstverständlich, hohe Summen für wohltätige Zwecke, Wissenschaft und Kunst zu spenden. Hatte man seinen Vater Leopold noch als »nicht sehr feinen, aber sehr gescheiten Mann« bezeichnet, so dürfte Gustav geradezu der Inbegriff eines vornehmen Gentleman gewesen sein.

Mit seinem Palais wollte er nicht protzen, sondern der Kunst gleichsam eine Heimstätte bieten. Voller Sachkenntnis und architektonischem Interesse brachte er sich von Anfang an in die Planungen ein, worauf ein Gebäude entstand, das heute noch zu den schönsten der Ringstraße zählt. Es ist ein Gesamtkunstwerk, bei dem alles bis hin zu den Tapeten und Vorhängen exakt aufeinander abgestimmt war.

Theophil Hansen gestaltete es in den Formen der Neorenaissance, selbst die reich geschnitzten Kassettendecken waren Vorbildern in italienischen Renaissancekirchen und -palästen nachempfunden.

Im Jänner 1872 konnte das Palais bezogen werden. Im Erdgeschoß, rechts neben der Durchfahrt in den glasgedeckten Innenhof, waren die Büros des Bankhauses untergebracht. (Die schweren, eisernen Rollläden vor den Fenstern, mit denen man sie abends einbruchssicher verschließen konnte, sind noch erhalten.) Hier befand sich auch jener kleine Raum, der von Notleidenden diskret betreten werden konnte, um rasch und unbürokratisch finanzielle Hilfe zu erlangen. Für diese »Hand-Beteilung« stellte Epstein Jahr für Jahr die hohe Summe von 30 000 Gulden zu Verfügung (also rund 300 000 Euro).

Über die marmorne, stuckverzierte Prunkstiege gelangte man in die Beletage, wo die Privaträume der Familie Epstein lagen, also von Gustav und seiner Frau Emilie sowie den drei Kindern Margarethe, Carolina und Friedrich, die zwischen zwei und 13 Jahren alt waren. Auch deren Hauslehrer und die Gouvernante wohnten im Palais. (Ein wenig peinlich erscheint allerdings die Tatsache, dass im Haus des großen Philanthropen Epstein ausgerechnet die Räume für das übrige Dienstpersonal dermaßen klein und finster ausfielen, dass ihnen zunächst die baubehördliche Bewilligung versagt blieb.) Die zweite und die dritte Etage enthielten noble Mietwohnungen.

Herzstück des Hauses bildete der Festsaal im ersten Stock, der durch raffinierte Schiebetüren vergrößert werden konnte. Ihn hatte Theophil Hansen eigentlich für ein Schloss des Großherzogs von Oldenburg entworfen, wobei Letzterem der Bau schlussendlich zu kostspielig erschien. Doch Epstein, der unter anderem österreichischer Generalkonsul des norddeutschen Großherzogtums war, verwirklichte die Pläne gerne. Ein junger Künstler, der aus Oldenburg stammte und erst seit Kurzem in der österreichischen Hauptstadt studierte, schuf übrigens die Malereien in diesem Saal: Christian Griepenkerl, der später so bekannte Historienmaler. (1907 sollte er als Professor an der Akademie der bildenden Künste die Aufnahme Adolf Hitlers zum Kunststudium verhindern.)

Es waren nicht so sehr rauschende Bälle, die in diesem Festsaal veranstaltet wurden, als vielmehr Konzerte und intellektuelle Gesellschaftsabende, an denen sich das Ehepaar Epstein mit Künstlern und Gelehrten austauschen konnte. Auch Clara Schumann und Anton Rubinstein traten bei der musikbegeisterten Familie als Klaviervirtuosen auf.

Dass Epstein immer weniger als Finanzmagnat denn als Kunstmäzen und Sammler auftrat, war in seinem privaten Arbeitszimmer deut-

Das Palais Epstein gegen Ende des 19. Jahrhunderts, mittlerweile Firmensitz der »Imperial Continental Gas Association« (ICGA)

lich zu sehen. Es glich der Studierstube eines Privatgelehrten, wie ein Zeitgenosse beschrieb: »In hohen, aus Kirschholz superb gearbeiteten Schränken grüßen den Bücherfreund die auserlesensten Werke aller Literaturen, auf dem Lesetisch liegt aufgeschlagen ein seltenes altes Buch in lateinischer Sprache, ein historischer Lexikon von einem berühmten Verfasser. Außer Bücher zieren dieses Cabinet noch verschiedene archäologische und ethnographische Merkwürdigkeiten, Marmorbüsten, Trachtengruppen etc.«

Die Leitung seiner Bank hatte der kränkelnde Gustav von Epstein bereits 1871 in die Hände von Prokuristen gelegt, er selbst widmete sich lieber gänzlich der Mehrung seiner großartigen Gemäldesammlung und der Inneneinrichtung seines neuen Palais. Der Rückzug aus dem Geschäftsleben sollte allerdings fatale Folgen haben: Die österreichische Wirtschaft raste dem Börsenkrach entgegen – und das Bankhaus Epstein sollte mitgerissen werden.

Der Börsenkrach von 1873 – der Fall des Bankhauses Epstein

Wie erwähnt entwickelte sich die österreichische Wirtschaft ab 1866 hervorragend. Nach der Schrecksekunde, die der Niederlage gegen Preußen und dem Ausschluss aus dem Deutschen Bund folgte, florierten Industrie, Handel und Gewerbe in nie dagewesenem Ausmaß. Die Länge des Schienennetzes der Eisenbahn wurde binnen weniger Jahre verdoppelt, deren Ertrag stieg um das Sechsfache an. Stahlerzeugung und Maschinenbau florierten, dazu kamen Rekordernten in Österreich und Ungarn, der Getreideexport brachte hohe Gewinne, wodurch wiederum die Preise der Ackerböden stark anstiegen. An der Wiener Börse wurden enorme Dividenden an die Anleger ausbezahlt, es herrschte das »Gründerfieber«.

Gab es im Jahr 1866 nur vier Industrieaktien zu kaufen, so waren es Anfang 1873 über 200, die Zahl der börslich notierten Aktienbanken stieg zur gleichen Zeit von acht auf 124. In Wien wurde eine Baugesellschaft nach der anderen gegründet, die Grundstücks- und Immobilienpreise explodierten und mit ihnen die Mieten.

Bald wollten alle am neuen Reichtum teilhaben und begannen zu spekulieren. Die Zeitungen heizten das aufgereizte Klima noch mehr an: »Höchste Fruktifizierung ohne Risiko« wurde versprochen. Vom Stubenmädel bis zum Beamten, vom Kutscher bis zum Gutsbesitzer, alle erwarben vielversprechende Aktien, und wer dafür kein eigenes Geld hatte, kaufte auf Kredit – oft ohne überhaupt etwas über die Firmen zu wissen, in die man investierte. Viele dieser Gesellschaften waren ohne jegliches Eigenkapital gegründet worden und lebten ihrerseits bloß von ungedeckten Krediten.

Bezeichnend für diese fiebrige Stimmung ist die Geschichte, die über den Architekten Karl Tietz erzählt wurde, der gemeinsam mit Theophil Hansen das neue Börsengebäude am Ring geplant hatte (siehe Seite 200f.). Es hieß, er litte unter der Wahnvorstellung, die gesamte Ringstraße kaufen zu müssen, habe aber nicht genug Geld. Hierzu fällt einem der Satz des damaligen Wiener Bürgermeisters Cajetan Felder ein, der in seinen Lebenserinnerungen über den »andauernden Paroxysmus einer alle Gesellschaftsschichten verseuchenden Gehirnpest« schrieb.

Kurz: Der Aktienhandel wurde unkontrollierbar, die Gewinnerwartungen und die Gewinnversprechungen blähten sich immer weiter auf und waren längst nicht mehr mit dem realen Wirtschaftswachstum in Einklang zu bringen. Ein Ende mit Schrecken war abzusehen.

Noch verzögerte die euphorische Hoffnung auf den frischen Impuls der Wiener Weltausstellung im Prater das Platzen der mittlerweile gigantischen Blase an der Börse. Neue Nobelhotels wurden errichtet (darunter das berühmte Métropole am Donaukanal), denn man rechnete mit nicht weniger als 20 Millionen Besuchern in der Hauptstadt! Doch die großen Erwartungen wurden jäh enttäuscht. Schon in der ersten Woche der am 1. Mai 1873 eröffneten Weltausstellung zeigte sich, dass sich die immens hohen Investitionen nicht rechnen würden. Die Börsenkurse gaben plötzlich nach, die ersten 150 Firmeninsolvenzen wurden verzeichnet. Tausende Anleger stießen nun panikartig ihre Aktien ab, bis am 9. Mai, dem berühmten »Schwarzen Freitag«, die Börse vollständig zusammenbrach.

Der Sog erfasste Gewerbe- und Industriebetriebe, Dutzende Banken gingen binnen Stunden bankrott. Aus einst vielversprechenden Aktien wurden mit einem Mal »Papiere, in denen die Naschmarktfrauen den Salat einwickelten«, wie Johann Schmit schreibt. Tausende hatten ihr gesamtes Vermögen verloren, eine Selbstmordwelle erfasste die Stadt. Dazu kam noch der Ausbruch der Cholera, der allein in Wien knapp 3000 Tote forderte (in ganz Österreich rund eine halbe Million). Viele Besucher der Weltausstellung verließen fluchtartig die Stadt, die neu erbauten Hotels standen leer und mussten ihre Warenvorräte weit unter Wert verkaufen. Bis Berlin, ja bis nach Amerika hatte der »Gründerkrach« Auswirkungen, in New York musste im Herbst 1873 erstmals der Börsenbetrieb ausgesetzt werden.

Der Schriftsteller Ferdinand Kürnberger schrieb am 10. Mai: »Seit gestern können ehrliche Leute wieder über die Straße gehen, und Menschen, welche arbeiten, werden nicht mehr Dummköpfe genannt. Seit gestern heißt ein Dieb wieder Dieb und nicht mehr Baron. Nie hat ein schöneres Gewitter eine verpestetere Luft gereinigt.« Den »Baronen« an der Ringstraße gaben nun viele die alleinige Schuld am Zusammenbruch, und sofern es sich um Juden handelte, waren antisemitische Klischees rasch zur Hand. Die meisten von ihnen hatten jedoch ihr Vermögen *nicht* durch Börsenspekulationen erwirtschaftet, sondern – ganz solide – durch Handel und Industrie, und führten ihre Betriebe im Regelfall in zweiter oder dritter Generation.

Gustav von Epstein hatte schon gar nichts mit den verhängnisvollen Spekulationen zu tun, er war, wie Sigmund Mayer schrieb, »ein nach jeder Richtung distinguierter Mann. Nicht nur im eigentlichen Bankgeschäfte, auch an der Börse war die Geschäftsführung eine durchaus vornehme, er wies alles ab, was nicht fair war.« Überdies hatte er sich ja schon zwei Jahre vor dem Börsenkrach aus dem operativen Bankgeschäft zurückgezogen. Dass ausgerechnet sein Bankhaus ebenfalls zu den Opfern der Katastrophe zählte, lag vielmehr daran, dass mehrere seiner Mitarbeiter der Versuchung des schnellen Reichtums nicht widerstanden hatten.

Der Bankkassier Adolf Taussig zählte zu ihnen. Er hatte sich für den privaten Aktienkauf und für die Tilgung seiner Schulden aus der Kasse seines Chefs hohe Summen »geliehen« und sah nun – in der Stunde des Zusammenbruchs – nur noch einen Ausweg: Suizid. In seinem Abschiedsbrief bat er Epstein um Verzeihung, dann stürzte er sich aus dem vierten Stock in den Tod.

Für Epstein wäre es leicht möglich gewesen, sich von den riskanten Geschäften seiner Angestellten, von denen er schließlich keine Ahnung gehabt hatte, zu distanzieren. Doch als Ehrenmann erachtete er es als seine Pflicht, diese und deren Familien nicht ihrem Schicksal zu überlassen. Er unterzeichnete daher Garantien für die Gläubiger, ohne zu wissen, wie hoch die Schulden seiner Mitarbeiter tatsächlich waren! Immer größere Beträge mussten ausbezahlt werden, bald musste Epsteins Immobilienbesitz verkauft werden, die Häuser in Prag und die Villa in Baden, die geliebte Kunstsammlung und der Familienschmuck. Mit Mühe konnte er dadurch einen schmachvollen Konkurs seines Bankhauses verhindern, es wurde letztlich »in Ehren« geschlossen.

Das Einzige, was ihm und seiner Familie blieb, war das – mittlerweile durch Hypotheken belastete – Palais an der Bellaria. Seinem tuberkulosekranken Sohn sollte das gewohnte Heim erhalten bleiben. Erst als dieser 1876 im Alter von 17 Jahren starb, gab Epstein es auf und zog mit Frau und Kindern in eine Mietwohnung in der Eschenbachgasse. Dort starb der 51-Jährige im September 1879 an Krebs.

In den Nachrufen wurde deutlich, wie sehr man Epsteins Verhalten nach dem Börsenkrach bewunderte. »Nach wie vor«, schrieb das *Prager Tagblatt*, »genoß Epstein, der ein Besitzthum nach dem andern in fremde Hände wandern sah, in der Wiener Gesellschaft das hohe Ansehen, welches man diesem Manne von seltener Charakterfestigkeit seit jeher gezollt hatte«.

Die *Morgen-Post* betonte seine »fast übertriebene, strenge Ehrlichkeit« und dass er »den jähen Glückswechsel vom vielfachen Millionär bis zum fast mittellosen Manne mit seltener Ergebenheit und Seelenruhe« ertragen habe. Und in der *Neuen Freien Presse* hieß es schließlich: »Es wäre ihm ein Leichtes gewesen, bei minder untadeliger Gesinnung einen großen Theil seines Vermögens zu retten. Er zog es jedoch vor, den letzten Heller zu opfern und die Ehre zu retten, so daß er aus der Krise als ein Mann hervorging, der das sprechendste Bild der traurigen finanziellen Umwälzung bot, der aber zugleich seinen reinen Namen unversehrt zu erhalten gewußt hatte.«

Die »Imperial Continental Gas Association« – die Familie Drory im Palais Epstein

Auch wenn Tausende Geschäftsleute und Privatanleger durch den verheerenden Börsenkrach zugrunde gingen, war der industrielle Fortschritt nicht gänzlich vorbei. Es gab Wirtschaftszweige, die weiterhin boomten, wenngleich für andere nun eine Jahre andauernde Krise zu verzeichnen war. Das Gasgeschäft etwa entwickelte sich hervorragend. Hatte man in Wien zu Beginn des 19. Jahrhunderts mit der Gasbeleuchtung von Straßen und Gebäuden erste zaghafte Experimente durchgeführt, so war diese ab den 1840ern (zumindest in den heutigen Innenbezirken) bereits weit verbreitet.

Mehrere privat geführte Anlagen wurden gegründet, in denen durch Destillation von Holz oder Kohle brennbares Gas erzeugt wurde. Der Verbrauch stieg von 50 000 Kubikmetern im Jahr 1835 auf knapp 20 Millionen Kubikmeter in den 1860er-Jahren – und die Verkaufszahlen stiegen weiterhin rasant. Fabriken, Werkstätten, Privathäuser und öffentliche Gebäude waren bald auf den sauberen und relativ sicheren Brennstoff angewiesen, dazu kam im Jahr 1867 der kaiserliche Befehl, eine flächendeckende Straßenbeleuchtung in der Hauptstadt zu installieren.

Zu diesem Zeitpunkt erlebte der Wiener Zweig der »Imperial Continental Gas Association« (ICGA) einen gewaltigen Aufschwung. Diese Gesellschaft war 1824 in England gegründet worden, im Mutterland technologischen Fortschritts schlechthin. Die angesehensten Ingenieure Europas kamen damals von den britischen Inseln und sorgten ab der Mitte des 19. Jahrhunderts für bahnbrechende technische Innovationen auf dem Kontinent. Auch in Österreich waren viele von ihnen – auf unterschiedlichem Terrain – tätig, darunter der Schiffskonstrukteur Joseph John Ruston, der Eisenbahningenieur John Haswell und nicht zuletzt Walter B. Basset, der das berühmte Riesenrad im Prater schuf.

Das technische Know-how der ICGA-Ingenieure sorgte nun dafür, dass Wien endlich in großem Stil beleuchtet wurde. Schrittweise hatte die Firma in den Jahren zuvor heimische Konkurrenten verdrängt, bestehende Gaswerke aufgekauft, ein neues Rohrnetz verlegt und Hunderte Laternen aufstellen lassen. Die liberale Stadtregierung ließ sie gewähren und schloss mehrere Verträge mit ihr ab, die der ICGA schließlich das Monopol über die Gasversorgung Wiens sicherten. Die österreichische Hauptstadt war nun einer von zahlreichen Standorten der englischen Firma auf dem Festland, denn diese hatte frühzeitig das lukrative Geschäft erkannt und in Hannover, Berlin, Aachen, Frankfurt, Köln, Antwerpen, Amsterdam, Toulouse, Brüssel, Bordeaux und Lille ihre Niederlassungen gegründet. Sie sorgte gewissermaßen im Alleingang für die »Illuminierung« weiter Teile Europas.

Interessant ist dabei die Tatsache, dass es sich bei den verantwortlichen Akteuren der ICGA fast ausschließlich um Mitglieder einer einzigen Familie handelte – der Drorys. Leonard Drory war Leiter des Berliner Gaswerks, seine acht Söhne wurden allesamt Gasingenieure und fungierten als Direktoren der ICGA in vielen der erwähnten Städte. Nach Wien wurde 1865 Leonards Sohn Henry James geschickt, um das boomende Geschäft für die Gesellschaft zu sichern und von hier aus auch den Bau von Gaswerken in St. Pölten, Böhmen und Ungarn zu organisieren.

Die Wiener Niederlassung der ICGA hatte zunächst ihren Sitz am Bauernmarkt, 1877 mietete sie das soeben frei gewordene Palais Epstein als repräsentativen Firmensitz. Bald darauf bezog Henry James Drory mit seiner Frau und den drei Kindern den zweiten Stock des Gebäudes. Die Beletage wurde hauptsächlich für Firmenfeiern und Empfänge verwendet, die Geschäftsbüros befanden sich, wie zu Epsteins Zeiten, im Erdgeschoß.

Drory erwies sich als tüchtiger Erfinder, der mehrere technische Patente anmeldete. Sein jüngerer Bruder Edward, der Mitte der 1880er-Jahre ebenfalls nach Wien kam, um als Chefingenieur im Betrieb mitzuarbeiten, beschäftigte sich in seiner Freizeit hingegen mit ganz anderen Dingen. Als echter englischer *sportsman* brachte er seine Leidenschaft für das Segeln mit in die österreichische Hauptstadt. Erst an der Alten Donau, schließlich auch am Attersee, am Traunsee und am Wörthersee war er maßgeblich an der Gründung der ersten österreichischen Segel- und Yachtclubs beteiligt sowie an jener des Wiener Ruderverbandes. Auch der frühere Erzherzog Johann Salvator – seit

Henry James Drory, Chef des Wiener Zweigs der ICGA. Die englische Gesellschaft versorgte Wien jahrzehntelang mit Gas – bis zum Bau der städtischen Gasometer.

1889 Johann Orth – beteiligte sich an mehreren Regatten am Traunsee, die von Drory veranstaltet wurden.

Ganz andere Sorgen beschäftigten hingegen die rund 2000 Arbeiter, die den Betrieb der ICGA am Laufen hielten. Im April 1890 forderten die Heizer, Schlosser und Kohlenträger eine 50-prozentige Lohnerhöhung und die Reduzierung der täglichen (Schicht-)Arbeitszeit von zehn auf acht Stunden. Sie drohten mit Generalstreik, was freilich den kompletten Ausfall der Wiener Straßenbeleuchtung bedeutet hätte.

Die Situation war äußerst angespannt, Polizei postierte sich vor den Gaswerken an der Peripherie der Stadt, man befürchtete gewalttätige Auseinandersetzungen mit den wütenden Arbeitern. Erst einen Monat zuvor war es in Ottakring und Neulerchenfeld zu blutigen Ausschreitungen gekommen, nachdem Tausende Maurer für bessere Arbeitsbedingungen und mehr Lohn auf die Straße gegangen waren, und bereits 1889 hatten die Tramwayfahrer mit ihrer Streikdrohung Ernst gemacht. Es war die Zeit gekommen, da sich das Proletariat erstmals als selbstbewusste Klasse verstand, die ihre Ausbeutung durch Industrielle und Unternehmer nicht länger hinzunehmen bereit war. Victor Adler gründete damals die Sozialdemokratische Arbeiterpartei und die *Arbeiter-Zeitung*, am 1. Mai 1890 marschierten 100 000 Männer und Frauen aus der Vorstadt in den Prater, um dort erstmals den »Tag der Arbeit« zu feiern.

Noch gelang es Henry James Drory, einen Streik durch Versprechen einerseits und Drohungen andererseits abzuwenden, doch es war deutlich geworden, dass sich die ICGA in höchst unruhigen Zeiten befand. Ein rauer Wind schlug der Firma auch von anderer Seite entgegen. In der Öffentlichkeit machte sich Ärger breit über ihre dominierende Stellung, man kritisierte den schwankenden Druck in den Gasleitungen, man wies auf schadhafte Rohre hin und vor allem auf die als zu hoch empfundenen Preise, die von den Endverbrauchern durch das Firmenmonopol zu zahlen waren.

Im Wiener Gemeinderat wurden heftige Debatten geführt. Immer mehr Stimmen sprachen sich für die Errichtung eines eigenen, kommunalen Großgaswerks aus, durch das die Stadt mit Gas versorgt werden konnte. Nur damit könne die Unabhängigkeit von der ICGA garantiert werden. Der spätere Bürgermeister Karl Lueger etwa wetterte 1896 lautstark gegen die englische Gesellschaft: »Wir bauen eine eigene Fabrik, ein eigenes Rohrnetz und sagen den Engländern: ›Ihr könnt mit eurer Fabrik und eurem Rohrnetz machen, was ihr wollt, nur eines dürft ihr nicht: Gas dürft ihr nicht machen und nicht verkaufen.‹« Weiter hieß es bei ihm: »Wir müssen den Engländern zeigen, dass wir die Herren in Wien sind und mit ihnen unter allen Bedingungen zu brechen ist.«

Doch die Zeit wurde knapp, der Vertrag mit der ICGA lief 1899 aus. Wenn das geplante städtische Gaswerk bis dahin nicht fertig war, wäre man gezwungen gewesen, ihn abermals zu verlängern – sofern man nicht im Dunkeln sitzen wollte. Ende 1896 wurde mit dem Bau der Gasometer in Simmering begonnen. Tatsächlich schaffte man es mit enormem Aufwand, das Großprojekt rechtzeitig (im Dezember 1899, eine Woche vor Ablauf des Vertrages) in Betrieb zu nehmen.

Henry James Drory war kurz zuvor gestorben. Die Nachrufe auf ihn fielen in den Zeitungen zwar höflich, aber doch kurz und knapp aus – zu unbeliebt war die ICGA bereits geworden. Der Gesellschaft blieben nur noch wenige Jahre, bis sie vollends aus Wien verdrängt wurde, der letzte Vertrag, der ihr zumindest noch die Gasversorgung der Außenbezirke zusagte, erlosch im Jahr 1911.

Drorys Familie war damals schon längst aus dem Palais Epstein ausgezogen, 1902 richtete sich der österreichische Verwaltungsgerichtshof dort ein. Anhand der weiteren Nutzung des Gebäudes lässt sich beinahe die Geschichte der österreichischen Hauptstadt im 20. Jahrhundert darstellen: vom Roten Wien (1922 zog der Stadtschulrat unter seinem legendären Präsidenten Otto Glöckel ein) über den reaktionären Ständestaat, die Zeit des Nationalsozialismus (ab 1938 war hier das »Reichsbauamt« untergebracht) bis hin zum Sitz der gefürchteten sowjetischen Stadtkommandantur von 1945 bis 1955.

Nachdem es zwischen 1958 und 2001 abermals dem Wiener Stadtschulrat gehörte, wurde das Palais aufwendig saniert und renoviert und schließlich als Bürogebäude vom benachbarten Parlament übernommen. Der hitzig diskutierte Plan, hier ein Museum, ein »Haus der Geschichte« einzurichten, wurde letztlich nicht verwirklicht.

Die Kuranstalt am Wasserglacis
Kursalon, Johannesgasse 33

Wer befürchtete, an »Milz- und Leberverhärtung« zu leiden, oder andere körperliche Beschwerden hatte, ging in der Biedermeierzeit auf das Wasserglacis. Ein gewisser Friedrich Pelikan, einst Kassier im kaiserlichen Versatzamt, hatte dort im Jahr 1818 eine Kuranstalt eröffnet, einen großen hölzernen Säulenpavillon, in dem Mineralwasser ausgeschenkt wurde. Gegen allerlei Krankheiten sollte dessen Einnahme helfen, und wenn es *nicht* half, konnte man doch sicher sein, dass es immer noch gesünder war als das bazillenverseuchte Wasser aus den Wiener Hausbrunnen.

Man musste allerdings damit rechnen, von manchen Zeitgenossen belächelt zu werden. C. F. Langer schrieb in den frühen 1840er-Jahren: Das Kranksein »ist heut zu Tage Mode geworden, und dem jungen Manne, dem es weder gegönnt ist durch Genie oder Talent zu imponieren, noch durch Reichthum die Aufmerksamkeit der Gesellschaft auf sich zu ziehen, bleibt das billige und leichte Mittel, durch irgend eine fingirte Krankheit Interesse zu erregen«.

Vormittags erschienen die – wirklich oder vermeintlich – Leidenden auf dem Glacis vor dem Carolinentor, stellten sich bei Herrn Pelikan um das Mineralwasser an und wurden von jenen, die gemütlich im benachbarten Kaffeehaus saßen, dabei beobachtet, wie sie »einen Becher nach dem andern aus den Händen der kredenzenden Hygiea in Empfang nehmen, ihn mit sauersüßen Mienen an die widerstrebenden Lippen setzen und endlich den heroischen Entschluss fassen, ... seinen Inhalt hinabzustürzen«. Manche bevorzugten hingegen die frische

Das Wasserglacis mit der alten Kuranstalt, im Hintergrund das Carolinentor, das in die Weihburggasse führte, rechts, auf der noch bestehenden Braunbastei, das Palais Coburg

Ziegenmilch, die von den Geißenmädchen ausgeschenkt wurde und ebenfalls sehr bekömmlich sein sollte.

Schon lange vor Friedrich Pelikan und seiner Kuranstalt war jener Abschnitt des Glacis bei der Wiener Bevölkerung höchst beliebt gewesen. Nachdem Kaiser Josef II. das einstige militärische Sperrgebiet rund um die Stadt der Öffentlichkeit zugänglich gemacht und es durch Spazierwege und Tausende Bäume verschönert hatte, traf man sich hier zum Promenieren, zum Sehen und Gesehenwerden. Man konnte in das große Kaffeezelt einkehren und der »türkischen« Musik lauschen, die abends aufspielte.

Pelikans Einrichtung gab diesem Glacis vor dem Carolinentor den neuen Namen Wasserglacis, wenngleich der berühmte Eipeldauer wegen der vielen spielenden Kinder schimpfte: »Man möchte meiner Treu oft sagen, dass man statt auf die Wasser- auf die Fratzenglacis aussi geht.«

Neben Cortis Sommerkaffeehaus im Paradeisgartl (beim Volksgarten) war dieser Abschnitt des Glacis während der Biedermeierzeit der

Zur Biedermeierzeit war das Wasserglacis beliebter Erholungsort der Wiener Bevölkerung. Neben Mineralwasser schenkte man dort auch Ziegenmilch aus.

beliebteste. Nach den Kurgästen am Vormittag kamen nachmittags und abends die Handwerker und Arbeiter mit ihren Familien, gutbürgerliche Paare, manchmal auch Vertreter der »vornehmen Welt«. Werkelmänner spielten und Tanzkapellen, Wohltätigkeitskonzerte wurden gegeben und Feuerwerke. Der Historiker Wilhelm Kisch erinnerte sich an ein »buntes, anmutiges Bild von behaglicher Sorglosigkeit«. (Wenngleich er außer Acht ließ, dass sich hier in den Abendstunden viele junge Frauen und Mädchen prostituieren mussten, so wie an anderen Plätzen außerhalb der Stadtmauern.)

In die Musikgeschichte ging das Wasserglacis am 31. August 1848 ein, als Johann Strauß Vater seinen berühmten *Radetzkymarsch* hier uraufführte. Auch dessen Schüler Philipp Fahrbach, ein damals sehr geschätzter Militärkapellmeister, trat hier regelmäßig auf – und natürlich Strauß Sohn.

Die Gründung des Stadtparks und der neue Kursalon

Schon als Kaiser Franz Joseph 1857 den Befehl zur Schleifung der Stadtmauern und der Basteien ausgab, war die Anlage eines großen Parks an der Ringstraße vorgesehen, ein »der Residenz zur Zierde gereichender öffentlicher Garten« sollte es werden. Das Areal, auf dem sich bislang das Wasserglacis befunden hatte, bot sich dafür an. Es wurde vom Staat an die Gemeinde Wien übertragen.

Im Rathaus entspannen sich lange Debatten über die Gestaltung der neuen Grünanlage. Der Sachse Rudolf Siebeck, einst Stadtgärtner von Leipzig und seit kurzem Leiter des Wiener Stadtgartenamtes, setzte sich mit seiner Forderung nach einem »englischen« Landschaftsgarten durch, der Plan zu einer in französischem Stil gehaltenen Anlage fand keine Mehrheit. Der Maler Joseph Selleny wurde beauftragt, die Entwürfe zum Stadtpark zu gestalten.

Er hatte zu jenem Zeitpunkt ein bewegtes Leben hinter sich, hatte an Bord der berühmten Fregatte *Novara* die Welt umsegelt und während der Landgänge Tausende Aquarelle gemalt, er war einer der Begleiter Erzherzog Ferdinand Max' auf dessen Reise nach Brasilien gewesen und hatte für diesen den Schlosspark von Miramar bei Triest entworfen. Doch sein Plan für den Wiener Stadtpark blieb nicht unumstritten. Manche wollten nicht recht einsehen, weshalb ein *Maler* den Auftrag erhalten sollte und kein Gartenexperte. Ferdinand Fellner (der Ältere), der bekannte Architekt und liberale Gemeinderatsabgeordnete, wandte sich heftig gegen Sellenys Entwürfe: »Hier sieht man den Wald vor lauter Bäumen nicht«, kritisierte er, und: »Ich glaube daher, man solle diesen Gegenstand ... von praktischen Männern beurteilen lassen.«

Nicht nur im Gemeinderat, sondern auch in den Zeitungen wurde über den geplanten Park hitzig diskutiert: Sollte er eingezäunt sein oder nicht? Wie groß war die Gefahr, dass hier kein Ort der Erholung, sondern ein weiteres »Vergnügungszentrum« – wie der Prater – entstünde? Was sollte mit dem alten Kursalon geschehen, der dem Park weichen musste? Immerhin lebte die Witwe des letzten Pächters noch und genoss ein lebenslang verbrieftes Schankrecht für Mineralwasser.

Als der Stadtpark im August 1862 endlich eröffnet werden konnte, fanden sich prompt jene, die das Wasserglacis wehmütig vermissten. Früher sei doch alles schöner gewesen: »Du dichter Wiesenteppich des alten Glacis, wo bist du hingeraten?«, hieß es in der *Presse*.

Doch es dauerte nicht lang, bis die Wiener Bevölkerung das neue Erholungsgebiet annahm, die »Anlage ist ein vielbesuchter Ort der Wiener geworden, welche sich aus allen Stadtteilen dahin flüchten, um den Park als erquickenden Erholungsort zu genießen«, schrieb Karl Weiß. Allen Unkenrufen zum Trotz gefiel Sellenys Planung, wobei Gartenamtsdirektor Siebeck darauf achtete, dass zu jeder Saison andere Pflanzen zur Blüte kamen. Am Teich konnte man winters Schlittschuh laufen, am anderen Ufer des Wienflusses stand darüber hinaus der Kinderpark mit seinen Spielplätzen zur Verfügung.

Natürlich wollte man auch an die alte Tradition der Mineralwasserkuren anknüpfen, weshalb ein neuer Kursalon in Auftrag gegeben wurde. Bevor er 1867 eröffnet werden konnte, gab es ein Provisorium, gepachtet vom Kaffeesieder Heinrich Wilda. In den Zeitungsannoncen ließ dieser wissen: »Es werden im Park-Salon daselbst von heute angefangen täglich Früh alle Gattungen echte Mineralwässer, sowie auch nach Schweizerart bereitete Molke frisch verabreicht.«

In der Zeitschrift *Hansjörgl von Gumpoldskirchen* wurde im September 1866 eindringlich davor gewarnt, den im Bau befindlichen Kursalon zum Spekulationsobjekt von Gastronomen werden zu lassen, die nur auf schnelles Geld aus seien: »Im Kursalon würde eine solche Gebarung doppelt schnell das Publikum verscheuchen, weil dort im gegenwärtigen provisorischen Lokal wirklich nur feine, elegante und gebildete Gesellschaft zu finden ist.« Dieses Publikum sei gewöhnt, »nur das Beste zu genießen, auf's artigste bedient zu werden«. Auch wurde positiv vermerkt, dass die Damen der »Demi-Monde« (Prostituierte) vom Stadtpark nun ferngehalten werden, »so daß Frauen mit ihren Töchtern allein ohne Anstand dieses Favoritplatzl besuchen können«.

Schon rund um die Planung des Kursalons hatte es einige Missstimmung gegeben. An der öffentlichen Ausschreibung des Projekts beteiligten sich insgesamt 34 Architekten, im Herbst 1863 einigte sich die Jury darauf, dem jungen Otto Wagner für seinen Entwurf den ersten Preis zuzugestehen. Dennoch erhielt nicht er den Auftrag, sondern ein 36-jähriger Deutscher, den in Wien kaum jemand kannte: Johann Garben.

Jahre zuvor war er vorübergehend in der österreichischen Hauptstadt gewesen, um (anlässlich der Kaiserhochzeit) für den Freiherrn von Sothen die neugotische Kaiserin-Elisabeth-Gedächtniskapelle am Himmel zu planen. Jetzt, seit Kurzem erst in Wien ansässig, schuf er mit dem Kursalon ein Gebäude, das nicht jedermanns Geschmack traf.

Ein »Zug zur Opulenz« wurde ihm konstatiert mit seinen Arkaden, Rundbogenfenstern, kuppelbekrönten Eckrisaliten und dem üppigen Figurenschmuck auf der Balustrade. Die Kritik konnte auch in Spott ausarten, nannten manche den neuen Bau doch »Mineralwasser-Arsenal« oder verglichen ihn mit einer türkischen Moschee. Noch Jahrzehnte später, 1919, hieß es in der Zeitschrift *Der Architekt* kritisch, aber letztlich versöhnlich: Der Kursalon – »wenn wir auch kein bedeutendes Kunstwerk darin erblicken« – sei »uns mit seiner Behäbigkeit doch liebgeworden«.

Der Kursalon entstand nach Plänen des deutschen Architekten Johann Garben. 1867 wurde er im eben erst angelegten Stadtpark eröffnet.

Am 30. April 1867 fand die Eröffnung im Beisein des Kaisers sowie Bürgermeister Andreas Zelinkas statt (dessen Denkmal heute im Stadtpark zu finden ist). Franz Joseph besichtigte alle Räume (den großen Saal, die Trinkhalle und den angeschlossenen »Kaffee- und Restaurationssalon«) und sprach »das allerhöchste Wohlgefallen über den gelungenen Bau« aus. Am nächsten Tag konnten die ersten zahlenden Besucher empfangen werden.

Im ersten Jahr seines Bestehens bot der Kursalon noch *nicht* das an, wofür er bis heute bekannt ist – nämlich Musikveranstaltungen! Ganz bewusst war dem Pächter verweigert worden, seine Gäste durch Bälle und Konzerte zu unterhalten. Ein ruhiger, nobler Kurbetrieb sollte es werden, von allen »lauten« Vergnügen musste Abstand genommen werden. Es liegt auf der Hand, dass die Wiener Bevölkerung, die all die musikalischen Darbietungen aus der Zeit des Wasserglacis noch in bester Erinnerung hatte, genau eine solche Unterhaltung einforderte.

Im Gemeinderat entspannen sich also erneut Diskussionen rund um den Kursalon. Der Abgeordnete Adolph Much plädierte für ein großzügiges Entgegenkommen: »Wien ist eine musikalische Stadt«, sagte er, »genehmigen Sie also das Gesuch. Keine Animosität gegen die Musik! ... Wegen dieser Musik wird keine Revolution in Wien entstehen.« Einer seiner Widersacher, Kollege Josef Kopp, beharrte aber auf der bestehenden Regelung: »Keine Musik, denn der Pachtvertrag der Pächter gestattet ihnen keine Musik.« Much erwiderte nun: »Was schadet dies, das Konkordat ist auch ein Vertrag, aber wir möchten es deswegen doch kassieren. Wenn wir keine Musik bewilligen, bekommen wir am Ende eine Katzenmusik.«*

Tatsächlich konnte das Verbot nicht aufrechterhalten werden. Sehr zur Freude des Publikums wurden ab 1868 Konzerte und Tanzveranstaltungen im Kursalon gestattet, was dessen Attraktivität bedeutend steigerte. Im Jahr 1908 von Eduard Hübner gepachtet, befindet sich das Gebäude heute noch im Besitz seiner Nachkommen. Auch wenn hier längst keine Wasserkuren mehr gemacht werden, ist der Kursalon als Gastronomie- und Veranstaltungsort eine fixe Größe in Wien.

---

* Die Diskussion um die Abschaffung des Konkordats, des Staatsvertrags zwischen Österreich und dem Vatikan, steuerte damals ihrem Höhepunkt zu. Die Liberalen im Reichsrat erreichten 1870 dessen Aufkündigung.

Auf den Spuren Kaiserin Elisabeths

Hermesvilla, Lainzer Tiergarten und das Achilleion auf Korfu

Wieder einmal bekam Kaiser Franz Joseph von seiner Frau das Gefühl vermittelt, alles falsch gemacht zu haben. Zumindest der erste gemeinsame Rundgang durch die eben fertiggestellte »Villa Waldruh« verlief enttäuschend, denn der Kaiserin erschien es dort zu feucht und zu kühl. »Ich werde mich immer fürchten, alles zu verderben«, schrieb der Kaiser anschließend resignierend. Doch Elisabeths anfängliche Reserviertheit war zu seiner Erleichterung nicht von langer Dauer. Bald schon verbrachte sie gerne und regelmäßig Zeit im neuen Refugium inmitten der Waldeinsamkeit des Lainzer Tiergartens. Endgültig vermochte jedoch auch das Schlösschen nicht, die Kaiserin an Wien zu binden.

Im Sommer 1881 hatte Franz Joseph seine Frau informiert, er plane den Bau einer privaten Villa, in der das Paar den gemeinsamen Lebensabend verbringen könne. Elisabeth bedankte sich damals freundlich, »dass Du so viel gut bist mir ein Haus für unsere alten Tage im Thiergarten zu spendieren«. Der Kaiser hatte zu jener Zeit schon längst zur Kenntnis nehmen müssen, wie unwohl sich Elisabeth in den offiziellen Residenzen fühlte, in Schönbrunn und in der Hofburg, in Laxenburg und Hetzendorf. Immer mehr schien sie ihm zu entgleiten, verbrachte sie doch so wenig Zeit wie nur irgend möglich in Wien. Die gesellschaftlichen und höfischen Pflichten waren ihr eine verhasste Qual geworden, viel lieber ging sie auf ausgedehnte Reisen, nach Ungarn, nach England, nach Südtirol und Italien. Ein romantisches Schlösschen inmitten des Waldes, so hoffte der Kaiser, könnte ihr einen Anreiz bieten, endlich auf Dauer in der Hauptstadt zu bleiben. Keine offiziellen Empfänge sollten hier ihre intime Ruhe stören, alles sollte ganz nach Elisabeths Bedürfnissen gestaltet sein, mit einem üppig bewachsenen Garten sowie einer überdachten Reithalle und Stallungen für ihre geliebten Pferde. Vor allem aber durften keine neugierigen Besucher die mittlerweile immer menschenscheuer werdende Kaiserin stören.

Kaiserin Elisabeth, einst für ihre Schönheit in ganz Europa bewundert, entwickelte sich zusehends zu einer melancholischen und menschenscheuen Frau.

Der Lainzer Tiergarten im Westen von Wien bot sich als Baugrund an, immerhin war er schon seit dem 16. Jahrhundert privates kaiserliches Jagdgebiet und mit hohen Mauern von der Umgebung getrennt. Franz Joseph kannte das Gelände seit seiner frühen Jugend. Sogar während der tobenden 1848er-Revolution war er hier auf Hirschjagd gewesen – freilich durch Soldaten streng abgeschirmt von der Außenwelt. 1858, im Alter von 28, hatte er in Lainz sein tausendstes Wildschwein erlegt.

Die Planungen für die »Villa Waldruh« (wie sie zunächst genannt wurde) übertrug der Kaiser jenem Architekten, den er am meisten schätzte, dem Wiener Carl von Hasenauer. Für den Hof führte dieser damals eine ganze Reihe von Großprojekten durch, gemeinsam mit Gottfried Semper hatte er die beiden Museen am Maria-Theresien-Platz gestaltet, das neue Burgtheater und den Ausbau der Hofburg.

Die Urteile heutiger Experten fallen zuweilen kritisch aus, so nennt etwa der Kunsthistoriker Peter Haiko die Hermesvilla »ein selten uninspiriertes Pflichtstück repräsentativer Villenarchitektur« und »ein Stück Hofbeamten-Architektur, gleichsam abgeschrieben aus einem Handbuch für höfische Bauten«. Doch Kaiser Franz Joseph sagten Hasenauers Pläne wohl genau aus diesem Grund besonders zu, denn Extravagantes oder gar »Modernes« hätte ganz und gar nicht seinem überaus konservativen Kunstgeschmack entsprochen.

Die Arbeiten begannen im Jahr 1882. Bald traten unvorhergesehene Schwierigkeiten auf. Manche der Bauarbeiter schienen sich von der wildreichen Umgebung zur unerlaubten Jagd verleiten zu lassen (wobei es sich wohl nur um »Zufallsfänge« gehandelt haben kann). Der kaiserliche Hofjäger Litassy verlangte jedenfalls von den zuständigen Behörden eine »ständig ununterbrochene Bewachung des Bauplatzes bei Tag und Nacht sowie auch die Eskortirung der Arbeiter beim Ein- und Ausgange aus dem Thiergarten in Anbetracht der Diebstähle und des Wildfrevels«. Auch von einem »durch böswillige Bauarbeiter angelegten, jedoch rechtzeitig vom Baupolier und ständigen Thiergartenarbeitern gelöschten« Waldbrand war in seinem besorgten Schreiben die Rede. Tatsächlich hatte ab nun ein »Waidjunge« abwechselnd mit einem Gendarmen die Arbeiter aufmerksam zu überwachen.

1886 war das Gebäude fertig und zwei Jahre später wurde die Statue des griechischen Gottes Hermes an seiner Gartenseite aufgestellt, die letztlich namensgebend für die Villa wurde.

Die Hermesvilla, das Geschenk Kaiser Franz Josephs an seine ruhelose Ehefrau. Mit dem Versuch, sie dauerhaft in Wien zu halten, hatte er keinen Erfolg.

Man hatte sich außerordentliche Mühe gegeben, auf Elisabeths Vorlieben und Interessen einzugehen, schienen sie damals auch noch so sonderbar. So wie in der Hofburg stand der Kaiserin auch hier ein eigenes Turnzimmer zur Verfügung, in dem sie sich in ihrem übersteigerten Körperkult ertüchtigen konnte. Es war mit Strebestangen, Schwebebalken und Ringen ausgestattet, die Wanddekorationen, die August Eisenmenger nach pompejanischen Vorbildern malte, zeigen antike Sport- und Wettkampfszenen. Eine Körperwaage durfte in diesem Raum natürlich nicht fehlen.

Auch die künstlerische Ausgestaltung von Elisabeths Schlafzimmer wurde ganz auf ihre persönlichen Vorlieben maßgeschneidert. Der berühmte Hans Makart entwarf kurz vor seinem Tod die üppigen Wandmalereien, die Szenen aus Shakespeares *Ein Sommernachtstraum* zeigen. Dieses Theaterstück liebte die Kaiserin ganz besonders und konnte es fast auswendig. Die Feenkönigin Titania ist auf dem großformatigen Bild zu sehen und neben ihr der eselköpfige Zettel. Darauf bezieht sich übrigens eines von Elisabeths Gedichten, in dem sie – in Anlehnung an ihren Ehemann – schrieb: »Und doch schienst mit deinem grauen/Haupte du jetzt ganz und gar/Dort dem Esel gleich zu schauen,/Ähnlich bis aufs kleinste Haar.«

Das hochbarocke schwarze Ungetüm eines Bettes stammte aus einer niederösterreichischen Poststation, es heißt, dass schon Kaiserin Maria Theresia darin übernachtet habe. Elisabeth gefiel es weniger. Sie bevorzugte es, auf einer Matratze am Boden vor dem Fenster zu übernachten, von wo aus sie die Sterne sehen konnte.

Die Privaträume Franz Josephs waren hingegen – ganz seinem nüchternen Naturell entsprechend – spartanisch schlicht gestaltet. Zwischen ihnen und Elisabeths Schlafzimmer lag unter anderem der Salon, der von drei jungen, aufstrebenden Künstlern mit Deckengemälden versehen wurde: Franz Matsch, Gustav Klimt und dessen Bruder Ernst, damals noch in der »Künstler-Compagnie« vereint.

Ab 1887 kam die Kaiserin regelmäßig, meist im Mai oder Juni, in ihre neue Villa. Während ihrer Aufenthalte durften keine Waldarbeiten durchgeführt werden, die ihre Ruhe hätten stören können, natürlich wurden auch keine Jagden abgehalten. Elisabeths Privatsphäre und ihre Sicherheit hatten oberste Priorität: Innerhalb der Tiergartenmauern patrouillierten berittene »Burggendarmerie« und Militär, außerhalb sorgten weitere Gendarmen dafür, dass niemand sich Zutritt in das kaiserliche Jagdgebiet verschaffte. Selbst die wenigen Personen, die über eine offizielle Eintrittsberechtigung verfügten, wurden während Elisabeths Aufenthalten zurückgewiesen. Dennoch gelang es einigen Jägern einmal, ihre Angehörigen bis in die Hermesvilla einzuschmuggeln, wo sie an einem Gottesdienst im Kapellenzimmer teilnahmen. Prompt fielen sie unangenehm auf, da sie »sich nicht in gebührender Art und Weise benommen haben«, wie es hieß.

Bei all den Vorsichtsmaßnahmen ging es übrigens nicht bloß um die Gewährleistung von Elisabeths und Franz Josephs Ruhe, das zeigt sich an den sorgenvollen Worten des Forstmeisters Kirchschläger. Dieser wies in einem internen Schreiben darauf hin, dass ein benachbartes Grundstück, von dem aus man freie Sicht (und somit auch freies Schussfeld) in den Tiergarten habe, »auch in künftiger Zeit unbedingt in Pacht« des kaiserlichen Oberstjägermeisteramtes zu verbleiben habe. Denn ab den 1880er-Jahren hatte die Zeit des anarchistischen Terrors begonnen, Dutzende Attentate auf Monarchen und Politiker erschütterten Europa. 1881 etwa war Zar Alexander II. bei einem Bombenanschlag getötet worden, der deutsche Kaiser Wilhelm I. überlebte nicht weniger als fünf Mordanschläge und 1894 erstach ein Anarchist den französischen Staatspräsidenten Carnot. Auch in Wien verübten radikale Anarchisten mehrere Morde an Polizeibeamten und anderen Vertretern des verhassten »Systems«.

In Lainz war Kaiserin Elisabeth jedenfalls sicher (was wenige Jahre später in Genf nicht mehr der Fall sein sollte). Abgeschottet von der Umwelt konnte sie ausgedehnte Spaziergänge durch den Wald unternehmen, im Teich baden und das Wild beobachten. Bloß vor Wildschweinen hatte sie Angst, weshalb sie stets eine hölzerne Ratsche bei sich trug, um diese zu verscheuchen.

Hier verfasste Elisabeth auch manche ihrer sehnsuchtsvollen, melancholisch-romantischen Gedichte, in denen sie sich gerne als Titania im »Feenschloss« beschrieb:

Titania wandelt unter hohen Bäumen,
Mit weissen Blüten ist ihr Pfad bestreut,

Die Buchen rings, die alten Eichen keimen,
Es scheint der Wald ein Dom dem Mai geweiht.

Die Kaiserin wurde in jenen Jahren immer seltsamer, zumindest in den Augen vieler traditionsbewusster Zeitgenossen. Sie entwickelte das, was man einer Frau in ihrer Stellung gerade noch als dekadente »Spleens« durchgehen lassen konnte. Ihre Ernährung bestand mittlerweile hauptsächlich aus dem Saft halbroher Beefsteaks, aus Eiern, Orangen und Milch, wobei Letztere nur von einigen ausgewählten Lieblingskühen stammen durfte, die bei der Lainzer Villa weideten und die Elisabeth sogar auf ihre ausgedehnten Schiffsreisen mitnahm.

Aus der einst in ganz Europa gefeierten Schönheit war eine nervöse und oftmals depressive Frau geworden, die peinlich darauf bedacht war, ihr alterndes Gesicht vor fremden Blicken zu verbergen. Der Schriftsteller Alexander von Warsberg, der sie später mehrfach durch Griechenland begleiten sollte, erinnerte sich an sein erstes Zusammentreffen mit der Kaiserin im Jahr 1885: »Ich fand sie häßlich, alt, spindeldürr aussehend, schlecht angezogen und hatte den Eindruck, nicht eine Närrin, sondern eine Wahnsinnige vor mir zu haben, so daß ich förmlich traurig wurde.«

Immer tiefer steigerte sie sich während jener Zeit auch in ihre schwärmerische Verehrung für den 1856 verstorbenen Heinrich Heine. Zu ihm glaubte sie gar in spiritistischer Verbindung zu stehen, sie war fest davon überzeugt, dass ihr der Dichter nachts erschien. Ihr Bruder Carl Theodor warnte sie besorgt davor, »sich zu intensiv in die überspannten Ideen zu bohren«. Er befürchtete, dass sie durch »diesen eingebildeten Seelenverkehr mit Heine ... am Ende noch ›umschnappe‹«. Als man in Heines Geburtsstadt Düsseldorf die Aufstellung eines Denkmals für den jüdischen Dichter plante, trat Elisabeth sofort begeistert dem zuständigen Komitee bei, sagte die hohe Summe von 50 000 Mark zu und beauftragte den Berliner Bildhauer

Ernst Herter damit, das Denkmal zu gestalten. (Von Herter stammt auch die bereits erwähnte Hermes-Figur vor der Lainzer Villa.) Immer wüster Proteste deutscher Antisemiten und Nationalisten verhinderten das Projekt jedoch, und Elisabeth zog sich gänzlich davon zurück. (Das Denkmal wurde schließlich im Auftrag eines amerikanisch-deutschen Gesangsvereins als »Loreley Fountain« in der New Yorker Bronx aufgestellt.)

Von all diesen »Wolkenkraxeleien«, wie er es nannte, war Kaiser Franz Joseph weit entfernt. Poesie, Spiritismus und Schlankheitswahn waren seine Sache wahrlich nicht. Er genoss schlicht die Aufenthalte in der Hermesvilla und war bester Stimmung.

An seine Freundin Katharina Schratt schrieb er im Mai 1887: »Unsere neue Villa im Thiergarten befriedigt uns sehr, sie ist gut und bequem zu bewohnen und die Umgebung ist jetzt im Frühjahr frisch grün.«

Der Kontakt zu *der* Schratt war ihm mittlerweile sehr wichtig geworden. Erst wenige Jahre zuvor war die Freundschaft der beiden durch Kaiserin Elisabeths Vermittlung entstanden, wusste diese doch, wie sehr ihr Gatte die berühmte Schauspielerin verehrte. Wenn Elisabeth ihn in deren Gesellschaft wusste, schwand ihr eigenes schlechtes Gewissen, ihn fast ständig allein zu lassen.

Das berühmte Porträt, das Heinrich von Angeli (in Elisabeths Auftrag) von Katharina Schratt angefertigt hatte, wurde in Franz Josephs Arbeitszimmer in der Hermesvilla aufgestellt. Elisabeth lud die Schauspielerin auch gerne zu privaten Treffen nach Lainz ein, was diese anfangs ein wenig nervös machte, wie sie dem Kaiser gestand. Doch Franz Joseph beruhigte sie: »Die Kaiserin hat sich ... wiederholt auf das günstigste und liebevollste über Sie ausgesprochen und ich kann Ihnen die Versicherung geben, daß sie Sie sehr lieb hat.«

Bloß als Elisabeth später einmal den Wunsch äußerte, in der Hermesvilla ein Dampfbad für sich und die Schratt einrichten zu lassen, stieß sein Verständnis auf Grenzen. Er sei, so schrieb er seiner Frau, überrascht »von Deiner Absicht, in der Villa Hermes zwei Badekabinen, eine für Dich und eine für die Freundin bauen zu lassen, in welchen Ihr geröstet oder abgebrannt werden sollt. Es wäre doch schrecklich, wenn Du, nach den traurigen Erfahrungen, welche Du mit den Dampfbädern gemacht hast, wieder eine neue ähnliche Kur unternehmen und auch die Freundin, die jeden medizinischen Unsinn mitmacht, mit ins Verderben stürzen würdest!«

Das Achilleion auf Korfu

In melancholischer Stimmung hatte Elisabeth einst gedichtet:

Ich fliehe vor der Welt sammt ihren Freuden,
Und ihre Menschen stehen mir heut' fern;
Es sind ihr Glück mir fremd und ihre Leiden;
Ich wandle einsam, wie auf anderm Stern.

Nach dem skandalumwitterten Selbstmord ihres einzigen Sohnes Rudolf in Mayerling 1889 kippte ihre labile psychische Verfassung vollends. Unglücklich, unbefriedigt und unverstanden hatte sie sich bislang gefühlt, jetzt kam auch noch das (durchaus berechtigte) schlechte Gewissen hinzu, nicht für den verzweifelten Kronprinzen dagewesen zu sein, als er sie so dringend gebraucht hatte.

Elisabeth wurde des Lebens überdrüssig, der Tod erschien ihr wie eine Erlösung. »Meine Flügel sind verbrannt, und ich begehre nur noch Ruhe«, schrieb sie, doch ein Ort der Ruhe ließ sich für sie nicht finden. Rastlos reiste sie kreuz und quer durch Europa. Nie blieb sie lange an einem Ort, weshalb auch die Aufenthalte in Wien und somit in der Hermesvilla immer kürzer ausfielen. Ihre Ziele waren Gibraltar,

Elisabeths Schloss Achilleion auf Korfu. Kaum war es fertiggestellt, verlor die Kaiserin ihr Interesse daran.

Sizilien, Algerien, das französische Cap Martin – und natürlich ihr geliebtes Griechenland.

Bereits als junge Ehefrau und Mutter hatte sie 1861, während ihrer ersten großen Lebenskrise, längere Zeit auf Korfu verbracht, um dort ihre angeschlagene Gesundheit auszukurieren, und immer wieder war sie später dorthin zurückgekehrt. Der bereits erwähnte Alexander von Warsberg hatte sie schließlich auf die alte Villa Braila oberhalb der malerischen Bucht von Benizze aufmerksam gemacht. Elisabeth war sofort verzaubert von diesem schönen Ort und wünschte sich (oder vielmehr: verlangte) an dieser Stelle ein Schloss: »Ich möchte«, so schrieb sie, »einen Palast mit Säulenhallen und hängenden Gärten, vor unberufenen Blicken geschützt – märchenhaft, hochmütig, heilig.« Nach antiken Vorbildern sollte es gestaltet sein, der Griechenlandexperte Warsberg musste gleich erste Entwürfe dafür anfertigen.

In der mittlerweile verzweifelten Hoffnung, dass seine Frau dadurch endlich zur Ruhe kommen könnte, willigte Franz Joseph in das kostspielige Projekt ein und erwarb 1889 die Villa und ein 200 000 Quadratmeter großes Grundstück rundherum. Der neapolitanische Architekt Raffaele Carito schuf an deren Stelle für die österreichische Kaiserin ein wahres Traumschlösschen – inmitten von Zypressen, Feigen-, Oliven- und Orangenbäumen, mit einem großen Rosengarten und atemberaubendem Ausblick auf das Ionische Meer.

Am Ufer wurde ein marmorner Landungssteg für Elisabeths Yacht gebaut sowie ein Badehaus mit Terrasse. 2000 Marmorstufen führten den Berghang zum Schloss hinauf, quer durch den weitläufigen Park, in dem antike Statuen und Brunnen aufgestellt waren. Das Gebäude selbst war mit allen nur erdenklichen Annehmlichkeiten und der modernsten und teuersten Technik ausgestattet, darunter einem elektrischen Aufzug, mehreren Badezimmern mit Warmwasserleitungen, einer Süßwassergewinnungsanlage und einer Eismaschine.

Die Skulptur des »sterbenden Achill« (auch diese ein Werk Ernst Herters) gab der Anlage ihren Namen. Achill war Elisabeths erklärter Lieblingsheld aus der griechischen Mythologie und wurde auch im Inneren des Schlosses auf einem monumentalem Gemälde von Franz Matsch dargestellt. Weshalb sie ausgerechnet ihn so verehrte, beschrieb die Kaiserin so: »Er war stark und trotzig und hat alle Könige und Traditionen verachtet und die Menschenmassen für nichts gehalten ... Er hat nur seinen eigenen Willen heilig gehalten und nur seinen Träumen gelebt, und seine Trauer war ihm wertvoller als das ganze Leben.« Darin fühlte sie sich ihm gewissermaßen seelenverwandt.

Auch ihrem verehrten Heinrich Heine setzte die Kaiserin in ihrem Garten ein Denkmal. In einem kleinen, weißen Pavillon wurde es aufgestellt und zeigte den kranken, melancholischen Dichter – im Nachthemd! Elisabeths Hofdame und ständige Begleiterin, Gräfin Marie Festetics, bemerkte hierzu nüchtern, dass das immer noch bes-

Ernst Herters Skulptur des sterbenden Achill, Elisabeths Lieblingshelden aus der antiken Mythologie. Ihr verdankt das Schloss auf Korfu seinen Namen.

ser sei, »als wenn er in griechischer Göttertoilette – das heißt nackt – wäre«.

Kurz nach Fertigstellung des »Achilleions« im Jahr 1891 erschien im *Wiener Salonblatt* eine ausführliche Beschreibung des Schlosses. Der Autor des Beitrags schien selbst ganz verzaubert von dessen Schönheit zu sein: »Die feenhafte Wirkung des Bogenlichtes und der Glühflämmchen, wenn sich der stille Abend über die Baumgruppen des herrlichen Parkes gesenkt hat, ist unbeschreiblich. Das Schloß mit seinen hell erleuchteten Räumen gleicht dann einem jener Paläste, wie sie in den Märchen der schönen Sultanin Scheherizade beschrieben sind und Jeder muß ahnen, daß hier eine Kaiserin wohnt und waltet.«

Doch hatte Elisabeth überhaupt vor, hier zu »wohnen« und zu »walten«? Baron Franz Nopcsa, ihr Obersthofmeister, stellte in einem Brief die bange Frage: »Mich stimmt nur der eine Gedanke traurig, welche Zukunft es haben wird und für wen?« Seine besorgte Vorahnung sollte sich bald bestätigen, denn in dem Moment, da der Bau des Achilleions vollendet war, verlor die Kaiserin jegliches Interesse daran. »Unsere Träume sind immer schöner, wenn wir sie nicht verwirklichen«, schrieb sie nun bedauernd, und: »Wo immer ich wäre, wenn man mir sagen würde, ich müsse immer dort bleiben, dann würde auch das Paradies für mich zur Hölle werden.«

Franz Joseph, der seiner Frau das luxuriöse Geschenk hatte machen müssen, sollte sich nun auf die Suche nach einem interessierten Käufer machen. Sichtlich ungehalten und irritiert über Elisabeths Sprunghaftigkeit und ihre ihm völlig unbegreiflichen Launen, schrieb er ihr: »Vergesse nicht, welche Bereitwilligkeit die griechische Regierung bewiesen hat, um Dir zu dienen, wie von allen Seiten Alles mitwirkte, um Dir angenehm zu sein und Dir Freude zu machen und nun war Alles umsonst.« Und weiter hieß es: »Ich hatte die stille Hoffnung, daß Du, nachdem Du Gasturi (der Ort, in dessen Nähe das Achilleion liegt, Anm.) mit so vieler Freude, mit so vielem Eifer gebaut hast, wenigstens den größten Theil der Zeit, welche Du leider im Süden zubringst, ruhig in Deiner neuen Schöpfung bleiben würdest. Nun soll auch das wegfallen und Du wirst nur mehr reisen und in der Welt herum irren.«

Doch Elisabeth blieb bei ihrer Entscheidung. Ihr einst so geliebtes Griechenland begann, seinen Zauber für sie zu verlieren. In den letzten Jahren ihres Lebens kam sie zwar noch ein paar Mal nach Korfu, hetzte aber bald wieder weiter, nach München, Zürich, Biarritz, Bad Kissingen. Jetzt waren es hauptsächlich die mondänen Nobelhotels europäischer Großstädte und Kurorte, die sie anzogen.

Der Pavillon mit dem Denkmal des von Elisabeth schwärmerisch verehrten Heinrich Heine. Kaiser Wilhelm ließ es später entfernen.

Auf den Spuren Kaiserin Elisabeths

Franz Joseph musste sich wieder einmal fügen. Im Frühjahr 1898 wurde die teure Einrichtung des Achilleions in Kisten verpackt und nach Österreich verschifft, wo sie größtenteils in der Hermesvilla Aufstellung fand. Elisabeth befand sich damals an der Riviera.

Elisabeths Tod – das weitere Schicksal von Hermesvilla und Achilleion

Im Juli 1898 trafen der Kaiser und seine Frau zum letzten Mal zusammen, es war in Ischl, wo die beiden einander einst kennengelernt hatten. Nachdem Elisabeth schon nach kurzer Zeit ins deutsche Bad Nauheim weiterreiste, schrieb Franz Joseph ihr nach: »Du gehst mir hier unendlich ab, meine Gedanken sind bei Dir, und mit Schmerz denke ich an die so unendlich lange Zeit der Trennung.«

Mit 1. September ist ein weiterer Brief des Kaisers datiert, diesmal wurde er ins schweizerische Caux bei Montreux gesendet: »Ich bin in der Nähe der Villa (Hermesvilla, Anm.) spazierengegangen, war auch auf dem Aussichtspunkte hinter dem Hause bei dem großen Baum und bewunderte die klare Fernsicht. Viel und mit recht wehmütigem Gefühle habe ich zu Deinen Fenstern hinaufgeblickt und mich dabei in Gedanken in die Tage zurückversetzt, welche wir zusammen in der lieben Villa zubrachten.«

Auf Elisabeths folgenden Brief, mit dem sie ihn einlud, sie doch im schönen Caux besuchen zu kommen, antwortete er bedauernd, mit Jubiläumsfesten, Kircheneinweihungen, Ausstellungsbesuchen und anderen Pflichten völlig in Anspruch genommen zu sein. Dieses Schreiben erreichte die Kaiserin nicht mehr. Am 10. September wurde sie in Genf von Luigi Lucheni mit einer zugespitzten Feile ermordet. »Es lebe die Anarchie, Tod der Aristokratie!«, rief er, als man ihn abführte. Obwohl die potenzielle Gefahr eines Attentats bekannt war, hatte Eli-

Eine der letzten Aufnahmen des Kaiserpaares vor Elisabeths Ermordung

Auf den Spuren Kaiserin Elisabeths

sabeth sich längst geweigert, Sicherheitsbeamte um sich zu dulden. Sobald sie österreichische Geheimpolizisten bemerkte, die sie unauffällig zu beschatten versuchten, lief sie vor ihnen davon.

Die Hermesvilla hatte Kaiserin Elisabeth testamentarisch ihrer Lieblingstochter Marie Valerie vermacht, die sich über dieses Erbe allerdings nicht so recht freuen konnte. Im Jahr 1887 war die 19-Jährige zum ersten Mal mit ihren Eltern dort gewesen, und schon damals hatte sich ihre Begeisterung für das Waldschlösschen in Grenzen gehalten: »Wiese, niederer kümmerlicher Wald, niederösterreichische Ebene … lebensmüder Springbrunnen ebener Erde«, vermerkte sie trocken. »Das Haus erweist sich immer unpraktischer und ungemütlicher«, schrieb Marie Valerie weiter, und: »Mamas Zimmer haben den besten Willen, ungeheuer freundlich zu sein, sind mir aber in ihrem manirierten Rokoko zuwider. Ach – wären wir wieder daheim!«

Die Kaiservilla in Ischl war ihr jedenfalls bedeutend lieber und vor allem das niederösterreichische Schloss Wallsee an der Donau, wo sie mit ihrem Ehemann Erzherzog Franz Salvator (ihrem Cousin dritten Grades) lebte. Erst 1903 zog sie mit ihm und ihren vielen Kindern für wenige Jahre nach Lainz. Bald darauf beschloss sie, die Hermesvilla ans Hofärar, also an den Staat zu verkaufen. Ihr Vater Franz Joseph schien jedoch nicht ganz Abschied vom Lainzer Refugium nehmen zu wollen, bis ins hohe Alter kam er immer wieder hierher.

Nach dem Zusammenbruch der österreichisch-ungarischen Monarchie wurde ein Großteil des Inventars in das Mobiliendepot gebracht und Teile des Gebäudes an Private vermietet. Auch ein Country- und Golfclub zog in den 1920er-Jahren ein. Die einstigen Wohnräume Elisabeths und Franz Josephs im 1. Stock wurden erstmals öffentlich zugänglich.

Nach dem Zweiten Weltkrieg kam die Hermesvilla immer mehr herunter, nach wiederholten Einbrüchen musste sie mit Brettern vernagelt werden. Erst in den 1970ern wurde sie mustergültig renoviert und als Außenstelle des Historischen Museums (heute: Wien Museum) neu eröffnet.

Auch das Achilleion steht heute allen Besuchern offen. Elisabeths älteste Tochter Gisela hatte es geerbt, fing selbst aber nichts damit an. Nachdem Franz Joseph im Jahr 1907 auf sein verbrieftes Nutzungsrecht verzichtete, kaufte es der deutsche Kaiser Wilhelm II. Auch er war ein großer Griechenland-Freund und begeisterter Hobby-Archäologe. Vor allem aber dürfte ihm der Gedanke gefallen haben, nun das ehemalige Schloss Elisabeths zu besitzen, jener Frau, für die er stets geschwärmt hatte. Diese Sympathie beruhte allerdings nicht auf Gegenseitigkeit, denn die Kaiserin – immerhin eine geborene Bayerin – hegte starke Aversionen gegenüber allem »Preußischen«. Als Wilhelm 1889 mit seiner Yacht an Korfu vorbeikam und um einen Besuch bei ihr anfragte, empfing sie ihn nicht. Der deutsche Kaiser ließ Elisabeth dennoch im Garten »seines« Achilleions gleich ein Denkmal setzen – und entfernte dafür ausgerechnet jenes von Heinrich Heine, dessen Dichtungen er seit jeher als »undeutsch« abgelehnt hatte.

1918 kam die Schlossanlage in griechischen Staatsbesitz, diente lange Zeit als Casino und ist heute als Museum ein Tourismusmagnet Korfus.

Quellen- und Literaturverzeichnis (Auswahl)

architektenlexikon.at

Alfred von ARNETH, Prinz Eugen von Savoyen. Nach den handschriftlichen Quellen der kaiserlichen Archive (3 Bde., Wien 1864).

Alfred AUER, Wien. Stadt im Grünen (Wien-München 1975).

Harald BACHMANN, Coburger im Dienste Österreich-Ungarns im 18./19. Jahrhundert. In: Petronilla Gietl (Hg.), Vom Wiener Kongress bis zur Wiedervereinigung Deutschlands. Betrachtungen zu Deutschland und Österreich im 19. und 20. Jahrhundert (Festschrift für Hubert Rumpel zum 75. Geburtstag, Stamsried 1997). 1–31.

Beatrix BASTL, Ringstraßengesellschaft. Hansens Auftraggeber. In: Theophil Hansen. Ein Resümee. Symposionsband anlässlich des 200. Geburtstages, Hg. B. Bastl/U. Hirhager/E. Schober (Weitra 2014). 23–57.

Marianne BERNHARD, Die Wiener Ringstraße. Architektur und Gesellschaft 1858–1906 (Sonderausgabe, Regensburg 1992).

Erika BESTENREINER, Die Frauen aus dem Hause Coburg. Aus dem fränkischen Herzogtum auf die Throne Europas (München 2008).

Sidonia BINDER, Carl Graf Batthyany, nachmals Fürst, Feldmarschall, Minister der Niederlande und Erzieher Josephs II. (Dissertation, Wien 1976).

Max BRAUBACH, Geschichte und Abenteuer. Gestalten um den Prinzen Eugen (München 1950).

Volkmar BRAUNBEHRENS, Salieri. Ein Musiker im Schatten Mozarts (München-Zürich 1989).

burgen-austria.com

Günther CHALOUPEK, Der unvollendete Boom. Die Entwicklung der Wiener Wirtschaft in der Ära des Liberalismus. In: Forschungen und Beiträge zur Wiener Stadtgeschichte 1, Hg. Felix Czeike (Wien 1978). 31–43.

Felix CZEIKE, Historisches Lexikon Wien (5 Bde., Wien 1992–97).

Das Palais Epstein. Geschichte, Restaurierung, Umbau. Ein neues Haus an der Wiener Ringstraße, Hg. Bundesimmobiliengesellschaft (Wien 2005).

Des Grossen Feld-Herrns Eugenii Herzogs von Savoyen Kayserl. und des Reichs General-Lieutenants Helden-Thaten biß auf Dessen seel. Absterben (Nürnberg 1739). 6. Teil.

Otto Erich DEUTSCH, Alt-Wiener Veduten. 25 Feuilletons über Stadt und Leute, Hg. Gitta Deutsch/Rudolf Klein (Wien 1986).

Die Aera Metternich (Katalog der 90. Sonderausstellung des Historischen Museums der Stadt Wien, Wien 1984).

Die Burgvesten und Ritterschlösser der österreichischen Monarchie. Nebst der topographisch-pittoresken Schilderung ihrer Umgebungen, der Familienkunde ihrer ehemaligen und jetzigen Besitzer, der Lebensweise und Charakteristik des Ritterthums und den Geschichten und Sagen der österreichischen Vorzeit (12 Bde., 2., gänzlich umgearbeitete und vermehrte Ausgabe, Wien 1839–40). Bd. 2 u. 6.

Die österreichisch-ungarische Monarchie in Wort und Bild. Wien und Niederösterreich, 1. Abtheilung: Wien (Wien 1886).

Katharina DREXLER, Vom Palais zum Zinshaus. Das Palais Coburg in Wien und seine Baugeschichte (Diplomarbeit, Wien 2001).

Heinz DUCHARDT, Das Zeitalter des Absolutismus (= Oldenbourg Grundriss der Geschichte 11, Hg. J. Bleicken/L. Gall/H. Jakobs, München 1989).

Klaus EGGERT, Die Ringstraße (= Wiener Geschichtsbücher 7, Hg. Peter Pötschner, Wien-Hamburg 1971).

Johann Graf FEKETE DE GALANTHA, Wien im Jahre 1787. Skizze eines lebenden Bildes von Wien, entworfen von einem Weltbürger, Hg. Victor Klarwill (Wien u. a. 1921).

Heinrich von Ferstel (1828–1883). Bauten und Projekte für Wien (Katalog zur 81. Sonderausstellung des Historischen Museums der Stadt Wien, Wien 1984).

Rupert FEUCHTMÜLLER, Die Herrengasse (= Wiener Geschichtsbücher 28, Hg. Peter Pötschner, Wien-Hamburg 1982).

Hans Conrad FISCHER, Anton Bruckner. Sein Leben. Eine Dokumentation (Salzburg 1974).

Otto FRIEDLÄNDER, Letzter Glanz der Märchenstadt. Wien um 1900 (Wien 2002).

Gerbert FRODL, Die Geschichte der Österreichischen Galerie. In: Österreichische Galerie Belvedere Wien (= Prestel Museumsführer, 2. Auflage, München u. a. 2001). 6–9.

Pierre GAXOTTE, Friedrich der Große (Frankfurt u. a. 1977).

Thomas und Gabriele GERGELY/Hermann PROSSINAGG, Vom Saugarten des Kaisers zum Tiergarten der Wiener. Die Geschichte des Lainzer Tiergartens – entdeckt in einem vergessenen Archiv (Wien u. a. 1993).

Ursula GIESE, Wiener Menagerien. Ebersdorf, Neugebäude, Belvedere, Schönbrunn (Wien 1962).

Hermann GÖHLER, Der Romantikerkreis von Pinkafeld und seine Beziehungen zu Klemens Maria Hofbauer. In: Burgenländische Heimatblätter 8 (Eisenstadt 1946). 34–41.

Bruno GRIMSCHITZ, Johann Lucas von Hildebrandt (Wien-München 1959).

habsburger.net

Peter HAIKO, Hermesvilla in Lainz. In: Brigitte Hamann/Elisabeth Hassmann (Hg.), Elisabeth. Stationen ihres Lebens (Wien-München 1998). 92–97.

Beatrix HAJÓS, Die Schönbrunner Schloßgärten. Eine topographische Kulturgeschichte (Wien u. a. 1995).

Brigitte HAMANN, Bertha von Suttner. Ein Leben für den Frieden (München 1986).

Brigitte HAMANN, Elisabeth. Kaiserin wider Willen (10. Auflage, Wien-München 1990).

Brigitte HAMANN (Hg.), Meine liebe, gute Freundin! Die Briefe Kaiser Franz Josephs an Katharina Schratt aus dem Besitz der Österreichischen Nationalbibliothek (Wien 1992).

Günther HAMANN, Prinz Eugen und die Wissenschaften. In: Derselbe, Die Welt begreifen und erfahren. Aufsätze zur Wissenschafts- und Entdeckungsgeschichte (= Perspektiven der Wissenschaftsgeschichte 1, Hg. H. Grössing/K. Kadletz/M. Klemun, Wien u. a. 1993). 56–74.

Alma HANNIG, Franz Ferdinand. Die Biografie (Wien 2013).

Ingrid HASLINGER, Achilleion auf Korfu. In: Brigitte Hamann/Elisabeth Hassmann (Hg.), Elisabeth. Stationen ihres Lebens (Wien-München 1998). 110–117.

Joan HASLIP, Maximilian. Kaiser von Mexiko (München 1972).

Kurt-Jürgen HEERING (Hg.), Das Wiener Kaffeehaus (Frankfurt a. M.-Leipzig 1993).

Ulla HEISE, Kaffee und Kaffeehaus. Die Geschichte des Kaffees (Frankfurt a. M.-Leipzig 2002).

Nicholas HENDERSON, Prinz Eugen, der edle Ritter. Eine Biographie (Wien-Düsseldorf 1965).

Fred HENNINGS, Das barocke Wien (2 Bde., Wien-München 1965).

Hermesvilla. Kaiserin Elisabeths Schloss der Träume, Hg. Museen der Stadt Wien (Wien 1999).

Franz HERRE, Kaiser Franz Joseph von Österreich. Sein Leben – seine Zeit (Köln 1992).

Klaus-Peter HÖGEL/Richard KURDIOVSKY (Hg.), Das Palais Coburg. Kunst- und Kulturgeschichte eines Wiener Adelspalastes zwischen Renaissance-Befestigung und Ringstraßenära (Wien 2003).

Agnes HUSSLEIN-ARCO (Hg.), Das Winterpalais des Prinzen Eugen (Wien 2013).

Albert ILG, Das Palais Kinsky auf der Freyung in Wien (Wien 1894).

Charles W. INGRAO, Josef I. Der »vergessene« Kaiser (Graz u. a. 1982).

Johann Strauß. Unter Donner und Blitz (Katalog zur 251. Sonderausstellung im Historischen Museum der Stadt Wien, Wien 1999).

Wilhelm KISCH, Die alten Strassen und Plaetze Wien's und ihre historisch interessanten Häuser (Wien 1883).

Karl KOBALD, Schloss Schönbrunn (Zürich u. a. 1924).

Gerhard KÖBLER, Historisches Lexikon der deutschen Länder. Die deutschen Territorien vom Mittelalter bis zur Gegenwart (4., vollständig überarbeitete Auflage, München 1992).

Wolfgang KRAUS/Peter MÜLLER, Wiener Palais (München-Wien 1991).

Harry KÜHNEL, Die Hofburg (= Wiener Geschichtsbücher 5, Hg. Peter Pötschner, Wien-Hamburg 1971).

C. F. LANGER, Am Wasserglacis. In: Wien und die Wiener in Bildern aus dem Leben (Pest 1844). 377–382.

Franziska LEEB/Matthias BOECKL, Palais Batthyány-Strattmann, Palais Trauttmansdorff. Zwei Wiener Palais – Geschichte und Gegenwart (Wien 2017).

Eduard LEISCHING, Ein Leben für Kunst und Volksbildung. Erinnerungen (= Fontes Rerum Austriacarum. Österreichische Geschichtsquellen Erste Abt. Scriptores Bd. 11, Hg. Robert A. Kann/Peter Leisching, Wien 1978).

Hellmut LORENZ, Johann Bernhard Fischer von Erlach (Zürich 1992).

Manfred MATZKA, Vieler Herren Häuser. 20 Wiener Palais (Wien 2005).

Sigmund MAYER, Die Wiener Juden. Kommerz, Kultur, Politik 1700–1900 (Wien-Berlin 1917).

Leopold MAZAKARINI, Frühe Denkmäler mit politischen und zeitgeschichtlichen Aussagen (Wien 1986).

Verena MORITZ/Hannes LEIDINGER, Oberst Redl. Der Spionagefall, der Skandal, die Fakten (2. Auflage, St. Pölten u. a. 2012).

Nina NEMETSCHKE/Georg J. KUGLER, Lexikon der Wiener Kunst und Kultur (Wien 1990).

Neueste Beschreibung aller Merkwürdigkeiten Wiens. Ein Handbuch für Fremde und Inländer (Faksimiledruck der Ausgabe von 1779, Wien 1988).

Ferdinand OPLL, Zur Wiedereröffnung des »Café Central«. In: Wiener Geschichtsblätter 41 (Wien 1986). 180–185.

Walpurga OPPEKER, Christian Alexander Oedtl und Franz Jänggl. Zwei Wiener bürgerliche Maurermeister an der Wende vom 17. zum 18. Jahrhundert. In: Studien zur Wiener Geschichte. Jahrbuch des Vereins für Geschichte der Stadt Wien 61 (Wien 2005). 99–152.

Charlotte PANGELS, Die Kinder Maria Theresias. Leben und Schicksal in kaiserlichem Glanz (2. Auflage, München 1983).

Richard PERGER, Straßen, Türme und Basteien. Das Straßennetz der Wiener City in seiner Entwicklung und seinen Namen. Ein Handbuch (Wien 1991).

Johann PEZZL, Skizze von Wien. Ein Kultur- und Sittenbild aus der josefinischen Zeit, Hg. Gustav Gugitz/Anton Schlossar (Graz 1923).

Caroline PICHLER, Denkwürdigkeiten aus meinem Leben, Hg. Emil Karl Blümml (2 Bde. München 1914).

Ernst PICHLER, Beethoven. Mythos und Wirklichkeit (Wien-München 1994).

Karl Ludwig von PÖLLNITZ, Das Galante Sachsen. Neue Auflage mit einigen Zusätzen von dem Baron von Pöllnitz vermehret (Offenbach a. M. 1749).

Gert POLSTER, Die ältere Linie der Familie Batthyány im 18. Jahrhundert. In: Burgenländische Heimatblätter 62/Heft 4 (Eisenstadt 2000). 17–42.

Prinz Eugen und sein Belvedere (= Sonderheft der Mitteilungen der Österreichischen Galerie zur 300. Wiederkehr des Geburtstages des Prinzen Eugen, Wien 1963).

Manfried RAUCHENSTEINER, Ein Sarg für Paris. In: Die Zeit 8, 2001 (zeit.de/2001/08/Ein_Sarg_fuer_Paris).

Helmut REINALTER, Am Hofe Josephs II. (Leipzig 1991).

Christa RIEDL-DORN, Mönche – Gesandte – Gärtner, oder: Österreichs erste naturwissenschaftliche Reisende in aller Welt. In: Die Entdeckung der Welt – Die Welt der Entdeckungen. Österreichische Forscher, Sammler, Abenteurer (Katalog des Kunsthistorischen Museums, Hg. Wilfried Seipel, Wien 2001). 17–33.

Bernd RILL, Karl VI. Habsburg als barocke Großmacht (Graz u. a. 1992).

Ringstraße. Ein jüdischer Boulevard, Hg. Gabriele Kohlbauer-Fritz im Auftrag des Jüdischen Museums Wien (2. Auflage, Wien 2015).

Karlheinz ROSCHITZ, Wiener Weltausstellung 1873 (Wien-München 1989).

Johann SCHMIT, Die Geschichte der Wiener Börse. Ein Vierteljahrtausend Wertpapierhandel (Wien 2003).

Georg SCHREIBER, Die Hofburg und ihre Bewohner (Wien 1993).

Otto SCHWARZ, Hinter den Fassaden der Ringstraße. Geschichte, Menschen, Geheimnisse (durchgesehene, erweiterte Neuausgabe, Wien 2014).

Karl August SCHWIMMER, Ausführliche Häuser-Chronik der inneren Stadt Wien, mit einer geschichtlichen Uebersicht sämmtlicher Vorstädte und ihrer merkwürdigsten Gebäude (Wien 1849).

Hans SEDLMAYR, Johann Bernhard Fischer von Erlach (Neuausgabe von 1976, Stuttgart 1997).

Friedrich SIEBURG (Hg.), Gespräche mit Napoleon (München 1962).

Tibor SIMÁNYI, Kaunitz. Staatskanzler Maria Theresias (Wien-München 1984).

Stadtchronik Wien. 2000 Jahre in Daten, Dokumenten und Bildern (Wien-München 1986).

Otto STRADAL, Der andere Prinz Eugen. Vom Flüchtling zum Multimillionär (Wien 1982).

Johann SZEGŐ, Ungarisches Wien. Eine rotweißgrüne Spurensuche (Wien 1998).

Franz-Lorenz von THADDEN, Feldmarschall Daun. Maria Theresias größter Feldherr (Wien-München 1967).

Rudolf TILL, Hofbauer und sein Kreis (Wien 1951).

Frances TROLLOPE, Briefe aus der Kaiserstadt (Hg. Rudolf Garstenauer nach der zeitgenössischen Übersetzung der englischen Erstausgabe 1838, Frankfurt a. M. 1980).

Norbert TSCHULIK, Anton Bruckner im Spiegel seiner Zeit (Wien 1955).

Bettina VAUPEL, Die vergessene Geschichte der Ballhäuser. (In: Monumente. Magazin für Denkmalkultur in Deutschland 2, 2014, monumente-online.de/de/ausgaben/2014/2/vorteil-herzog.php).

Renate WAGNER, Arthur Schnitzler. Eine Biographie (Wien u. a. 1981).

Adam WANDRUSZKA/Mariella REININGHAUS, Der Ballhausplatz (= Wiener Geschichtsbücher 33, Hg. Peter Pötschner, Wien-Hamburg 1984).

Karl WEISS, Geschichte der Stadt Wien (Wien 1883).

Friedrich WEISSENSTEINER, Ein Aussteiger aus dem Kaiserhaus: Johann Orth. Das eskapadenreiche Leben des Erzherzogs Johann Salvator. Eine Biographie (Wien 1985).

Eduard von WERTHEIMER, Der Herzog von Reichstadt. Ein Lebensbild nach neuen Quellen (2., vermehrte Auflage, Stuttgart-Berlin 1913).

Norbert WIBIRAL/Renata MIKULA, Heinrich von Ferstel (= Die Wiener Ringstraße. Bild einer Epoche VIII/3, Hg. Renate Wagner-Rieger, Wiesbaden 1974).

Wien 1848–1888. Denkschrift zum 2. December 1888, Hg. Gemeinderat der Stadt Wien (2 Bde. Wien 1888).

Franz WILHELM, Johann Lukas von Hildebrandt. Seine Persönlichkeit und das Verhältnis zu seinen Bauherren. In: Mitteilungen des Vereines für Geschichte der Stadt Wien 8 (Wien 1928). 59–73.

Hertha WOHLRAB, Die Freyung (= Wiener Geschichtsbücher 6, Hg. Peter Pötschner (Wien-Hamburg 1971).

Stefan ZWEIG, Die Welt von Gestern. Erinnerungen eines Europäers (ungekürzte Ausgabe, Frankfurt a. M. 1984).

Bildnachweis

Alle Abbildungen stammen aus dem Archiv des Autors sowie dem Archiv des Amalthea Verlages mit Ausnahme der folgenden: IMAGNO/Österreichische Nationalbibliothek (109, 189), Jüdisches Museum Wien/Sammlung Israelitische Kultusgemeinde/Inv.Nr. 1823/Foto: David Peters (216)

Der Verlag hat alle Rechte abgeklärt. Konnten in einzelnen Fällen die Rechteinhaber der reproduzierten Bilder nicht ausfindig gemacht werden, bitten wir, dem Verlag bestehende Ansprüche zu melden.

Personenregister

Abraham a Sancta Clara 168
Adler, Victor 205, 228
Albert, Herzog von Sachsen-Teschen 80
Albert, Prinz von Sachsen-Coburg und Gotha 177f., 187
Albrecht, Erzherzog 187f., 190f.
Alexander I., russ. Zar 34
Alexander II., russ. Zar 243
Altenberg, Peter 209f.
Althann, Gundacker Graf 110, 139
Althann, Johann Michael Graf 160–163, 165
Althann, Maria Anna Gräfin 160
Altomonte, Martino 115, 117
Amalie Wilhelmine, Kaiserin 27, 29f., 66
Aman, Johann Nepomuk 59
Andersen, Hans Christian 60f.
Andrian-Werburg, Leopold 205
Angeli, Heinrich von 245
August, Prinz von Sachsen-Coburg und Gotha 178, 180f.
August II., poln. König (Friedrich August I. von Sachsen, »der Starke«) 23–25
Austerlitz, Friedrich 205

Bahr, Hermann 204
Bartenstein, Johann Christoph von 44–46, 50
Basset, Walter B. 225
Batoni, Pompeo 148
Batthyány, Adam I. Graf 155
Batthyány, Adam II. Graf 157, 159
Batthyány, Balthasar III. von 155
Batthyány, Carl Graf 157, 159, 165
Batthyány, Franziska Gräfin (geb. Széchenyi) 166, 168–170
Batthyány-Strattmann, Eleonore Gräfin 93, 156–163, 165
Batthyány-Strattmann, Ladislaus Fürst 166
Bäuerle, Adolf 74
Bauernfeld, Eduard von 203
Beer-Hofmann, Richard 204
Beethoven, Ludwig van 13, 149f.
Berchtold, Leopold Graf 63
Bergl, Johann Wenzel 69
Bethlen, Gábor 155
Beyer, Johann Wilhelm 78
Bonaparte, Jérôme 149
Brentano, Clemens 168
Bruckner, Anton 132–134
Burian, Josef 61
Bussi, Santino 115

Canaletto (Bernardo Bellotto) 113
Canevale, Isidor 79
Carito, Raffaele 248
Carl, Erzherzog 36, 84, 140
Carl Theodor, Herzog in Bayern 244
Carlone, Carlo 120, 136
Carnot, Marie François 243
Castelli, Ignaz Franz 203
Cesti, Antonio 22
Charlotte, belg. Prinzessin, Kaiserin von Mexiko 180
Chiarini, Marcantonio 101, 115, 136
Clemens XI., Papst 26f., 116–118
Clementine, Prinzessin von Orléans-Bourbon 178, 180f.
Colloredo, Hieronymus Graf, Fürsterzbischof von Salzburg 80
Conrad von Hötzendorf, Franz 129

Daun, Leopold Josef Graf 140–146, 172
Daun, Wirich Philipp Lorenz Graf 26f., 107, 135–138, 140, 146
Defoe, Daniel 202

Dietrichstein, Moritz Graf 84
Dittrich, Angelika 188, 190
Dorigny, Louis 101
Drechsler, Joseph 74
Drentwett, Jonas 101, 115
Drory, Edward 226f.
Drory, Henry James 226–229
Drory, Leonard 226
Dubrović, Milan 210

Eichendorff, Joseph von 168
Eisenmenger, August 241
Eleonore, Kaiserin 21
Elisabeth, öst. Kaiserin 90f., 238f., 241–255
Elisabeth Christine, Kaiserin 30
Epstein, Carolina 218
Epstein, Emilie 218f.
Epstein, Friedrich 218, 223f.
Epstein, Gustav Ritter von 212, 215–220, 223f.
Epstein, Israel 212
Epstein, Lazar 212, 217
Epstein, Margarethe 218
Erdődy, Anna Maria Gräfin 149
Ernst II., Herzog von Sachsen-Coburg und Gotha 187, 189f.

Este, Carlo Emanuele d', Marchese di Borgomanero 98
Eugen, Prinz von Savoyen-Carignan 12, 26, 31, 36, 69, 93–100, 102–107, 111–118, 120–127, 135, 138, 140, 155, 158–165, 172
Eugen Moritz von Savoyen-Carignan, Graf von Soissons 95

Fahrbach, Philipp 232
Felder, Cajetan 221
Fellner, Ferdinand (der Ältere) 233
Ferdinand I., Kaiser 16, 41, 61
Ferdinand II., Kaiser 18, 20
Ferdinand Georg August, Prinz von Sachsen-Coburg und Gotha 175–180, 190
Ferdinand Max, Erzherzog (Kaiser Maximilian von Mexiko) 87–90, 180, 194, 233
Fernkorn, Anton Dominik 36, 197f.
Ferrabosco, Pietro 16, 32
Ferstel, Heinrich von 38, 192–201

Ferstel, Ignaz 194, 196
Ferstel, Max von 192
Festetics, Marie Gräfin 248
Fischer, Johann Martin 78
Fischer von Erlach, Johann Bernhard 27–29, 43f., 65–68, 75, 99, 104–110, 156–158
Fischer von Erlach, Joseph Emanuel 29, 35, 43f., 109f., 139
Förster, Emil 200
Förster, Ludwig 196, 216f.
Foscarini, Marco 159
Franz I. Stephan, Kaiser 30, 32, 68–72, 146
Franz II./I., röm.-dt./öst. Kaiser 33f., 37, 53, 55, 73f., 83f., 88, 111, 149f., 167, 176, 212f.
Franz Ferdinand, Erzherzog 39, 128–131
Franz Joseph I., öst. Kaiser 38, 87–92, 129–132, 177, 180, 183, 185, 192, 194, 199, 216, 233, 236, 238–243, 245f., 248, 250, 252–255
Franz Karl, Erzherzog 88
Franz Salvator, Erzherzog 254
Friedländer, Otto 206

Friedrich I., preuß. König 107
Friedrich I., württemberg. König 35
Friedrich II., preuß. König 48, 94
Friedrich III., Kaiser 16
Friedrich VI., dän. König 35
Friedrich Wilhelm III., preuß. König 34f.
Fuchs-Mollard, Karoline Gräfin 143

Garben, Johann 235f.
Gasser, Hans 198
Geiger, Constanze 186
Girard, Dominique 120
Gisela, Erzherzogin 255
Giuliani, Giovanni 99
Glöckel, Otto 229
Goethe, Johann Wolfgang von 150
Griepenkerl, Christian 219
Grillparzer, Franz 13, 62, 203
Guglielmi, Gregorio 68f.
Gurk, Eduard 74
Gustav II. Adolf, schwed. König 19

Hansen, Theophil von 13, 38, 196, 200f., 216, 218, 221

Hanslick, Eduard 134
Harrach, Ferdinand Bonaventura Graf 146
Harrach, Johann Josef Graf 139
Hasenauer, Carl von 38, 42, 240
Haswell, John 225
Haugwitz, Friedrich Wilhelm Graf 146
Heine, Heinrich 244, 248, 251, 255
Heller, Richard 133
Herberstein, Maria Barbara Gräfin 136f.
Herter, Ernst 244f., 248f.
Hetzendorf von Hohenberg, Johann Ferdinand 75
Hildebrandt, Johann Lucas von 29f., 43, 100f., 104, 106–110, 114f., 118, 125, 135–140, 156
Hitler, Adolf 86, 154, 219
Hofbauer, Klemens Maria 166–168
Hoffmann, Josef 131
Hofmannsthal, Hugo von 204
Hohenlohe-Ingelfingen, Kraft Prinz zu 214
Hübner, Eduard 237

265

Isabella von Bourbon-Parma, Kaiserin 51

Jacquin, Nikolaus Joseph von 70–72
Jadot de Ville-Issey, Jean Nicolas 110
Johann, Erzherzog 58, 74
Johann Salvator, Erzherzog (Johann Orth) 187, 190f., 226f.
Jörger von Tollet, Helmhard 156
Josef I., Kaiser 23–28, 42, 66, 99, 105–108, 117, 160
Josef II., Kaiser 32–34, 46f., 51f., 72f., 79–81, 111, 143, 147–149, 165, 174, 231
Josef Friedrich, Prinz von Sachsen-Hildburghausen 126
Joyce, James 211

Kafka, Franz 211
Karl I., öst. Kaiser 92
Karl VI., Kaiser 26–30, 42, 44f., 66, 68, 93, 99, 107f., 111, 116f., 137, 140, 159f., 162–165
Karl Borromäus 108
Karl Ludwig, Erzherzog 177

Kaunitz-Rietberg, Marie Eleonore von 54, 59
Kaunitz-Rietberg, Wenzel Anton Graf 46f., 49–53, 78, 144
Kempen, Johann Franz 195
Khevenhüller, Johann Fürst 70
Khevenhüller, Ludwig Graf 116
Kinsky, Ferdinand Fürst 149f.
Kinsky, Franz Joseph Graf 152
Kinsky, Franz Ulrich 154
Kinsky, Joseph Graf 146, 149
Kinsky, Mathilde Fürstin 154
Kinsky, Rosa Gräfin (geb. Harrach) 146f., 149
Kinsky, Sophie Wilhelmine Gräfin 152
Kisch, Wilhelm 11f., 61, 147, 198, 232
Klimt, Ernst 242
Klimt, Gustav 131, 242
Klinkowström, Friedrich August von 168
Klomser, Alfred 170
Koháry, Antonie Gabriele Gräfin 174f., 177, 179

Koháry, Ferenc Jószef Graf 173–177
Kolowrat-Liebsteinski, Franz Anton Graf 60
Königswarter, Jonas 195
Kopp, Josef 237
Korompay, Adolph 178
Krafft-Ebing, Richard von 184
Kramář, Karel 208
Kraus, Karl 204–206, 210f.
Kuh, Anton 208, 210
Kürnberger, Ferdinand 222

Lacy, Franz Moritz Graf 145, 173
Lanzani, Andrea 101
Laudon, Gideon Ernst Freiherr von 145
Leibniz, Gottfried Wilhelm 103, 160
Leisching, Eduard 131
Lenau, Nikolaus 203
Le Nôtre, André 120
Leopold I., Kaiser 20–23, 65f., 96f., 114, 173
Leopold II., Kaiser 52, 147f.
Leopold II., König der Belgier 181, 184, 186

Leopold, Prinz von Sachsen-Coburg und Gotha 186f.
Leopold Wilhelm, Erzherzog 20, 31
Lichnowsky, Felix Fürst 149
Liechtenstein, Anton Florian Fürst 106f., 110
Liechtenstein, Eleonore Fürstin 147f.
Liechtenstein, Karl Fürst 147f.
Lieselotte (von der Pfalz), Herzogin von Orléans 95
Lloyd, Edward 202
Lobkowitz, Franz Joseph Maximilian Fürst 150
Löhr, Moritz von 38
Louis-Philippe I., frz. König 178
Louise, Prinzessin von Sachsen-Coburg und Gotha 181–186
Loyson, Nicolaus 138
Lucheni, Luigi 252
Ludwig XIV., frz. König 95f.
Ludwig XV., frz. König 50
Ludwig XVI., frz. König 51
Ludwig, Erzherzog 62

Ludwig Viktor, Erzherzog 182, 199
Lueger, Karl 228

Malfatti, Johann von 85
Mancini, Olympia 95f.
Mansfeld-Fondi, Heinrich Franz Graf 114f.
Margarita Teresa, Kaiserin 21
Maria Caroline, Erzherzogin 143
Maria Christine, Erzherzogin 80f.
Maria Henriette, Erzherzogin 181
Maria Josefa, Kaiserin 147
Maria Theresia, Kaiserin 22, 30–32, 41, 45f., 48–51, 68f., 71f., 75, 78–81, 110f., 127, 140–146
Marie Antoinette, frz. Königin 49, 51
Marie Louise, Erzherzogin 55, 83, 85f.
Marie Valerie, Erzherzogin 132, 254
Makart, Hans 242
Martensen, Hans Lassen 203
Martinelli, Domenico 52, 106f.

Masaryk, Tomáš Garrigue 208
Matsch, Franz 242, 248
Mattachich, Geza von 182–186
Matthias, Kaiser 64
Maximilian, Kaiser von Mexiko siehe Ferdinand Max
Maximilian II., Kaiser 16f.
Mayer, Sigmund 223
Mehmed Ali Pascha, ägypt. Vizekönig 74
Meißner, Anton 132
Mendelssohn Bartholdy, Felix 168
Menning, Philipp 178
Metternich-Winneburg, Clemens Wenzel Fürst 53–56, 58–63, 85, 203
Moll, Balthasar 72
Montagu, Mary Lady 102
Montesquieu, Charles de Secondat Baron 119, 160
Moritz, Landgraf von Hessen-Kassel 40
Mozart, Maria Anna 80
Mozart, Wolfgang Amadeus 80–82
Much, Adolph 237
Musil, Robert 211

267

Napoleon I., Kaiser der Franzosen 34, 36, 52f., 55f., 58, 83–86, 128, 149f., 175
Napoleon Franz Bonaparte, Herzog von Reichstadt 83–87
Neipperg, Adam Graf 83
Nestroy, Johann 60
Neumann, Franz 178
Neuner, Ignaz 203
Nimptsch, Friedrich Graf 163–165
Nobile, Peter 59
Nopcsa, Franz Baron 250
Nüll, Eduard van der 193, 196, 217

Oedtl, Christian Alexander 43f., 156
Orsini-Rosenberg, Wolf André Graf 156
Ospel, Anton Johann 44
Ottokar II. Přemysl, böhm. König 15

Pacassi, Nikolaus 52, 68, 75, 110f.
Paradeyser, Georg 18
Parrocel, Ignace-Jacques 102
Paul, russ. Großfürst 80
Pechlaner, Helmut 75

Pelikan, Friedrich 230f.
Permoser, Balthasar 123
Perutz, Leo 210
Pezzl, Johann 46f., 127f., 203
Philipp, Prinz von Sachsen-Coburg und Gotha 181–186
Philipp V. von Anjou 26
Pichler, Caroline 206
Polgar, Alfred 208f.
Pöllnitz, Karl Ludwig von 23f.
Pompadour, Madame de 50
Postl, Karl 54

Raimund, Ferdinand 13
Redl, Alfred 170f.
Roller, Alfred 131
Romano, Johann 59, 196
Rösner, Karl 193
Rousseau, Jean-Baptiste 103
Roth, Joseph 210
Rothschild, Salomon Baron 180
Rubinstein, Anton 219
Rudolf II., Kaiser 17, 155
Rudolf, öst. Kronprinz 180f., 246
Rudolf, Erzherzog (Bischof von Olmütz) 149f.

Rummel, Franz von 24f.
Ruston, Joseph John 225

Salieri, Antonio 80–82
Salten, Felix 204, 206
Saphir, Moritz 86
Schlegel, Dorothea 168
Schlegel, Friedrich 167
Schleps, Karl 178
Schlögl, Friedrich 169
Schneider, Hans 17
Schnitzler, Arthur 204f., 209f.
Schönborn, Lothar Franz Graf 43, 138
Schratt, Katharina 91, 130, 185, 245f.
Schubert, Franz 13
Schumann, Clara 219
Schuppen, Jacob van 97
Schwarzenberg, Adam Franz Fürst 68, 115
Schwarzenberg, Felix Fürst 62
Schwendenwein, August 59
Selleny, Joseph 233
Semper, Gottfried 38f., 42, 240
Shakespeare, William 242
Sicardsburg, August Sicard von 193, 196, 217
Siebeck, Rudolf 233f.

268

Silahdar Ali Pascha, türk. Großwesir 116
Sina, Simon Baron 180, 217
Sinzendorf, Philipp Ludwig Graf 44f.
Sophie, Erzherzogin 85, 87–90
Sothen, Johann Carl von 235
Spiel, Hilde 210
Stache, Friedrich 194f.
Stadion, Johann Philipp Graf 53
Starhemberg, Ernst Rüdiger Graf 105
Starhemberg, Guido Graf 94
Steiner, Franz 188
Stephanie von Belgien, öst. Kronprinzessin 180f., 183–185
Stephanie, Johann Gottlieb 82
Stockhammer, Franz von 113, 115
Strattmann, Eleonore Gräfin 161
Strattmann, Theodor Graf 105, 158
Strauß, Adele 188–190
Strauß, Johann (Sohn) 186–191, 232
Strauß, Johann (Vater) 232

Strudel, Peter 101
Suttner, Bertha von 150, 152, 188
Swift, Jonathan 202
Sylva-Tarouca, Emanuel Graf 93
Széchenyi, Ferenc Graf 166
Széchenyi, Franziska von siehe Batthyány, Franziska Gräfin
Széchenyi, Stephan Graf 166

Taussig, Adolf 223
Tencala, Giovanni 44
Thun, Leo Graf 195
Tietz, Karl 200f., 221
Torberg, Friedrich 210
Treffz, Jetty 188
Troger, Paul 69

Ulfeld, Anton Graf 45f., 50

Van Swieten, Gerard 70–72
Van Swieten, Gottfried 71
Veit, Philipp 168
Victoria, engl. Königin 177f., 187
(Anna) Viktoria von Savoyen 111, 126f.

Viktor Amadeus II., König von Piemont-Sizilien 162, 165
Villars, Claude-Louis-Hector Marquis de 160
Voltaire 103

Wagner, Otto 131, 217, 235
Wagner, Richard 134
Warsberg, Alexander von 244, 247
Werfel, Franz 210
Werner, Zacharias 168–170
Wertheim, Franz von 199
Wilda, Heinrich 234
Wilhelm I., dt. Kaiser 243
Wilhelm II., dt. Kaiser 251, 255
Wilhelm, Erzherzog 217
Wlaschek, Karl 154, 211
Wodianer, Moritz 200

Zauner, Franz Anton 33, 78
Zelinka, Andreas 236
Zichy, Melanie Gräfin 59
Zuckerkandl, Bertha 131
Zweig, Stefan 49, 205f., 208

Palais, Prachtbauten, Parks und Cafés

Am 1. Mai 1865 eröffnete Kaiser Franz Joseph offiziell die Wiener Ringstraße. Doch wer waren die Akteure hinter den Fassaden? Was war wirklich schuld am Selbstmord des Opernerbauers Eduard van der Nüll? Was geschah genau an jenem 8. Dezember 1881 im Ringtheater, und warum nahm sich sein Direktor Franz Jauner 19 Jahre später das Leben? Warum zogen gerade die Rothschilds, die »Bankiers des Kaisers«, nie an den Ring? Und wieso wurden am Heldenplatz einst Heu und Ölfrüchte angebaut?

Es ist die Mischung aus historischer Patina, teurer Welt und dem unvergleichlichen Gefühl, auf dem Pflaster eines einstigen Weltreiches zu schreiten, das die Ringstraße so besonders macht. Otto Schwarz erzählt die faszinierenden Schicksale der Erbauer und Bewohner des Wiener Prachtboulevards.

....

Otto Schwarz

Hinter den Fassaden der Ringstraße
Geschichte, Menschen, Geheimnisse

312 Seiten, mit zahlreichen Abbildungen
ISBN 978-3-85002-892-9

Amalthea amalthea.at

*Entdecken Sie die Weltstadt
auf historischen Spuren*

Wien hat viele Geschichten zu erzählen. Berührende, tragische, oft unglaubliche Lebensschicksale haben die Stadt geprägt. Ob Gräber oder Denkmäler, Gemälde oder Straßennamen, bekannte oder versteckte Adressen – sie alle dienen als Ausgangspunkte, um Wien neu zu entdecken.
Begegnen Sie Kaisern und Königen, Diplomaten, Revolutionären, Künstlern und anderen illustren Bewohnern und Gästen der Stadt. Mit viel Gespür für versteckte Geschichtenschätze führt Georg Hamann zu manch unbekanntem Ort, fördert Unerwartetes zutage und entdeckt Unglaubliches auf einer spannenden Reise vom Mittelalter bis ins 20. Jahrhundert.

....

Georg Hamann

50 x Wien, wo es Geschichte schrieb
Unbekanntes, Unerwartetes, Unglaubliches

272 Seiten, mit zahlreichen Abbildungen
ISBN 978-3-99050-048-4
eISBN 978-3-903083-31-8

Amalthea amalthea.at